珠澳共读

小学整本书阅读教学工作坊

吴希华　付雪莲／著

东北师范大学出版社
长 春

图书在版编目（CIP）数据

珠澳共读：小学整本书阅读教学工作坊 / 吴希华，付雪莲著. — 长春：东北师范大学出版社，2021.6
ISBN 978-7-5681-8174-7

Ⅰ. ①珠… Ⅱ. ①吴… ②付… Ⅲ. ①阅读课－教学研究－小学 Ⅳ. ①G623.233

中国版本图书馆CIP数据核字（2021）第128337号

□责任编辑：石　斌　　□封面设计：言之凿
□责任校对：刘彦妮　张小娅　□责任印制：许　冰

东北师范大学出版社出版发行
长春净月经济开发区金宝街 118 号（邮政编码：130117）
电话：0431-84568115
网址：http：//www.nenup.com
北京言之凿文化发展有限公司设计部制版
北京政采印刷服务有限公司印装
北京市中关村科技园区通州园金桥科技产业基地环科中路 17 号（邮编：101102）
2021年6月第1版　2021年9月第1次印刷
幅面尺寸：170mm × 240mm　印张：16.75　字数：261千

定价：45.00元

序言

共读·共建·共享

多读书，好读书，读好书，读整本的书，这不仅是课程标准的要求，更是我们语文人的共识。

读书，是语文学习的头等大事。尤其是统编教材使用以来，“快乐读书吧”系列栏目将“整本书阅读”纳入教材内容，进一步促使课外阅读“课内化”、整本书阅读“课程化”。趁此春风，珠海香洲小语大力推进阅读课程改革，区域性地建设与推进整本书阅读课程，并取得了较为丰硕的成果，在珠三角地区乃至全国具有一定的影响力。

珠海与澳门两地毗邻，陆地相连，各领域一直有着密切的交流，教育也不例外。自2019年始，澳门教育暨青年局为全面提升全澳小学语文教师专业能力，特别邀请了珠海市香洲区整本书阅读课程项目团队、珠海市付雪莲名教师工作室赴澳门开展整本书阅读教学工作坊。两年多来，我们在澳门开设整本书阅读教学工作坊近50场次，培训澳门语文教师3000余人次，大力提升了参训教师阅读教学能力，积极推动了澳门地区整本书阅读课程的建设。

整本书阅读教学工作坊采取“珠澳共读”的形式，两地教师每次共读一本经典童书，然后围绕这本书的“书册背景”“教学内容”“研讨任务”“教学实践”进行交流研讨。本次成书，撷取了其中10个阅读工作坊典型案例。在此，特别感谢付雪莲、黄韡、徐飞飞、梅天垚等老师提供案例，感谢珠海、澳门、西安等地十余位教师（邱淼、刘翘懋、傅舒婷、房陈钰、李秋媚、周运金、林艳、陈露、谢雪华、陈美容、郑智伶、王瑶）参与教学实践。

随着粤港澳大湾区战略建设推进，珠澳两地教育融合发展更为密切。珠澳共读经典童书，共建阅读课程，共享教学成果，这必将成为两地语文人的教研常态，也希望本书能为全国各地区的同行们带来一些启发。

吴希华

2021年5月于珠海

目录

故事外的故事

——《爷爷一定有办法》教学工作坊

工作坊地点：澳门城市大学

工作坊成员：澳门小学语文教师

教学实践课例：邱　森（珠海市香洲区第十九小学）

谢雪华（澳门培正中学）

《爷爷一定有办法》工作坊现场

工作坊导师：黄韡（珠海市香洲区整本书阅读课程项目组核心成员，香洲区学科带头人，获广东省小学语文教师课堂教学大赛特等奖，赴北京、西安、澳门及广东省内多地市开展整本书阅读教学及讲座）

工作坊专家：吴希华（珠海市香洲区整本书阅读课程项目负责人，香洲区教师发展中心小学教研部主任，小学语文教研员）

第一节　书册背景

【内容概述】

一块神奇的布料，两个有爱的家庭。这是一个传递温暖与爱的故事。

当约瑟还是娃娃的时候，爷爷就给他缝了一条奇妙的毯子。随着约瑟的长大，毯子也越来越旧，妈妈总是劝约瑟扔掉旧毯子，但爷爷总能把旧东西变新。他用智慧把孙子心爱的破毯子依次变成外套、背心、领带、手帕、纽扣，让它们陪伴着孙子的成长。与此同时，约瑟家的木板下有一个老鼠家庭，老鼠们每次用爷爷剩余的布料制作衣服、装饰新家，做成了背心、外套、头巾、窗帘等一系列物件，它们与约瑟一家共同成长。

【文学地位】

菲比·吉尔曼生于纽约，曾于纽约、以色列和欧洲学习艺术创作，现定居加拿大。她的书充满着奇妙的想象力，《爷爷一定有办法》荣获加拿大克力斯堤先生书奖，加拿大露丝·史瓦兹童书奖，美国悉尼·泰勒奖等。

【教学价值】

（一）知识技能

1. 学会观察

培养学生的观察力是阅读学习的重要环节。阅读绘本首先要学会正确观察绘本的方法。教学中，建议引导学生按以下三步正确阅读绘本。

（1）有序观察

观察是一种“用心”的行为，而非随随便便地“看”。在开始阅读绘本时，由于学生对绘本内容还不是很熟悉，不能走马观花式地阅读，需要教师带领学生一幅一幅有顺序地读图。学生在不懂的地方停一停，教师帮助解决困难；学生在觉得有趣的地方停一停，分享有趣之处，这样更有利于学生明白图文之间的关系。

（2）整体观察

学生一页一页阅读后，接下来要把观察到的信息进行统整。教师让学生细致、全面地看图，先串联起整体信息，再整合各个部分，从而走向绘本的主旨。在语言上，让学生发现作者表达的秘密，即作者是如何讲述这个故事的；在图画上，引导学生发现图画的秘密，领悟绘者构图的巧妙。

（3）重点观察

我们在观察一个事物时，首先要知道自己要观察什么，接着考虑采用什么样的方法观察，最后是达到观察的目的。只有对观察事物做到全面的了解，才能把注意力集中在某一事物的主要方面进行有效的观察。因此，在观察中，只有明确观察目的，才能更好地把握观察的重点。《爷爷一定有办法》也不例外，故事中那条蓝色的毯子是贯串故事的一条主线，爷爷缝的蓝色小毯子陪伴约瑟成长，从有到无。地下小老鼠一家因为这条蓝色的小毯子，从无到有。妹妹慢慢长大，也拥有了一条属于自己的小毯子。一个故事隐含着三个有趣的小故事。教学时，教师可以引领学生找到这三条故事线，进而更好地把握故事的主旨。

2. 提升审美

绘本以图画为主，所以，非常重要的一条就是训练学生的审美能力。

《爷爷一定有办法》的图画以暖色调为主，黄色带给人明亮、温暖的感觉，同时与这本书温暖的氛围相呼应。作为课程书，它的审美元素在于图画中充满犹太风格的建筑。一家人生活在一个大房子里，爷爷奶奶住在第一层，爸爸妈妈住在第二层，小老鼠住在地下一层。在这样的环境布景中，人与人、人与动物之间的亲密和谐，渗透着一种浓浓的亲情。

《爷爷一定有办法》的审美元素还在于犹太人独特的服饰中。在犹太文化中，蓝色和白色是象征犹太人的颜色。由于这种特定的文化内涵，我们会理解贯串全书那条主线——蓝色布料为什么是蓝色的。故事里无论是大人还是小孩子，都戴着小圆帽或是头巾，仔细观察爷爷头上戴的小圆帽是蓝色的，奶奶和妈妈则用头巾裹住头。

从一幅幅图画中，我们看到的是极其普通的生活场景，然而通过品味图画中的艺术风格、版面设计、构图技巧等，学生能真切领会到艺术的风采，审美能力也会随之提升。

3. 精神成长

我们都知道图画书的图组成一个故事，文字组成一个故事，图文合在一起又组成一个故事。其实，在我们的阅读过程中，图画书还能引发另外一个故事，那就是属于我们自己的故事。你可能会读出，精彩和奇妙其实就在我们平时的生活里——生活中的东西、生活中的人、生活中的事；你可能会读出纽扣终将失去，约瑟终将长大，爷爷也终将老去，终有一天，约瑟要独立面对成长中的困难；你也可能读出，约瑟舍不得丢掉的不仅仅是蓝色的小毯子，更是童年最美的回忆，以及爷爷的爱……

优秀的图画书，往往以最朴素、最简单的方式传达深刻的人生哲理。阅读这些故事，会给学生带来丰富的生命体验和心灵滋养，让学生获得真正的精神成长。

（二）阅读策略

策略一：预测

图画书常常有一个出人意料的结尾或转折，当我们读到关键情节时，会停下来让学生去猜测故事的发展，这是图画书教学中常用的一种阅读策略。《爷爷一定有办法》讲述了一个犹太民族的古老故事。约瑟出生后，爷爷用蓝布料做了一条毯子送给他。后来毯子破旧了，爷爷把它改成了外套、背心、领带、手帕、纽扣，当纽扣找不到时，约瑟说：“这些材料……还可以写成一个奇妙的故事。”教学时，教师可以在“这块布料还够做……”处停顿，引领学生先猜测再印证，大大激发学生的阅读期待，培养学生的想象力。

策略二：推论

预测是去猜去想，猜得对和不对都没有关系，但是推论与预测不一样。推论是借助书中的语言文字、图画信息等，去推想、推论作者的言外之意。学生通过反复回读、结合上下文、图画细节等来思考问题，进行推理，从而得出结论。如，书中对于爷爷和父亲的职业，作者并没有明确地告诉我们，然而通过关注图画细节——剪刀、镜子、针线、鞋子等，可以推测爷爷的职业是裁缝，爸爸是一位鞋匠，这样可以帮助我们更好地读懂这个故事。

策略三：联结

阅读是一个主动建构的过程。在阅读中，运用联结策略，帮助学生与文本建立多维联系。通过联结新旧知识、阅读经验及生活经历等，学生与文本产生共鸣，进而获得语文能力的提升。回忆童年，也许很多学生都有一个特别的“宝贝”，那是陪伴自己成长的玩具、衣物、小毛毯、毛巾……不管是睡觉还是玩耍，都随身带着。虽然这件物品变得老旧了，但对孩子们来说依然是宝贝，他们还是非常珍惜。蓝色的小毯子凝结着爷爷对约瑟的爱，这是祖孙俩亲密的感情联结物。教学时，可以引导学生结合自己的生活实际，说一说自己小时候那个特别的“宝贝”，从而激起他们与绘本的共鸣。

文/图：［加］菲比·吉尔曼

翻译：宋珮

出版社：明天出版社

《爷爷一定有办法》书册封面

第二节　教学内容

《爷爷一定有办法》教学内容（一）

每一本绘本都好似一座“秘密花园”。从书衣到书腰，从封面到书脊、封底，从扉页到书名页、正文，从图画到文字，处处倾注了作者大量的心思。

一、通读绘本

（一）欣赏封面

1. 关注书名

看看封面上的书名——“爷爷一定有办法”，这句话可能是谁说的呢？小男孩。通过题目我们可以猜测出封面人物是爷孙俩。同时，通过“一定”一词也可以感受到小孙子对爷爷充满了信任。不论发生什么，爷爷一定有办法。

2. 关注插图

封面呈现了故事发生的场景与主要角色。那个戴着黑帽子、身穿蓝色外套的小男孩就是我们的主人公——约瑟。那位白胡子、戴着黑帽子、身穿灰色外套、面带笑容的老人就是他的爷爷。约瑟拉着爷爷的手在乡间的小路上散步。

（二）阅读环衬

这本书的环衬可谓独具匠心。我们看到蓝色的底色，还有星星的图案，是否有似曾相识的感觉？看，约瑟的大衣不就是这块布做成的吗？看来，这是关于一块布的故事。绘本中的颜色往往会“说话”，粲如星河般的蓝色代表着神奇、梦幻，这是一块怎样神奇的布呢？

（三）阅读正文

1. 阅读第1页

当约瑟还是娃娃的时候，爷爷为他缝了一条奇妙的毯子……

在一间木制的房子里，爷爷正专心地缝着一块小毯子。注意看爷爷的表情，面带微笑，慈眉善目，看来爷爷内心十分喜悦。看看毯子上的图案，闪闪的星星和弯弯的月亮，你发现了什么？那就是环衬的图案哦！

房间的桌上有许多针，抽屉里有针线，桌子下面有一个木匣子，里面有许多碎布。猜一猜：爷爷的职业是什么呢？

让我们将目光从主画面切换到地板下方，有一对老鼠夫妻来到这里，通过洞口向里面看。这是一间闲置很久的房间，里面有大头针、碎布，还有蜘蛛网。这里为什么会有针和碎布呢？原来这些都是从木头房子的缝隙里掉落下来的，现在你也许明白作者为什么画一间木制的房子了吧，这便是情节中的合理。

2. 阅读第2、3页

……毯子又舒服又保暖，还可以把噩梦统统赶跑。

不过，约瑟渐渐长大了，奇妙的毯子也变得老旧了。

有一天，妈妈对他说：“约瑟，看看你的毯子，又破又旧，好难看，真该把它丢了。”

你瞧，小约瑟盖着爷爷亲自缝制的蓝色毯子，睡得多甜呀！毯子又舒服又保暖，还能把噩梦赶跑，这真是一条奇妙的毯子。此时，奶奶双手相握，爷爷手摸胸口，爸爸妈妈充满爱意地望着小约瑟，他们也一定是在祝福这个可爱的孩子吧。

这真是一个有爱的家庭啊！

随着约瑟渐渐长大，妈妈让约瑟丢掉毯子，但是约瑟紧紧抱着毯子。他可能会说什么呢？教学时，可以师生合作演一演这个画面，这样做的目的让学生通过动作、表情来解读人物内心的想法。

我们再来看看老鼠夫妇在忙什么呢。老鼠丈夫扛着一块大木头，老鼠太太挺着大肚子正忙着搬核桃壳呢！看来老鼠夫妇正在筹备自己的新家呢！

3. 阅读第4、5页

约瑟说："爷爷一定有办法。"爷爷拿起了毯子，翻过来，又翻过去。

"嗯……"爷爷拿起剪刀开始喀吱、喀吱地剪，再用针飞快地缝进、缝出、缝进、缝出。

这个跨页空间感十分强，一下子就让我们看到约瑟一家房子外面的布局和内部的构造。上面一层爸爸妈妈住，下面一层爷爷奶奶住，最下面就是小老鼠的家了。我们再来看看图画中的一些小细节，爷爷家门口有一个针线的标志，意味着这里是个裁缝店，相当于我们现在的店牌，可见爷爷的职业是个裁缝。那爸爸呢？你看，勤劳的爸爸在修补鞋子，看来爸爸是一位鞋匠。他们用几块布将生活区和工作区隔开，虽然约瑟一家并不富裕，然而，整洁的房间、精致的碗碟、带有民族特色的家具等，都让眼前的生活变得如此美好。

爷爷说："这块料子还够做……"

还够做什么呢？让我们留一个悬念给学生们尽情地猜想吧。

4. 阅读第6、7页

……一件奇妙的外套。

约瑟穿上这件奇妙的外套，开心地跑出去玩了。

不过，约瑟渐渐长大了，奇妙的外套也变得老旧了。

有一天，妈妈对他说：约瑟，看看你的外套，缩水了、变小了，一点儿也不合身，真该把它丢了！

幸好，爷爷有办法！小毯子变成了奇妙的外套，约瑟穿着这件奇妙的外套，和爷爷走在乡间的小路上，是那样的神气、快乐！看，这一页的图，跟封面上的那幅图是一模一样的呢。小老鼠一家在干什么呢？他们用捡来的布料为每个人缝制了一件外套，一家人快快乐乐地出游了。

这幅图画很好地诠释了时间的流逝：妈妈大腹便便的样子，蓝色的外套渐渐变小了，小老鼠们长大了……

妈妈在为小约瑟选衣服，集市上应有尽有，热闹极了。人们在快乐地交谈着。绘本里不仅为我们介绍约瑟一家人的故事，同时将犹太人的生活、风俗展现在大家面前。

5. 阅读第7、8页

约瑟说："爷爷一定有办法。"

爷爷拿起了外套，翻过来，又翻过去。

"嗯……"爷爷拿起剪刀开始喀吱、喀吱地剪，再用针飞快地缝进、缝出、缝进、缝出。

爷爷说："这块料子还够做……"

你看，妈妈的肚子是不是越来越大了？全家人都在为即将到来的新生命做准备，爸爸做了一双小鞋子，奶奶织着一件黄色的小毛衣。

蓝色的外套还能做什么呢？连三个小伙伴对蓝色的外套也很好奇呢！

在这一页中，我们不要忽略最下面那个老鼠的世界。它们一家几乎和约瑟一家是同步的。约瑟一家怎样，它们也怎样。

6. 阅读第9、10页

……一件奇妙的背心。

第二天，约瑟穿着这件奇妙的背心去上学。

不过，约瑟渐渐长大了，奇妙的背心也变得老旧了。

有一天，妈妈对他说：约瑟，看看你的背心！上面沾了胶，又粘着颜料，真该把它丢了！"

小约瑟穿着背心去上学，当他出现在教室门口向老师和同学们展示时，大家既惊讶又十分羡慕。注意约瑟的动作，他推开门，虽然仅仅给我们留下一个背影，但是我们依然仿佛听到小约瑟说："瞧！爷爷给我做的背心！"多骄傲，多神气！小老鼠们在干什么呢？原来它们和约瑟一样，都在上课呢！找一找，老鼠夫妇的孩子在哪儿？

时间过得真快，约瑟长大了，蓝色的背心沾了胶，又粘着颜料。你看，妈妈怀里抱着一个小宝宝。是弟弟还是妹妹呢？相信翻到后面，你会有"恍然大悟"的惊喜。

7. 阅读第11、12页

约瑟说："爷爷一定有办法。"

爷爷拿起了背心，翻过来，又翻过去。

"嗯……"爷爷拿起剪刀开始喀吱、喀吱地剪，再用针飞快地缝进、缝出、缝进、缝出。

爷爷说："这块料子还够做……"

这样简单的语言、重复的句型，对低年级的学生来说是十分有趣的。故事读到这里，我们可以和学生一边读，一边快乐地做动作，喀吱、喀吱地剪，翻过来，翻过去，缝进，缝出。

再看看约瑟身边的三个小伙伴，一个在门口想看个究竟，爷爷到底能变出什么呢，以至他都不想离开。你瞧，天渐渐黑了，星星都出来了，另外两个小伙伴还不肯离去，一边吃着刚买的面包圈，一边静静地等待着。

8. 阅读第13、14页

……一条奇妙的领带。

每个礼拜五，约瑟都戴着这条奇妙的领带去爷爷奶奶家。不过，约瑟渐渐长大了，奇妙的领带也变得老旧了。

有一天，妈妈对他说："约瑟，看看你的领带！沾到汤，脏了一大块，弄得它都变形了，真该把它丢了！"

这次爷爷把背心改成了一条奇妙的领带。犹太人把周五的日落到周六的黄昏定为安息日。在安息日，周五的晚餐最丰盛，约瑟一家坐在温暖的烛光前享用晚餐，穿得也很庄重，一起来祝福安息日。对于老鼠一家也是如此，它们家的蓝色布料越来越多，家里也越来越精致了。

为什么老旧的毯子、外套、背心、领带，约瑟都舍不得扔掉呢？相信每一个小读者心中都有了属于自己的想法。此时的领带已经不仅仅是一块蓝色的布料了，它带了着特殊的意义。蓝色的小毯子以及由它变成的各种东西，陪伴小约瑟成长，带给他童年无尽的快乐。

9. 阅读第15、16页

约瑟说："爷爷一定有办法。"

爷爷拿起了领带，翻过来，又翻过去。

“嗯……”爷爷拿起剪刀喀吱、喀吱地剪，再用针飞快地缝进、缝出、缝进、缝出。

爷爷说：“这块料子还够做……”

约瑟又来找爷爷，这时妹妹已经能坐了。你瞧，妹妹也有一条蓝色带有祥云图案的小毯子。

10. 阅读第17、18页

……一块奇妙的手帕。

约瑟收集的小石头，就用这块奇妙的手帕包得好好的。不过，约瑟渐渐长大了，奇妙的领带也变得老旧了。

有一天，妈妈对他说：“约瑟，看看你的手帕！已经用得破破烂烂、斑斑点点的，真该把它丢了！”

约瑟用奇妙的手帕包裹着小石头这个图画，细节处理得太棒了！本来包得好好的，为什么还会掉在地上呢？因为它真的已经太旧了，太破破烂烂了，所以才掉得到处都是。伤心的约瑟把手帕紧紧捂在胸口，急匆匆走出去，他一定是去找爷爷了，因为，爷爷一定有办法！

11. 阅读第19、20页

约瑟说：“爷爷一定有办法爷爷。”

爷爷拿起了手帕，翻过来，又翻过去。

“嗯……”爷爷拿起剪刀开始喀吱、喀吱地剪，再用针飞快地缝进、缝出、缝进、缝出。

爷爷说：“这块料子还够做……”

重复的情节、重复的句式，让我们感受到，无论怎样，爷爷一定有办法！爷爷一针一针缝进、缝出、缝进、缝出……都包含着对约瑟浓浓的爱啊！

12. 阅读第21、22页

……一颗奇妙的纽扣。

约瑟把这颗奇妙的纽扣装在他的吊带上，这样裤子就不会滑下来了。

有一天，妈妈对他说：“约瑟，你的纽扣呢？”

约瑟一看，纽扣不见了！

每一次都是妈妈在说：“扔掉吧，扔掉吧！”可是有一天，这个母亲突然惊叫起来："约瑟，你的纽扣呢？"约瑟惊慌失措，于是全家人都去寻找这颗纽扣。咦，那粒纽扣到底到什么地方去了呢？

13. 阅读第23、24页

他找遍了所有地方，就是找不到纽扣。

约瑟跑到爷爷家。

约瑟嚷着："我的纽扣！我的奇妙纽扣不见了！"

他的妈妈跟着跑来，说："约瑟！听我说。"

纽扣不见了，大家慌慌忙忙地跑来跑去，最后没有找到。约瑟着急地跑去找爷爷，惊动了门口的邻居，惊动了门前的马匹，惊动了楼上的爸爸，也惊动了爷爷。一颗纽扣没有了，为什么所有人都感到惊讶？当我们每个人都习惯了，自然而然觉得它就应该在我们身边。可是对约瑟来说，却不是这样的。纽扣不见了，这是他无法接受的。因为，这颗纽扣是与他的感情纽带——爷爷联系在一起的。

14. 阅读第25、26页

"那颗纽扣没有了、不在了、消失了。即使是爷爷也没办法无中生有呀！"

爷爷难过地摇摇头，说："约瑟啊，你妈妈说得没错。"

第二天，约瑟去上学。

"嗯……"约瑟拿起笔来，在纸上刷刷刷地写着，他说："这些材料还够……"

在妈妈眼中，纽扣不见了，爷爷再有办法，此时也没有办法了。因为料子没有了，任何人都无法无中生有。妹妹会怎样安慰哥哥呢？瞧，妹妹送给哥哥她心爱的娃娃，另一只小手把蓝色的小毯子藏在身后。她和约瑟一样，这是她心爱的蓝色毯子，她不愿意送给任何人。

约瑟很苦恼，但是第二天去上学时，当老师和同学们都吃惊地发现约瑟的纽扣不在了时，小约瑟却笑容满面，他拿出纸和笔，在纸上写着——

15. 阅读第27页

……写成一个奇妙的故事。

纽扣虽然不见了、消失了，但这个故事是永远不会消失的。它不仅留在所有人的心里，也给每个人留下了许多美好的回忆。它告诉我们感情有多奇妙，珍惜有多重要！

二、深入绘本

日本绘本之父松居直曾用一个公式说明了图画书中图与文的关系：图画×文字=图画书。《爷爷一定有办法》就是一个将“图画×文字”处理得很好的范本。

（一）表达的秘密

1. 双环结构

首先，我们来看看文字，它在表达上有什么秘密呢？

《爷爷一定有办法》这本书讲述的是一个奇妙的故事。上面主画面是一个故事——约瑟的故事，下面还有一个故事——小老鼠的故事。如果用一个图示来呈现这个绘本故事的结构，那么“双环”是再合适不过的了。

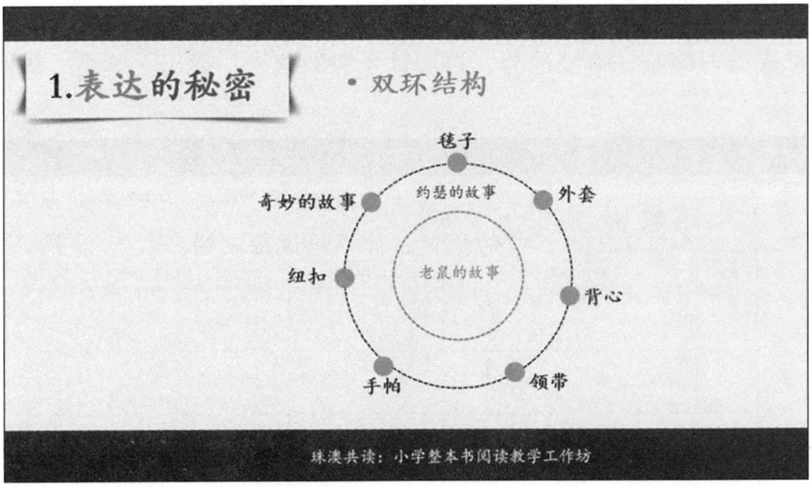

《爷爷一定有办法》教学内容（二）

这两个圆代表的是书中的两个故事，外面的圆是约瑟的故事，爷爷的一双巧手把毯子变成了外套、背心、领带、手帕、纽扣，奇妙的毯子从有到无，最后约瑟把它变成了一个奇妙的故事。就像书中开头说的那样：当约瑟还是娃娃的时候……所以，约瑟的故事是一个环状。

而里面的小老鼠一家，利用爷爷剪裁的边角料布置自己的小家，毯子、背带裤、背心、桌布、被单、窗帘……小老鼠的家由两个小老鼠变成了一个大家庭，从无到有，那些蓝色布料装扮了它们美好的家，那么美好，那么浪漫。最后，小老鼠也把它变成了一个奇妙的故事，也许小老鼠讲的是：当爸爸妈妈第一次来到这里的时候……所以，小老鼠的故事也是一个环状。

用这样的双环图来梳理故事，这本书就一下子清晰了，学生可以借助支架讲述故事。对于低年级的学生，当他们看完一本图画书时，首先要做到会讲故事，先不管图画中的细节、对比、道具、暗示、颜色……因为这并不是每个学生所能达到的程度，但是我们要让每个学生保底可以做到，看了一个绘本故事，能借助支架讲故事。

2. 重复的语言

这个故事除了表达上的双环结构，它的语言也非常有特点。重复的语言，富有节奏感，学生们讲起故事来非常有趣。你看，那块奇妙的蓝色布料从毯子到外套、背心、领带、手帕、纽扣，逐渐变小。约瑟的妈妈永远都在说，又破又旧，扔掉吧，扔掉吧，扔掉吧。爷爷总是在反复地做一件事：翻过来，又翻过去，拿起剪刀喀吱、喀吱地剪，再用针飞快地缝进、缝出、缝进、缝出……

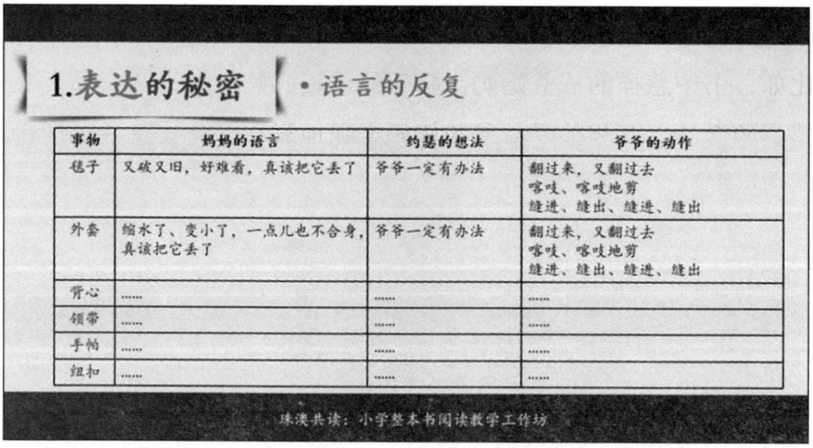

事物	妈妈的语言	约瑟的想法	爷爷的动作
毯子	又破又旧，好难看，真该把它丢了	爷爷一定有办法	翻过来，又翻过去 喀吱、喀吱地剪 缝进、缝出、缝进、缝出
外套	缩水了、变小了，一点儿也不合身，真该把它丢了	爷爷一定有办法	翻过来，又翻过去 喀吱、喀吱地剪 缝进、缝出、缝进、缝出
背心	……	……	……
领带	……	……	……
手帕	……	……	……
纽扣	……	……	……

《爷爷一定有办法》教学内容（三）

故事里很多东西是不变的。那条奇妙的蓝色布料，从毯子到外套、背心、领带、手帕、纽扣，只是有一些小的变化，仅仅是破旧了，但它依然还是那块布料。故事里妈妈的语气是不变的，她总在说“扔掉吧，扔掉吧”。爷爷对约瑟的爱是不变的，他总是在不停地想办法。那么，让这个故事反反复复不断地向前推进，最核心的是什么？到底什么在发生变化呢？

是啊，时间在变，它是故事里的那条隐线。你看，随着时间的流逝，小约瑟慢慢地长大，布料变成不同的样子，它越来越小，甚至消失了。爷爷也会慢慢变老，甚至有一天也会离开，但是这个故事很温暖的地方，就在于约瑟把它记录了下来，使它变成了一个奇妙的故事，这个故事承载着爷爷所有的爱，它不会变旧，不会变小，更不会消失，它永远存在约瑟的记忆里。所以，时间的变化是推进这个故事的主要因素。

3. 巧妙的悬念

绘本之所以吸引小读者，是因为故事里巧妙的悬念安排。细心的你们一定发现了这本图画书文字里也有很棒的悬念安排。你看，当故事讲到“这块料子还够做……”时，在这一页是没有结果的，只有翻过这一页故事才有新的发展。作者正是通过设置悬念来激发小读者不断翻看的欲望的。

（二）图画的秘密

1. 丰富的犹太文化

如果大家不看图画，只读文字，会感觉这就是一个爷爷和孙子的故事，但这本书的图画部分恰恰鲜活地呈现了一个犹太家庭的生活。

比如，书中慈祥的爷爷奶奶，勤劳的爸爸妈妈，他们的家庭十分和谐，关系也特别的融洽，互相关爱。爷爷奶奶亲昵地靠在一起，也许在祈祷约瑟健康快乐。爸爸妈妈时常拥抱，爸爸给即将出生的妹妹做了一双小鞋子……这是一个充满爱的家庭。在这样一个充满爱的家庭下长大的孩子，我想，他会更加懂得爱、珍惜爱！

《爷爷一定有办法》教学内容（四）

书中不仅呈现了约瑟一家的生活，同时还为我们描绘了整个犹太小村落的风土人情。爷爷每一次想办法的时候，同样的场景都会出现各式各样的人，有伐木工人，有卖面包圈的，有变戏法的，有卖鸟的……甚至有些人物到底在干什么，我们也无法判断，但是从中我们可以看到每个犹太人都是那么的勤劳，人人都有事可做。除了街道上不断变化的人，集市上小商贩亲切的笑容，学校的老师和同学……这本书带给我们最大的感受就是，这是一个充满人情味的小镇！

《爷爷一定有办法》教学内容（五）

绘本中像这样的犹太文化比比皆是，教学时，我们可以利用“气泡图”来梳理。

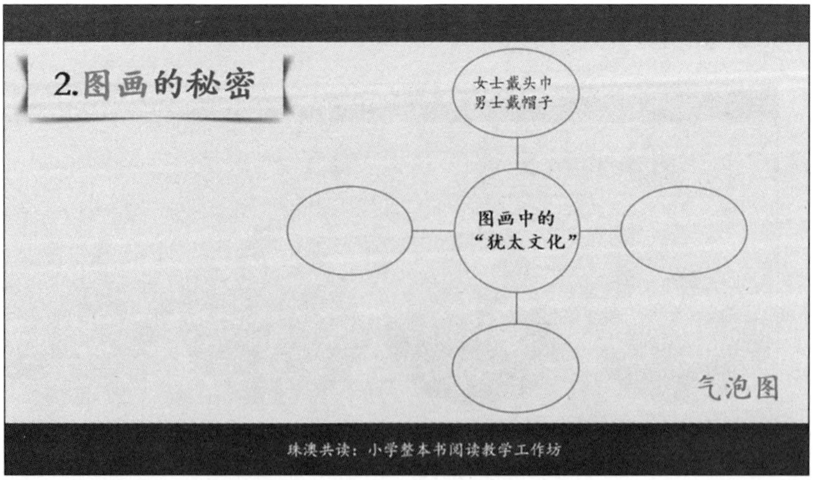

《爷爷一定有办法》教学内容（六）

阅读绘本时，把一些相似的图画放在一起类比或重组，我们会看出其中的规律和变化的原因，这是大家阅读绘本时一个很好的方法。

2. 强烈的对比

刚刚我们用类比、重组的方法了解了犹太人的风土人情。我们还可以用这种方法，发现这条奇妙的毯子背后的秘密。

当约瑟每一次在爷爷把一个奇妙的东西变出以后，他那种得意的表情：一条奇妙的毯子，约瑟躺在摇篮里甜甜地睡觉；一件奇妙的背心，约瑟开心地穿着去上学；一颗奇妙的纽扣，让约瑟在镜子前照了又照……当妈妈每一次说扔掉吧，扔掉吧，扔掉吧，注意看小约瑟的表情，他都是不开心的。通过这样强烈的对比，你发现了什么？对于约瑟来说，他不仅仅是珍惜那条奇妙的毯子，这背后更是他对爷爷的爱的珍惜呀！

《爷爷一定有办法》教学内容（七）

3. 细节的力量

在图画书里，有一些细节往往会反复出现，别具深意。在阅读绘本时，我们要把它找出来，看看它的背后，到底代表着什么，有什么特殊的含义。比如，这本书中反复出现的是这条蓝色的毯子，它就是这本书的主线。其实，作者在这本书中还藏着一条线——妹妹的毯子。爷爷送了一条毯子给约瑟，这条蓝色的毯子承载着约瑟的美好童年，同样，爷爷也送了一条蓝色的毯子给妹妹，随着妹妹的长大，爷爷也一定有办法，蓝色毯子同样记录着妹妹的成长！

阅读图画书时，如果小读者能发现作者安排的这些小细节，就能领会到作者的意图。阅文、阅人，还要依靠书中的细节，这便是细节的力量。

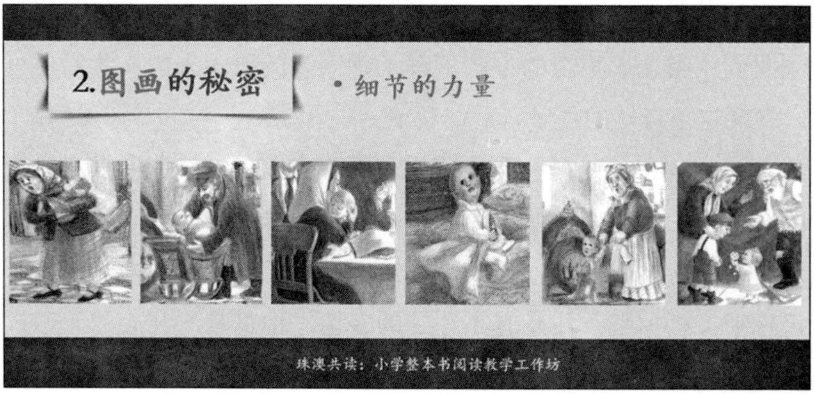

《爷爷一定有办法》教学内容（八）

4. 情节的呼应

书中还有一条故事线，那就是地下的老鼠一家了。他们的生活似乎和约瑟一家同步，人类世界干什么，小老鼠一家也干什么。爷爷和孙子散步，老鼠爸爸和老鼠宝宝也散步；约瑟去学校上课，老鼠孩子们也上课；约瑟一家庆祝安息日，老鼠一家也庆祝安息日；到最后纽扣不见了，我们会发现原来纽扣被老鼠一家捡到了，还被做成了椅子的靠垫呢！你看，人与动物和谐相处，这是爱的力量。爱，可以改变一切；爱，可以让一个家庭和谐美满；爱可以让动物们快乐地生存，如人一样！

《爷爷一定有办法》教学内容（九）

三、故事里的爱——珍惜

1. 约瑟—爷爷

我们再来想想，如果没有约瑟的珍惜，爷爷再有办法也是没有用的，所以这个故事首先是写约瑟对于爷爷给他的爱的一种无比珍惜。因为有了这份珍惜，才有了那块蓝色的布料，爷爷才能喀吱喀吱，缝进、缝出、缝进、缝出……

同时，这份珍惜是相互的，约瑟珍惜爷爷的爱，爷爷同样珍惜孙子的情感。我们大人有时候对待孩子没有这份耐心，可是爷爷对孙子的情感，那是“我一定要想办法弄好”！办法总比困难多，你要去想，都是办法，你不愿去想，就都是困难！

2. 妹妹—爷爷

图画里还有一条隐藏的故事线。随着约瑟慢慢的长大，我们也见证了妹妹的出生、坐、爬、站。妹妹也有一条蓝色毯子，从这条蓝毯子里我们也同样看到她对小毯子的喜爱、珍惜。妹妹很小的时候裹在蓝毯子里睡觉，长大后连穿衣服都将毯子拿在手里，当哥哥的蓝色纽扣不见了全家人都在安慰他时，妹妹将小毯子藏在自己的身后……妹妹对小毯子的依恋，也恰恰是对爷爷的依恋啊！那块璨若星河的蓝毯子承载着约瑟的成长，妹妹手中的蓝毯子也将记录着她的成长！

3. 小老鼠一家—蓝布料

我们再来看看地板下的老鼠一家。一开始是两只小老鼠，在它们还没有蓝色布料时，它们的生活是没有色彩、没有趣味的。当爷爷的蓝布料从地板上掉下来后，它们的生活开始发生了变化。从两个人到一个大家庭，两只小老鼠用这些布料做了它们家的窗帘、桌布、地毯、床单、被罩、枕套、西装、裙子……正是因为老鼠一家对那块蓝色布料的珍惜，才有了地板下老鼠一家的浪漫生活，它们的后代才有了那诗意美好的生活。有时我们并不知道自己的那一点善意会有多大的力量，但是通过这个故事，我们看到了那一点点善意可以成就他人的美好！

第三节　研讨任务

【任务布置】

1. 探寻教学点

通读《爷爷一定有办法》后，如果让你设计一节二年级的绘本阅读课，请你选择一个教学点设计一个教学环节，可根据图画书中的语言、图画、情节、主题等，从中选取一点作为教学内容。先与小组成员交流并绘制思维导图，再进行汇报。

2. 设计整本书教学任务

整本书的教学往往不是一个课时能完成的，它是一个阶段性的阅读任务。如果围绕这本书分阶段开展阅读活动，你将如何开展呢？

【作品展示】

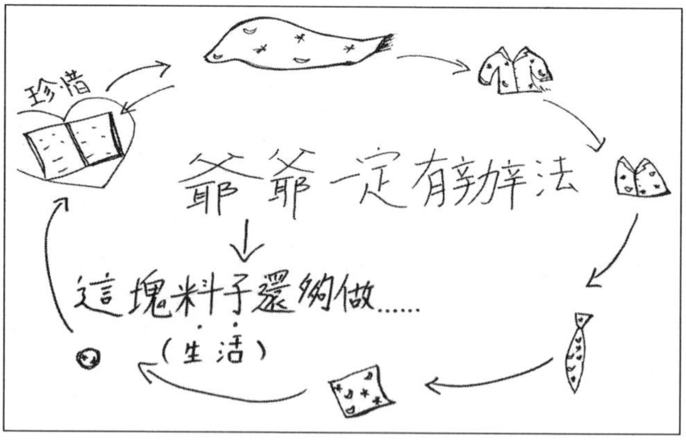

第一小组（澳门学员作品）

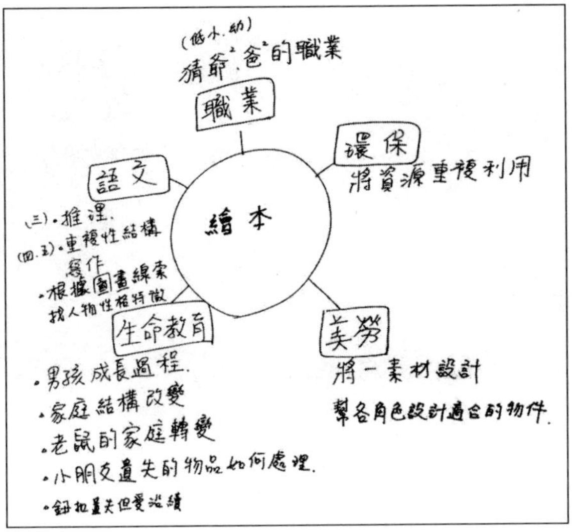

第二小组（澳门学员作品）

【导师点评】

（1）第一组教师在整体感知的基础上，根据二年级学生的年龄特点，以指导学生讲故事为重难点绘制了故事支架。爷爷把毯子变为外套、背心、领带、手帕、纽扣，蓝色布料越来越小，最后变成了一个奇妙的故事，整个故事构成一个环状结构。第一组教师非常用心，这种图文结合的方式，让低年级学生一目了然，在读完一个长长的故事后，借助这样的可视化思维工具，学生就能绘声绘色地讲故事了，大大地降低了复述的难度。美中不足的是，如果能在故事支架中呈现出小老鼠一家的故事线索，那么整个故事就更完整了！

（2）第二组的教师很棒，他们敢于挑战全学科阅读，将这本书中的教学点与语文学科、生命教育、美劳、环保课融合在一起，进行一个学科之间的大融合，这样的全学科意识，值得我们学习。但在开展全学科阅读时，如果能将学科之间的融合衔接得更紧密些会更好。比如美劳课可以给各个角色设计适合的物件；结合语文学科，我们可以设计“物件发布会”的活动——给这个物件写一个设计小说明：为什么要这样设计？设计理念是什么呢？学生会根据自己阅读整本书的感受来完成这份设计，这样的阅读才是有意义的，否则不用看书就能完成的活动，也只是个活动而已。

第一小组教师正在绘制思维导图

第四节　教学实践

【阅读课型】

《爷爷一定有办法》交流课

【执教教师】

邱　淼（珠海市香洲区第十九学校）
谢雪华（澳门培正中学小一年级）

邱淼老师执教《爷爷一定有办法》

谢雪华老师执教《爷爷一定有办法》

【教学设计】

《爷爷一定有办法》教学设计

（一）教学目标

（1）通读绘本故事，了解《爷爷一定有办法》的故事内容。

（2）借助双环结构，梳理故事情节，根据支架讲故事。

（3）引导学生关注图画的细节，掌握阅读图画书的方法。

（4）通过阅读绘本故事，体会“爱”的力量，感受“爱”的美好。

（二）教学过程

板块一　听读图文，知故事

同学们，今天邱老师要和大家共读一本有趣的绘本《爷爷一定有办法》。这本绘本的作者、绘者是加拿大的菲比·吉尔曼，由宋珮翻译。

1. 出示封面

师：这就是书的封面，请你仔细观察：你发现了什么？

预设1：我看见了一位白胡子老爷爷牵着他的孙子走在路上。

预设2：爷爷笑眯眯的，很慈祥的样子；孙子穿着一件蓝色的衣服，笑得很开心。

2. 出示前环衬

师：再看看环衬页，你发现了什么？（引导学生关注颜色、图案）

师：小约瑟的衣服就是用这块“布”做成的呢！看来这块“布”在这个故

事中起着很重要的作用呢！这蓝色的“布”到底是一块怎样奇妙的布呢？我们接着来听故事吧！

3. 出示P3

师：小约瑟双手紧紧抱住小毯子，小嘴张得大大的，他可能在说什么？（生自由说）

师：你看，咱们通过看人物的表情、动作，就能读懂小约瑟背后的想法。

4. 出示P5

师：你们猜猜，爷爷用这块布料会做什么呢？（生自由说）

师：一边读绘本，一边根据情节或者联系自己的生活经验进行预测，这可是阅读的一个好方法哦！（师继续讲读故事）

小结：同学们，咱们在读绘本的时候，可以边读边预测。同时，还要关注图画里的细节、颜色等，这些都能给我们传递重要的信息，可以帮助我们更好地阅读图画书呢！

（设计意图：在阅读正文之前，引导学生阅读封面、环衬、封底等信息，为接下来的阅读做好充分准备。在听读的过程中，运用预测和推测等策略，大大激发学生的阅读兴趣，使学生阅读图画书的能力得以提升。）

板块二　借助双环，学表达

师：这个故事不仅很有趣，它的文字里还藏着很多秘密呢！

1. 双环结构

师：这本书里，上面的主画面是约瑟的故事。下面小的画面还有一个故事——小老鼠一家的故事。（PPT出示“双环图”）

师：你们看，这两个圆代表的是书中的两个故事，外面的圆代表的是约瑟的故事，而里面的圆代表的是小老鼠一家的故事。我们一起借助这个“双环图”来梳理一下故事的内容吧！

师：约瑟还是个娃娃的时候，爷爷就给他缝了一条奇妙的毯子（板贴）。接下来，爷爷用他灵巧的双手，把毯子变成了哪些东西呢？

预设：外套、背心、领带、手帕、纽扣。（师根据学生回答板贴）

师：故事从约瑟小时候开始，最后变成了一个奇妙的故事，所以约瑟的故事是个环状。那小老鼠一家的故事呢？

预设：因为小老鼠一家刚来的时候家里很简陋，后来它们一起把家里装扮的很温馨，家里的成员也越来越多，它们一家也生活得很幸福、很圆满，所以也是环状。

师：你看，我们借助这个“双环”，很快就把故事情节梳理清楚了。当我们读这种有两条发展线的故事的时候，就可以利用这种图示来帮我们更快地把握故事内容。

2. 语言反复

师：文字里的秘密可不止这一个，你还有发现吗？（PPT出示故事中反复出现的语句）

预设：那块奇妙的蓝色布料一直在变化，从毯子到外套、背心、领带、手帕、纽扣。

预设：约瑟总是说，爷爷一定有办法！约瑟的妈妈永远都在说，又破又旧，丢掉吧，丢掉吧，丢掉吧……

师：请三位同学分别来读读约瑟、妈妈、爷爷的相关语句。（交流感受）

预设：我觉得重复的句子读起来很好玩，很有节奏感。

师：这样重复的话语在故事中一共出现了几次呢？（5次）

师：这五次故事的情节可不可以前后调换顺序呢？比如，先说蓝色小毯子变成了领带，再说爷爷把领带变成了小背心？

预设：不可以，因为蓝色的布料在爷爷的手里是不断变小的。

师：是啊，这个故事情节的前后顺序不能随便调换，因为变的东西越来越小。如果调换了顺序，整个故事就被打乱了，就没有意义了。

3. 趣讲故事

师：请两位同学来讲一讲这个故事，一个讲主线约瑟的故事，一个讲小老鼠一家的故事。讲的时候可以借助黑板上的“双环”来帮你回忆故事情节，再加上一些重复的话语，相信你能把这个故事讲得更好！（生借助“双环图”绘声绘色讲故事，点评）

师：同学们，借助图示能帮助我们快速地梳理故事内容，除了“双环图”，我们还可以用“情节绳”“情节格”等来梳理故事内容，同学们在阅读时也可以用上这样的可视化思维小工具哦。

（设计意图：引导学生借助“双环图”梳理情节，更有效地帮助学生理清故事内容，同时也能提升学生在阅读中的信息提取能力。通过关注表达的特点，让学生进一步感受故事的趣味，帮助学生在讲故事时抓住规律。）

板块三　细品图画，找细节

师：这本书里不仅有有趣的文字，里面的图画也很有意思哦！我们一起去发现那些藏在图画里的秘密吧！

1. 关注细节

（1）出示图片一

《爷爷一定有办法》教学设计（一）

师：仔细看图，图上都有谁？他们在干什么呢？

（引导学生观察画面人物、人物的动作、房屋的构造等，并教授学生根据图画细节推测人物职业的方法。）

预设：约瑟的爸爸在做鞋子，他的桌面上还摆了其他样式的鞋子，他的爸爸可能是个鞋匠。

预设：爷爷在接过约瑟手上的毯子。在爷爷的桌上有针线包，而且约瑟的小毯子就是爷爷缝制的，我猜爷爷是个裁缝。

（2）出示图片二

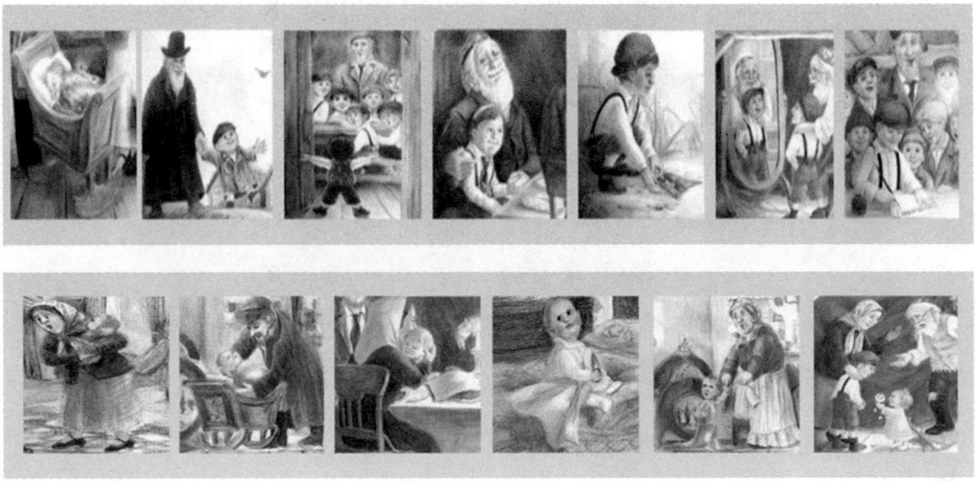

《爷爷一定有办法》教学设计（二）

师：故事里什么物品是反复出现的？

预设：蓝色毯子。

师：为什么这个蓝色毯子会反复出现呢？

预设：因为约瑟出生的时候，爷爷做了这条毯子给他。后来他的妹妹出生了，爷爷也做了条蓝色毯子给妹妹。

师：看来这条蓝色毯子在故事中有着特别的含义。他们两个人都很爱护这条蓝色毯子。这条蓝色毯子记录了约瑟的成长，相信它也会陪伴着妹妹成长，记录她的成长故事。

2. 情节呼应

师：这个故事最有趣的地方就是除了讲述约瑟一家的故事，还讲了小老鼠一家的故事。

师：看看这组图片，你发现了什么？

《爷爷一定有办法》教学设计（三）

预设1：约瑟和爷爷散步的时候，下面老鼠一家也手牵手在散步。约瑟去学校炫耀自己的小背心，下面老鼠家的孩子们也在上课。

预设2：老鼠一家也有蓝色布料，它们用这些碎布料把家里装饰得很漂亮，还给家人做了衣服。

师：看来你们已经发现了图画里的第二个秘密——下面住的老鼠一家的生活和约瑟一家是同步的，这两个故事在情节上是相互呼应的。

（设计意图：通过引导学生关注图画中的细节，让学生感受到图画在绘本中也传递着重要信息，不可忽视。同时也培养了学生的观察力和阅读推测能力，让学生掌握了读图画书的基本方法。）

板块四　升华主题，感受爱

师：同学们，读完了这个故事，最打动你的是什么？（生交流感受）

小结：一块看似普通的蓝色布料，在小约瑟家里不停地变化着，这是“爱”的力量，满满的爱在这个温暖的小家庭里传递着。时间在变，不变的是这份永恒的“爱”。随着时间的推移，这份爱变得愈发浓郁，爱的力量也变得更加强大起来。这份“爱”也传递到老鼠一家去了。动物和人类和谐相处，这就是爱的力量！爱，可以改变一切；爱，给我们带来温暖；爱，让我们变得更加强大。

（设计意图：从故事中去理解“爱”，更进一步体会“爱的力量”。“爱”看似普遍存在于我们的生活中，却又常常被我们忽视，借此绘本带领学生去深刻地去感受自己与亲人、动物与人类之间那份美好、温暖的“爱”。）

总结：同学们，通过这节课的学习，我们一起读了一个有趣的绘本故事《爷爷一定有办法》，知道了可以借助“双环图”来讲故事，还细细品味了图画中藏着的秘密，感受了画中细节的有趣之处。通过有趣的文字和图画，我们深刻地感受到了“爱”的力量。有一本绘本叫《约瑟夫有件旧外套》，和我们今天读的故事有许多相似之处，同学们可以用今天学到的方法去读一读，再比较一下这两本书有什么相同点和不同点吧！

（设计意图：在同类型作品的比较阅读中进行对比，感受绘本的有趣之处。）

寻找中华民俗文化

——《老鼠娶新娘》教学工作坊

工作坊地点：澳门城市大学

工作坊成员：澳门小学语文教师

教学实践课例：刘翘懋（珠海市香洲区第三学校）

黄鞾老师澳门整本书阅读工作坊现场

工作坊导师：黄鞾（珠海市香洲区整本书阅读课程项目组核心成员，香洲区学科带头人，获广东省小学语文教师课堂教学大赛特等奖，赴北京、西安、澳门及广东省内多地市开展整本书阅读教学及讲座）

工作坊专家：吴希华（珠海市香洲区整本书阅读课程项目负责人，香洲区教师发展中心小学教研部主任，小学语文教研员）

第一节　书册背景

【内容概述】

老鼠村长的女儿要抛绣球选新郎，一只黑猫冲进来搅乱了局面。为了女儿的幸福，老鼠村长决定找一个比猫还强、全世界最强的女婿。左思右想，他觉得太阳是全世界最强的，于是跑去找太阳。可是乌云遮住了太阳，风吹散了乌云，墙挡住了风……到底谁才是全世界最强呢？

【文学地位】

张玲玲，1954年出生于台湾台北。从小喜欢听故事，她从小的志向就是长大后为孩子编他们喜欢的故事。毕业于东吴大学日文系，曾于日本筑波大学专攻民间故事。现在从事台湾儿童文学的编辑工作。作品有绘本台湾民间故事《女人岛》《卖香屁》，绘本台湾风土民俗《鹿港百工图》《东港王船祭》《台南府城》等。

刘宗慧，从事图画书绘画工作。每一张画她都以诚挚的态度去创作，并努力地突破自己以往的绘画技巧与意念，让图画本身讲述故事，使之拥有独立的生命。

这本书荣获第五届西班牙“加泰隆尼亚双年童书插画”首奖。

【教学价值】

（一）学会读图

我们知道在图画书中，图画是主体部分，那阅读一本图画书时我们该如何读图呢？

1. 封面、封底

封面的插图是整本书中的精华。拿到一本图画书后，我们首先看到的是封面。书名，大概说出了一个故事的主要内容；插图，一般是主人公图画或是主要故事情节；作者、译者及出版社，可以让人了解整本书的创作背景。也许你会产生疑问：一本书的出版社也要关注吗？当然！现在市面上的书这么多，到底选什么、如何选？这可是一门大学问！一个好的出版社就是一本好图画书品质的保证。选择书是每个学生的权利，但是选择一本好书是我们每个学生都应具备的能力。

封底，一般有这本书的获奖情况、故事梗概等，可以让我们在短时间内了解它是一本怎样的书。除此之外，我们发现有些故事的结尾延续到了封底，有些封面和封底构成了一幅完整的图画，暗示了故事的线索……所以，合上书本时千万别急着把书放下，看看封底还有没有别的话要对我们说。

2. 色彩

除了关注封面和封底，我们还要关注图画书的色彩。色彩不仅与整本书的主题有关系，还会带给我们不同角度的联想。有自然联想，比如我们看到绿色，自然而然会联想到草地、生机勃勃等。还有一些文化联想，比如，红色在我们中国传统文化中是一种喜庆的颜色，而在西方，红色往往和血腥连在一起，代表着灾难。很多插画家会在同一本书不同的图画中变换颜色，以此渲染各个部分不同的氛围。这本书整体色调以红色和黄色为主，红色和黄色都是暖色系，带给人温暖、喜庆的感觉，恰恰与故事的主题相呼应。故事里，村长梦见大黑猫袭击村子，村长女儿被大黑猫抓住，此时主画面的色彩以蓝色的冷色系为主，仿佛让读者看到一个父亲吓得瑟瑟发抖的画面，如果用红色和黄色，想必是不合适的。可见，图画书中色彩的渐变往往与故事情节的发展，以及人物的心情变化有很大的关系。

3. 画面人物

阅读图画书时，我们还要细致观察图画书中的人物，包括动作、表情、神态等，这样才能更好地理解主人公的心理状态，如情绪、想法等。故事里，老村长为了给女儿寻找全世界最强的女婿，一路跋山涉水、翻山越岭，从一开始的意气风发到被一阵风刮到墙角的狼狈不堪。当阿郎捡起老村长的帽子，掸去上面的尘土，双手毕恭毕敬地将它递给村长时，这一路的陪伴与守护，执着与坚持，终于得到老村长的认可。

4. 图画细节

图画书中还有一些不容易发现的小细节，比如线条、色彩渐变、物品的暗示等。说到物品的暗示，一般是书中某一个小的事物，这些事物往往不会无缘无故地出现在图画里，它的背后有更深层的寓意待我们去发掘。比如，村长一路上寻找太阳、云、风，而它们的形象都是猫，这会带给你怎样的暗示呢？也许，你眼中认为最强的恰恰是最危险的。所以在这种图画的语言中，我们要找到这些类似的“物品”，从图像中提取信息，并进行推论，这样就可以品味这无声胜有声的深层含义了。

5. 版面设计

当我们一页一页细读完图画及文字后，再来看一下整本书的版面设计。比如看看画面是有边框的，还是无边框的；看看画面是大小一致，还是有大有小；看看跨页是一个画面，还是两个画面……这就是看一本绘本的版面设计。读这本书时，我们会发现一个特别有趣的细节。全书每一页都有一处似乎被咬的小缺口，还留下了点点残渣，这是不是书中某只小老鼠咬的小缺口呢？而最后老鼠结婚的几幅图画是完完整整的，没有被咬的缺口，是不是这只小老鼠正忙着参加他们的婚礼呢？绘者这样一个巧妙设计等待着小读者去发现，从而使其领略到阅读图画书的乐趣。

阅读图画书，看图有“方法”，才能读懂绘者的画外之音！

（二）体味中华传统文化

这是一本充满浓浓中国味的绘本。一个民间传统故事，一首动听的民间童谣，再加上一幅幅精致的画面，构成了本书浓郁的中国传统特色。我们都知道图画书讲的是三个故事，第一个是文字故事，第二个是图画故事，第三个就是图文合奏的故事。美国画家芭芭拉·库尼曾用这样一句话解释了图画与文字的关系：“图画书像是一串珍珠项链，图画是珍珠，文字是串起珍珠的细线，细线没有珍珠不能美丽，项链没有细线也不存在。”这本书恰恰如此。

故事从民间童谣开始讲起：“一月一，年初一。一月二，年初二。年初三，早上床，今夜老鼠娶新娘。”民间童谣形式短小，童趣盎然，富有节奏和韵律感，读起来朗朗上口，这便是中国原创故事的魅力。这样原汁原味的故事，是留给学生们最珍贵的礼物。

这本图画书的主色调以红色、金黄色的暖色调为主，透出中国独有的喜庆和热闹。图画中的细节也处理得非常好，内容虽然讲述的是老鼠村的故事，但开篇却从人类的世界讲起，人类做什么，我们在老鼠世界也能找到对应的画面，整本书为我们呈现了一幅人鼠共生、和谐美好的画面。

更值得称赞的是，全书处处蕴含着中国元素。封面上新娘的红盖头、凤冠霞帔、婚服、烛台、红烛；图画中各种传统花纹，回形纹、祥云纹、钱纹；招亲时的大红喜字、绣球、丫鬟、灯笼；古代建筑上的脊兽、倒挂的蝙蝠、大门上的门闩；结婚时的吹拉弹唱、媒婆、拜天地、聘礼、轿子……学生在阅读中了解传统文化，将童谣之美、文字之美、色彩之美、画面之美紧紧融合在一起，真正收获阅读传统文化的快乐。

作　者：张玲玲

绘　者：刘宗慧

出版社：二十一世纪出版社

《老鼠娶新娘》书册封面

第二节　教学内容

《老鼠娶新娘》教学内容（一）

一、通读绘本

（一）欣赏封面

一本图画书的封面上藏着许多重要的内容，咱们可得仔细瞧瞧。你发现了什么？

（1）书名——从书名我们可以大概知道故事的内容，讲的是老鼠娶新娘的故事。

（2）色彩——封面以暖色系红色为底色，红色带给人温暖、喜庆的感觉，与这本书的主题相呼应。

（3）服饰——新娘头戴凤冠，凤冠就是配饰在头上的帽子，这个帽子和咱们今天的帽子不一样，上面镶嵌着很多的珠宝，在古时候它可是一种身份的象征。再看看新娘的服饰，身披霞帔，霞帔就是挂在衣服上的披肩。古时候的新娘子就是这样的装扮：红盖头、凤冠霞帔、婚服……

（4）红烛——封面上摆放着一对烛台，烛台上有一对红烛。烛台和红烛都为双数，我们常说“好事成双”，这也代表着它们对美好生活的祝愿。

（5）花轿——最有趣的是下面鼠新娘出嫁时的场面了。你看，老鼠们抬着草鞋做的花轿，一路吹吹打打，热闹极了，整个迎亲队伍一直延伸到封底！嫁妆、聘礼、媒婆一样都不少呢！

（二）阅读扉页

翻到扉页，我们看到一个穿着红衣服的鼠姑娘正在架子上抛绣球，那个身穿亮蓝色衣服的小老鼠跳得最高，正准备抢绣球呢！他们之间会发生怎样有趣的故事呢？让我们一起走进故事吧！

（三）阅读正文

1. 讲述第1、2页

读到这儿，我们发现这个绘本故事是根据一首古老的童谣改编的。让我们聚焦图画部分，图画以人类生活的院子开始讲述故事：一座古老的院落，一个男子拉着一车稻草经过院子，院子里的妇女辛勤地劳作……大面积的金黄色让我们仿佛看到一个安静祥和的乡村迎来了秋季的大丰收。

2. 讲述第3、4页

这个跨页中，整体色调以橘红色、黄色为主，暖色系带给人温暖。从房子的外观看，屋顶的瓦片已经破烂不堪了，墙壁也出现了裂痕。虽不是大户人家的院落，但是人们在喜悦地交谈着，几个妇女顾自劳作，小孩子在一处嬉戏，一切是那样的和谐、美好。大门上贴的楹联是“永结同心”，房梁上双喜镂空花砖，门前妇女抚摸着肚子，都呼应着这本书的主题——娶新娘。

3. 讲述第5、6页

一本好绘本读起来就像看电影一样，图画书的画面要“动”起来，仅靠单个画面的动感是不够的，还要靠前后画面之间的衔接互动。一开始，绘者运用远景镜头，从院落的一角慢慢将老鼠的世界融入场景中。在这个跨页里，由原来的远景切换至近景，镜头渐渐推进，将读者正式拉进老鼠的世界。

这是一个非常热闹、吉祥的老鼠村。有些老鼠悠闲自在地洗澡，其乐融融；有些老鼠正忙着挑水，水桶还没送到，已经有人早早在那里迎接了；还有个老鼠宝宝正拴着一只小虫子散步……以往一提到老鼠都是“过街人人喊打”“贼眉鼠眼”等不好的字眼，可是这个绘本中的老鼠却带给了我们不一样的感受。

除此之外，人类生活在院子里，老鼠生活在院子的角落里；人类穿的是清朝时期的服饰，老鼠也是这样的服饰；人类世界有春联，老鼠们也有春联；人类世界有贴的告示，老鼠世界也有贴告示……你瞧，老鼠世界的风俗与人类世界的风俗是相同的，这小小的老鼠村俨然成了一个浓缩的人类世界！

4. 讲述第7、8页

中国民间有一种非常有趣的吉祥物，那就是绣球。古时候，大户人家的女儿通过抛绣球的方式来选择夫婿。这个习俗非常有意思，女孩子站在台子上把绣球一扔，谁抢到就嫁给谁。抛绣球的那天，全村的小伙子都来了。仔细瞧瞧，谁最想娶村长的女儿呢？正中间那只身穿亮蓝色衣服的小老鼠，属他跳得最高，也最积极。在这个跨页里，我们也看到了浓浓的中国味：端茶倒水的丫鬟，高台上的回形纹、钱纹、双喜镂空花纹等。红红的灯笼上有个“张”字，看来这是张府的女儿，与作者的姓氏也恰好吻合呢！

老鼠世界热闹非凡，而此时阴影已经出现。在一只张牙舞爪、口水横流的大黑猫眼里，那一簸箕的老鼠可是美味的食物啊！大黑猫到底能不能捉到老鼠呢？让人不禁把心提到了嗓子眼儿。

5. 讲述第9、10页

在这个跨页里，大黑猫从右上角俯冲下来。这种动态展现得淋漓尽致，墙外看的孩子都张大了嘴巴。你看，通过孩子的视角将老鼠的世界与人类的世界紧紧连在一起。大黑猫连扑带咬，所有的老鼠们都吓得吱吱叫，不知往哪儿跑。老鼠与猫自古以来便是天敌，但是在生死面前，眼看着村长女儿要从高台上坠落，千钧一发之际，只有阿郎一下子冲上来接住了她。

6. 讲述第11、12页

故事讲到这里，按理说，村长应该对阿郎感激不尽，顺理成章地把女儿嫁给他。但是村长竟然决定去找世界上最强的女婿，为什么呢？这都源自一场噩梦，在这个跨页里，绘者运用大面积的冷色调——蓝色，来烘托村长的恐惧、害怕。在这里，我们感受到了一个父亲对女儿深深的保护欲，那是对女儿最深的爱。无论是人类世界，还是老鼠世界，所有父母的爱都是一样的。作者恰恰是通过老鼠的世界折射出我们人类社会的生活和思想的。

7. 讲述第13、14页

作为一个父亲，他想要把女儿嫁给全世界最强的女婿可以理解，全世界500强可能都不行，一定要全世界第一强！于是，村长出发了！阿郎明明最想娶村长的女儿，眼看着老村长要去找全世界最强的女婿了，他为什么不直接让老村长把女儿嫁给他呢？也许，阿郎在等待一个机会，所以他一直在观察，一直默默地跟着老村长。

8. 讲述第15、16页

阿郎是个有心人，在老村长去寻找全世界最强的女婿时，阿郎一直悄悄跟在他身后。村长在路上走，小阿郎就在水里游。村长在寻找太阳的过程中，这河岸的石头变成了猫的图案，这一处小细节带给你怎样的暗示呢？

9. 讲述第17～24页

一路上，村长找到了太阳、云、风、墙，故事从这里开始反复。村长想要寻找全世界最强的女婿，可是每一页都藏着猫的身影：找太阳时，河边的石头变成猫的图案；找云时，云变成猫的图案；找风时，风又变成猫的图案。老村长以为自己找到了全世界最强的，然而却未必是最合适的。

让我们将目光聚焦在小阿郎身上，当村长找太阳走山路时，阿郎在水里游；看见云来了，他在一旁观察；看见风来了，他还在观察；当一阵风吹来，风吹得又急又快，阿郎闭着眼睛，一直拼命地游啊游，赶在村长落下来的地方，他做了这样一件事，让我们每一个小读者都充满了感动。小阿郎从洞里钻出来，捡起帽子，掸去上面的尘土，毕恭毕敬地将帽子双手递给到村长面前。阿郎用自己的实际行动证明——他才是那个最合适的！

10. 讲述第25～30页

终于在正月初三，村长的女儿坐着草鞋做的花轿，幸福地嫁给了阿郎。仔细观察这个长长的迎亲队伍，是不是同样蕴含着浓浓的中国味？花轿、聘礼、媒婆、婚服、红盖头等一样都不少。你瞧，墙背后还有一个偷偷观察的小娃娃呢！从一开始的选婿到结婚，他一直对老鼠世界充满着好奇，一直在偷偷看着老鼠们的生活。有兴趣的你，可以翻到前面去找一找哦！

全书最热闹的画面就是结婚的画面啦！老鼠村张灯结彩，到处都是贴着喜字的灯笼。老鼠们在干什么呢？老村长大摆流水席，从画面上我们可以看到整个流水席一直延伸到墙角的尽头。老鼠们喝酒庆祝，好不热闹！再看他们吃的什么？花生、红枣等，结婚吃花生、红枣，寓意着早生贵子。更有意思的是，他们拜天地的时候尾巴勾在一起，和我们人类世界传统婚俗中“结发之喜”是相通的！

在最后的几幅图中，我们从老鼠结婚的流程中，了解了中国古代婚礼的习俗。现如今我们已经很少看到抬花轿、吃流水席这样的婚礼了。希望我们的小读者也能通过这个喜庆、美满的故事，了解更多的中国传统文化和民俗风情。

二、深入绘本

（一）表达的秘密

1. 有趣的童谣

读了这个故事，相信细心的你一定发现了这本绘本里还有一首有意思的童谣。故事是这样开始的——

一月一，年初一。一月二，年初二。年初三，早上床，今夜老鼠娶新娘。

“一月一，年初一”说的是哪个时候呢？是啊，过新年！读着这样的童谣，我们仿佛看到了：在新春佳节，一群身穿新衣、手拿糖葫芦的孩子们，边唱边跳地穿行在红红火火的大街小巷。

故事以童谣开始，也以童谣结束，将小老鼠阿郎通过自己的不懈努力终于娶到村长女儿的有趣故事向我们娓娓道来。

小白菜，地里黄。老鼠村，老村长，
村长女儿美叮当，想找女婿比猫强。

太阳最强嫁太阳，太阳不行嫁给云，
云不行，嫁给风，风不行，嫁给墙，
墙不行，想一想，还是嫁给老鼠郎。
花对花，柳对柳，鸡嫁鸡，狗嫁狗，
簸箕簸箕配扫帚。

一月一，年初一。一月二，年初二。

年初三，早上床，今夜老鼠娶新娘。

大小老鼠来帮忙，抬花轿，搬嫁妆，

新郎新娘早拜堂。

一拜堂，二拜堂，三拜堂来入洞房。

“童谣+故事”是这个绘本的文字故事最大的特点！教学中，可以通过师生对读、拍手读等富有节奏的方式，让学生反复诵读童谣。这不仅能让学生了解这个故事的内容，也能让他们在童谣中感受中华传统文化的魅力。

2. 有趣的反复

（1）结构的反复

这个故事不仅童谣有趣，故事情节也很有意思。老鼠村长寻找全世界最强的女婿，一路上找太阳、找云、找风、找墙……像这样围绕一个核心事件——反复找的结构，就是一个非常明显的反复式结构，这样的故事越反复越有趣。

我们以前读的反复式结构的故事一般会反复几次呢？《白雪公主》中王后三次诱骗白雪公主，《小壁虎借尾巴》中三次借尾巴。童话故事中一般都是三次反复，不过这个故事有点特别，反复了五次。我们再来想一想，故事可以一直这样反复下去吗？这也是不合适的，如果一直这样找下去，故事就没完没了了。那故事情节可以前后调换顺序吗？比如老村长先去找风，再去找太阳？的确不行，因为每个事物都有自己的强项和弱项，如果调换顺序，整个故事就被打乱了，那就没有意义了。

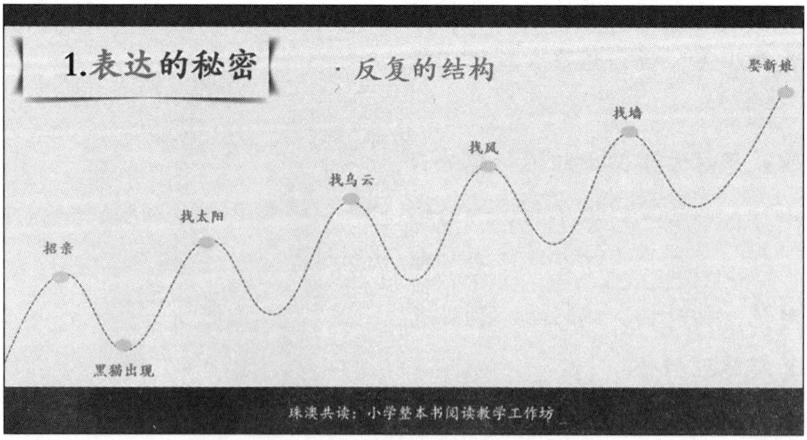

《老鼠娶新娘》教学内容（二）

（2）语言的反复

这个故事里除了结构上的反复，句子之间也藏着大秘密呢！你看，老鼠村长与太阳、乌云、风、和墙的对话，句式相似，反复出现。如：

“你是全世界最强的吗？”——“我是全世界最强的！”——“我要把女儿嫁给你……”

“你是不是全世界第一强？”——“我就是全世界第一强……”——“我……好把女儿嫁给他……”

“你是不是全世界最强？我想把女儿嫁给你做新娘。”——“我是天下第一强！”

这种一问一答，构成了语言的反复，将故事情节推向了高潮。学生通过听反复的文字故事，不断地产生疑问：老村长下一个找的最强的是谁？到底他会把女儿嫁给谁呢？语言的反复使得整个故事更加立体，通过制造悬念，激发学生阅读的欲望，这就是翻页的技巧。

3. 有趣的情节

《老鼠娶新娘》改编自中国的传统民间故事。民间故事最大的特点就是口口相传，爷爷奶奶讲给爸爸妈妈听，爸爸妈妈又讲给小朋友们听，故事就这样一代一代流传下来了。这样的故事情节曲折，语言通俗易懂，最适合讲述。低年级的学生可以借助关键插图讲故事，如“四格漫画”等。

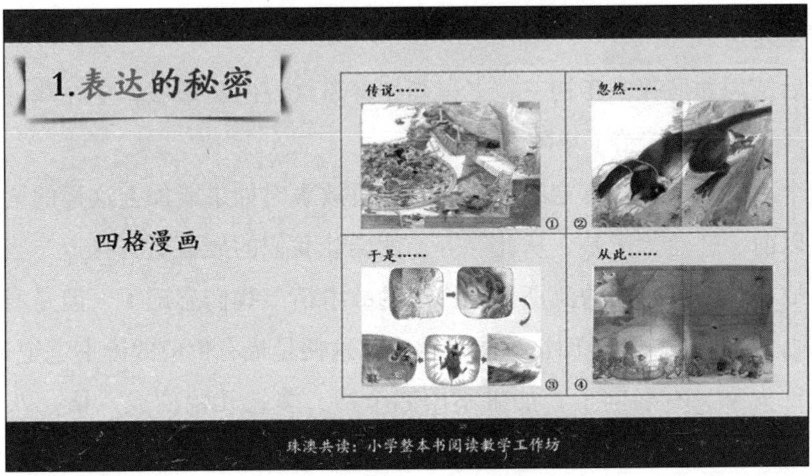

《老鼠娶新娘》教学内容（三）

图①招亲——

由于图①人物角色较多，为了让低年级的学生更好地读图，教学时引导学生按照一定顺序先讲讲图画的内容。比如从上到下，有哪些重要的角色，他们在干什么呢。按顺序，抓重点，能将故事的起因说得更清楚。老鼠村的村长为了给漂亮的女儿找到如意郎君，决定让女儿抛绣球招亲。

图②大黑猫——

招亲的那天，热闹非凡，所有的老鼠都来抢绣球，谁也没有发现危险已悄悄来临。看看这张图，发生了什么？一只张牙舞爪、口水横流的大黑猫冲进来，连扑带咬，老鼠们吓得落荒而逃，村长的女儿眼看着就要从高台坠落下来，在这危急时刻，是老鼠阿郎冒着生命危险一下子冲过来接住了她。如果你是老村长，自己的宝贝女儿被救了，你会做什么？重金酬谢，把宝贝女儿嫁给他……我们一起看看，老村长是怎么做的呢？

图③找女婿——

图3是这个故事的高潮部分——找女婿。最精彩的部分我们要重点讲，讲丰富。到底如何讲好这一部分呢？教学时，对照图3这一组图片，用上表示顺序的词“首先……接着……然后……最后……”把老村长寻找全世界最强的女婿的过程讲清楚、讲明白。在讲清楚、讲明白的基础上，可以加入主要人物的语言、动作等，这就是绘声绘色地讲故事了。从讲清楚到绘声绘色地讲，为接下来的“演课本剧”打下坚实的基础。

图④迎亲——

最后结局如何呢？年初三，老鼠新娘穿着红红的新娘服，坐在草鞋做的花轿上，开开心心地嫁给了小阿郎。

这个故事来自一个古老的民间故事，讲故事时如果能加上这样的词：“很久很久以前、忽然、于是、从此”等，就会让我们的故事更有味道。当我们读完一个故事，随着时间的流逝，也许有的故事情节我们忘记了，但是通过这个四格漫画，就可以快速地回忆起故事内容，这便是最有价值的读书笔记了！

也许大家又有疑问了，如果不用四个格，多选几幅凑成六格、八格、九格，可不可以呢？当然可以，用几个格没有严格的规定，只要能借助关键插图讲故事，那就是最棒的！

其实很多故事都可以做成这样的四格漫画。比如《母鸡萝丝去散步》，有一天，母鸡萝丝出去散步，遇到一只狐狸，后来发生了许多有趣的事情，最后母鸡安全回到家。

《老鼠娶新娘》教学内容（四）

在这里，也有一个温馨小提示：我们做四格漫画时，可不是随便找四幅画哦，一定找到这四个点，即①起（原因）—②承（意外）—③转（转机）—④合（结果）。

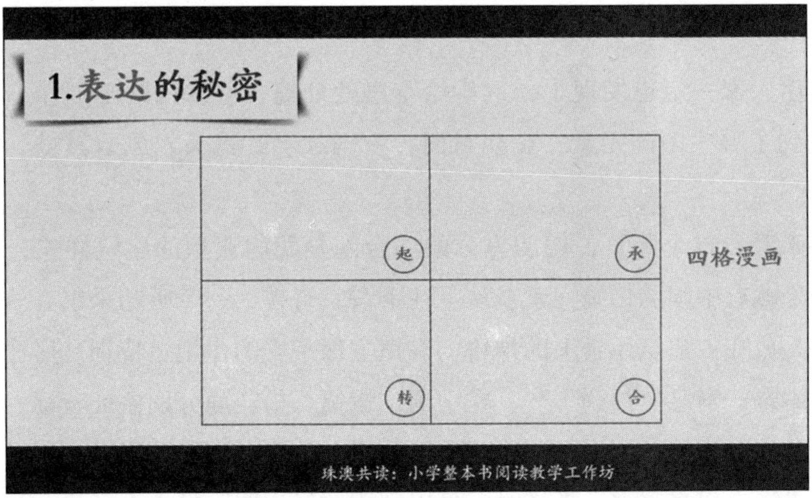

《老鼠娶新娘》教学内容（五）

（二）图画的秘密

这本绘本里的文字故事这么有趣，那么图画呢？它里面又藏着哪些秘密呢？

1. 丰富的中国元素

拿到一本绘本时，我们首先不能忽略它的色彩！这本书整体色调以橘红色和黄色为主。红色在我们中国代表喜庆、吉祥，我们办喜事都会用到红色。这本书书名叫作“老鼠娶新娘”，如果这个绘本的色调换成黑或白，那就不太适合了。所以我们在看绘本时，也要关注图画的整体色调哦，想一想绘者为什么用这个色调，他想告诉我们什么。

《老鼠娶新娘》教学内容（六）

相信大家一定也发现了，这本绘本里处处蕴含着浓浓的中国味。你在图画里找到了哪些中国元素？比如封面：中国红、红盖头、凤冠霞帔、婚服、红烛等。

再来看看这个跨页，四四方方的四合院是我国典型的建筑样式，看似简陋却处处藏有中国的传统元素。从上往下看，脊兽，一个听起来很有故事的名字，它是放在古建筑屋脊上的神兽，有镇宅保平安的作用。特别是房檐下倒挂的三只蝙蝠，寓意“福到了”，在中国，蝙蝠、梅花鹿分别象征着福、禄，是随处可见的吉祥象征。大门两边张贴的对联、大门上雕花的图样……像这样的中国元素还有很多很多，教学时，可以利用“气泡图”带学生去找一找书中的传统元素。

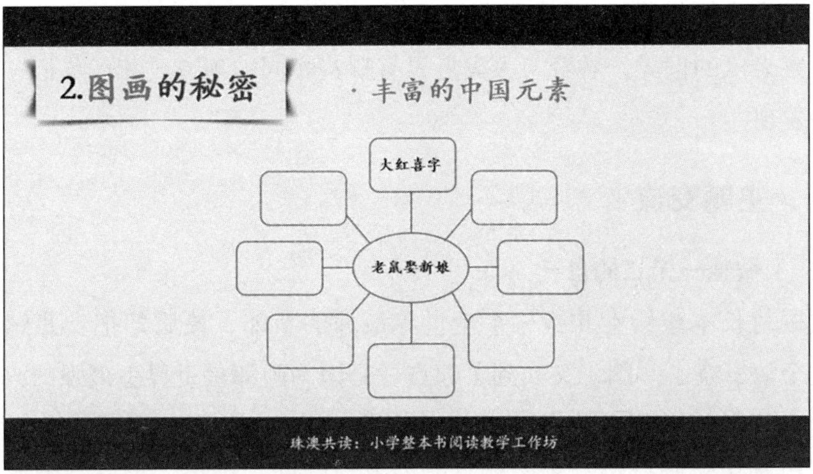

《老鼠娶新娘》教学内容（七）

2. 老鼠与人类的关系

这本绘本画面非常精致，绘者用细腻的笔锋画出了人、鼠两个世界。在阅读时，你发现是谁一直在关注老鼠的世界呢？是一个小孩子。在第二页里，这个小孩子就一直在偷偷地关注着老鼠村里的活动，你还在哪里找到了他？大黑猫打倒高台时，他也在旁边看到了；年初三老鼠结婚的晚上，他也在墙角偷偷地看着呢！

《老鼠娶新娘》教学内容（八）

另外，人类世界和老鼠世界还呈现出一幅和谐美好的生活画面。比如人们穿的草鞋变成了新娘的花轿，故事中老鼠结婚的场景类似人类娶亲的场景等。仔细观察老鼠的世界，看看与人类世界有哪些相同的地方，相信你们一定会有更多的发现。

三、主题交流

（一）做独一无二的自己

老鼠村长本想给女儿找一个全世界最强的新郎，最后却把女儿嫁给了阿郎。这个故事绕了一圈，又回到了起点。是因为阿郎是世界上最强的吗？当然不是，太阳最强，可它怕乌云；乌云最强，可是它怕风；风最强，可是它怕墙；本以为墙最强，可又来了能打洞的老鼠阿郎。世界上到底有没有最强的呢？当然没有，每个人、事、物都有它的强项，也有它的弱项。那我们呢？是不是也同样如此？这个世界本就是多元的，每个你、我、他个性都是不同的。现实生活中，有人外向活泼，有人内敛文静，有人口语表达能力强，有人动手能力强，有人喜欢科学，有人喜欢文学……我们每一个人都是与众不同的！

相信通过这个故事，我们能发现自己的优点，同样也能找到自己的不足。教学时，可以利用表格“特别的你”与学生的生命进行联结。怎样成为更好的自己呢？努力改正自己的缺点，发挥自己的优点，相信每一个特别的“你”都能成为最好的自己。

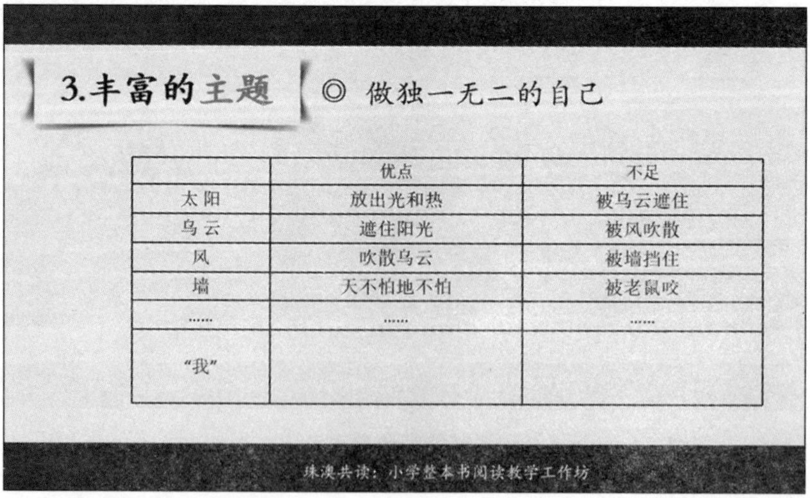

	优点	不足
太阳	放出光和热	被乌云遮住
乌云	遮住阳光	被风吹散
风	吹散乌云	被墙挡住
墙	天不怕地不怕	被老鼠咬
……	……	……
“我”		

《老鼠娶新娘》教学内容（九）

（二）适合自己的，才是最好的

轻轻合上书本，我们来想一想：为什么这个故事能流传这么久呢？“花对花，柳对柳，鸡嫁鸡，狗嫁狗”，恰恰是因为它反映出了中国最朴素、最根深蒂固的婚恋观——门当户对。古时候的“门当户对”大多是指双方财力和家庭背景旗鼓相当，而现在的“门当户对”不单单是指双方的家庭背景，它代表的意义更广泛了，如两人的生活习惯、人生观等。我们可以从“合适”这个角度和学生们聊一聊，为什么最终老鼠阿郎能娶到村长的女儿呢？老鼠村长这一路上跋山涉水，找太阳、找云、找风、找墙，它们虽然都很厉害，但是它们都不是最适合他的女儿的。生活中，最优秀的不一定最适合你，但最适合你的，那一定是最好的。

（三）真正的爱是执着与坚持

这个故事绕了一圈，又回到起点，村长女儿嫁给了小老鼠阿郎。为什么老鼠阿郎能成功呢？这绝不是偶然的。阿郎在整个过程中，一直在默默地观察，并为此做着努力。在村长准备招亲的时候，阿郎就开始关注村长的女儿了。抛绣球时，跳得最高、最积极的那个就是阿郎，他是所有老鼠中最想娶她的。当村长改变招女婿的规则时，阿郎失去了心中最盼望、最渴望的机会，他本该放弃的，可是阿郎没有放弃，这份坚定，是执着；老村长寻找全世界最强的女婿时，这一路的陪伴与守护，是执着；当大黑猫来临，这不畏生死，是执着……所有的这些执着，恰恰都是爱啊！

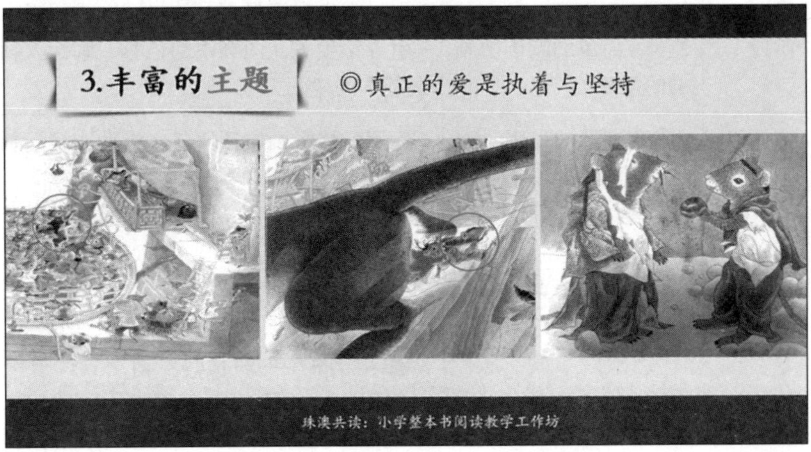

《老鼠娶新娘》教学内容（十）

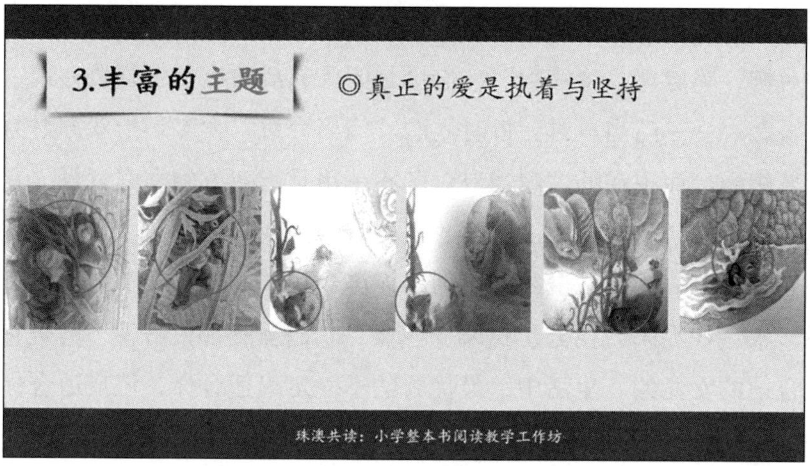

《老鼠娶新娘》教学内容（十一）

四、教学路径

图画书看似简单，薄薄的一本，十几分钟可能就能读完，但如果要发现表达的秘密、图画的秘密，培养细心观察的好习惯，明白其中蕴含的道理，却并不简单。我们一起来看看图画书教学的基本路径：

《老鼠娶新娘》教学路径

教学阶段	教学内容	教学方式
通读 （第一阶段）	1.通读文本，初步熟悉故事 2.学习简单的阅读图画书的策略	1.大声朗读，激发阅读兴趣 2.引导学生观察封面，从封面进行预测 3.引导学生关注图画中的色彩、画面人物等，掌握基本的读图方法
交流 （第二阶段）	1.发现表达的秘密 2.发现图画的秘密 3.话题交流，升华主题	1.运用四格漫画梳理情节，借助四格漫画绘声绘色地讲故事 2.运用“气泡图”寻找图画里的中国元素 3.话题交流 ①你认为阿郎之所以能娶到村长的女儿，最主要的原因是什么？简要说说自己的理由 ②你喜欢书中的村长吗？请用具体事例说说自己的理由

续 表

教学阶段	教学内容	教学方式
拓展 （第三阶段）	1.讲一讲 2.演一演 3.写一写 ……	1.借助插图、关键词、关键事件等讲故事 2.演绘本剧，把自己最感兴趣的故事情节和小伙伴们演一演 3.绘制四格漫画，给图画配上文字 4.拓展阅读《一园青菜成了精》《六十六头牛》，感受中国传统文化的魅力

第三节　研讨任务

【任务布置】

《老鼠娶新娘》的故事既温馨有趣，又耐人寻味。请你根据学生的年段特点，从人物、情节、主题、表达、图画等方面，选择其中一个设计教学环节，交流汇报时请说明设计意图。

【作品展示】

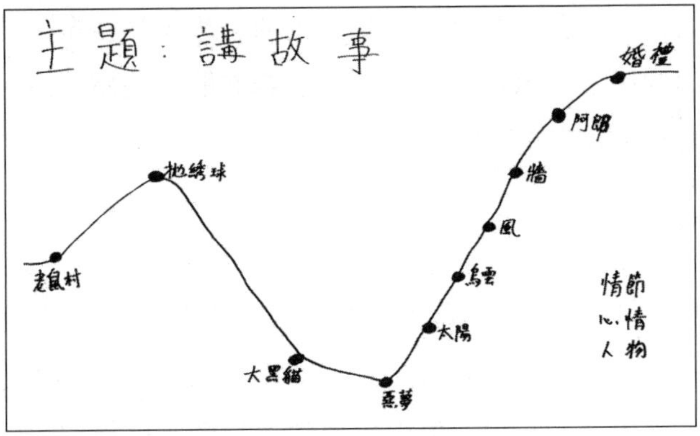

澳门学员小组作品展示（一）

第一小组：是从梳理故事情节这一方面来展开教学的。低年级的学生最喜欢的活动就是讲故事。教师利用“情节绳”和学生一起梳理故事情节。第一步：找出故事里的关键事件。第二步：给这些关键事件排序。第三步：讲好故事开头和结局。

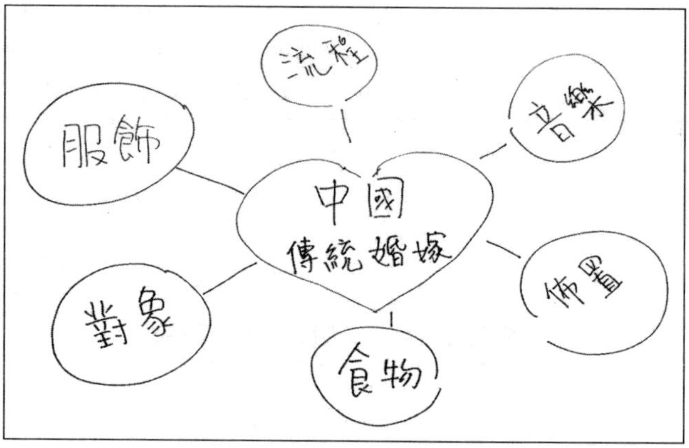

澳门学员小组作品展示（二）

第二小组：通过这本绘本，我们了解了中国传统的婚俗——抬花轿、拜天地、流水席、洞房花烛等。现如今的婚礼融合了西方一些个性元素，中国传统婚俗越来越少了，我们已经很少看到抬花轿、盖红盖头的中式婚礼了。为了让学生了解我们中国的传统文化，了解传统的婚嫁，我们组通过“气泡图”，让学生去探索、去发现“中国传统婚嫁”背后的秘密。

首先，教师利用“气泡图”，让学生发现书中的传统婚俗，比如结婚的服饰、流程、饮食等。在此基础上，联结生活，激发学生多关心身边的传统文化，多关注我们的民俗、风俗，以后去参加亲戚朋友的婚礼时，多留心观察，看看他们的婚礼上又有哪些习俗。

【导师点评】

这两组教师分别从情节的梳理、人物的分析及主题方面设计了整本书的教学活动。教学中运用可视化思维工具把知识之间的关系连接起来，帮助学生形成新的观点，创生新的知识，值得大家学习！图画书篇幅比较短小，它可能不像长篇整本书那样会用文字呈现出更丰富的主题，比如《夏洛的网》中有友情、生命、信任、背叛、珍惜等。这本书不一样，我们的学生能读到哪一层就是哪一层，只要言之有理即可。

澳门学员现场互动交流（一）

澳门学员现场互动交流（二）

第四节　教学实践

【阅读课型】

《老鼠娶新娘》交流课

【执教教师】

刘翘憋（珠海市香洲区第三学校）

珠海刘翘憋老师课堂教学实践

【教学设计】

《老鼠娶新娘》教学设计

（一）教学目标

（1）通读绘本，发现《老鼠娶新娘》的结构特点。

（2）了解四宫格的使用方法，并借助四格漫画把故事讲清楚，讲完整。

（3）学生通过观察绘本的颜色、图画细节等，感受绘本的趣味，从而了解中国传统文化。

（二）教学过程

板块一　听有趣的故事

师：今天让我们共读一本有趣的绘本《老鼠娶新娘》。这本绘本的作者是张玲玲，绘者是刘宗慧。（师绘声绘色地讲述故事）

（设计意图：简单直白的开场，把更多的时间留给学生们听故事，感受绘本故事的魅力，为接下来发现文字和图画的秘密做好铺垫。）

板块二　发现文字秘密

1. 探究秘密

师：同学们，听完故事，你发现这本绘本故事和我们读过的绘本故事有什么不一样了吗？（出示：将PPT绘本文字内容中的童谣部分标红。）

预设：这个绘本里有一些有趣的童谣。比如，小白菜，地里黄……

2. 趣读童谣

这本绘本是根据很久以前的一个民间故事《老鼠嫁女》改编的，里面加入了不少好玩又有趣的童谣！你瞧，故事就是从童谣开始的呢！哪位同学愿意来试着读一读？

（1）指名读

（2）合作读（三位同学合作读）

（3）拍手读

师：这首童谣很有意思，我们还可以拍着手读一读呢！有的地方节奏可以稍微快一点，有的地方节奏可以稍微慢一些。一起试一试吧！

3. 拓展书籍

小结："故事+童谣"就是这本绘本故事的文字秘密，像这样的绘本故事还有不少呢！比如《一园青菜成了精》《六十六头牛》。有兴趣的小朋友也可以找来读一读哦！

（设计意图：在对比中发现绘本的结构特点：故事+童谣。通过多种方式的朗读，让学生感受绘本结构特点的趣味性。以一本带多本，感受相似结构绘本的有趣，从而拓宽学生们的阅读量。）

板块三　品味绘本情节

师：这本绘本故事不光文字很有趣，故事情节也很有趣呢！老师找来了几幅图，我们一起来看一看。

1. 第一幅图——抛绣球

师：仔细看图，谁在干什么呢？（引导学生观察主要人物，及人物的动作，并教授他们观察图时需要按照一定的顺序）

2. 第二幅图——大黑猫打倒高台

师：看看第二幅图，发生了什么？

预设：突然一只大黑猫跳了出来，一下子打倒了高台。老鼠阿郎跳了出来，立刻把村长女儿救走了。

师：如果你是村长，阿郎把你女儿救出来后，你会怎么做？

预设1：我会把我的女儿嫁给他。

预设2：我会送给他花不完的钱，吃不完的粮食。

3. 第三幅图（组图）——村长寻找世界最强

师：可是村长并没有这么做，我们一起看看这幅组图。同学们，请根据老师给出的箭头，试着说一说。村长首先找了谁，接着找了谁？（提醒学生关注到箭头的方向）

预设：老鼠村长想：我要把女儿嫁给比猫还强的。老鼠村长先去找了太阳，可是太阳被乌云遮住了。这时风来了，风把乌云吹散了。风不光可以把云吹散，还可以把帽子吹走。风正吹着，可是遇到了一堵墙，老鼠村长重重地砸了上去。老鼠村长问墙："墙你是不是最强的？"墙说："是，但是我最怕老鼠来打墙。"村长才知道，老鼠虽小，但也有别人比不上的本事。

师：同学们，你们觉得世界上有没有最强的？

预设：没有，因为每个人都有自己的强项和弱项。

师：是的。我们每个人的性格、能力都是不一样的。有的人性格比较内向，有的人性格比较乐观，有的人特别能说，有的人动手能力特别强，每个人都是与众不同的。老师想接着问，你们觉得，村长能不能一直这样找下去？

预设：不能，如果一直这样找下去故事就没完没了了，而且世界上也没有最强的。

4. 第四幅图——阿郎迎娶新娘

师：最后一幅图，谁能来讲一讲？

预设：老鼠村长的女儿坐上了花轿，和阿郎结婚了，从此过上了幸福的生活。

（设计意图：借助关键插图，让学生理清绘本的故事内容。在交流中，培养学生的复述能力。）

板块四　四宫格讲故事

1. 师生合作讲故事

师：老师将刚刚出示的四幅图放进了四宫格里，你能根据这个四宫格讲故事吗？同学们讲故事时，可以试着加上“传说、忽然、于是、从此”等词，这样会让你的故事讲得更有味道哦。（生讲故事）

2. 拓展运用四宫格

师：同学们，当我们读完了一个故事，该怎么讲给家人听呢？你看，对照着四个格子就能讲出这个故事了。也许有的小朋友有疑问了，如果我不用四个格子，而是六个格子甚至八个格子，可不可以呢？当然可以，用几个格没有严格的规定，只要能根据关键插图讲故事，你就是最棒的故事大王。

师：当我们读完一个故事后，很多内容可能都忘记了，但当我们再次看到这个四宫格里的图画时，又可以快速回忆起故事的主要内容。同学们也可以用一用这个方法哦！

（设计意图：在复述故事的过程中，不留痕迹地引导学生们借助四宫格这样的支架，理清故事内容，把故事讲清楚、讲完整。由扶到放，只有扶得稳，才能放得开。）

板块五　发现中国元素

同学们，这本绘本不光童谣很有趣、故事很有趣，就连图画也是非常有趣的哦！

1. 观察绘本颜色

师：同学们，放眼望去，这本绘本的主色调是什么？给你一种什么样的感觉？

预设1：主色调是红色，让我觉得很温暖。

预设2：主色调是红色，让我觉得很喜庆。

师：在中国，红色代表喜庆。比如过年的时候，我们都会包红包、挂红灯笼。这本绘本的名字叫《老鼠娶新娘》，如果把这本书的主色调换成其他颜色，比如黄色、黑色，合不合适？

预设：不合适，因为黑色不吉利。

小结：同学们，我们在看一本绘本的时候，可要做个有心人，留意这本绘本的颜色哦！思考绘者为什么用这个颜色，他想要告诉我们什么呢。

2. 观察绘本细节

师：看一本绘本，不光要从整体上观看它的色调，还要关注到他的细节。这本绘本的每一处细节都蕴含着浓厚的中国气息。

（1）封面

引导学生关注老鼠新娘的服饰：头上盖的红盖头，以及凤冠、霞帔；引导学生关注烛台的数量、花轿、聘礼等。

（2）内页第一幅图

引导学生关注建筑物上的中国元素：脊兽、蝙蝠、雕花、对联、服饰等。

（3）最后一幅图

引导学生关注贴的喜字，挂的红灯笼，村长和一群老鼠在吃流水席，吃花生等。

小结：今天我们读的绘本故事特别有意思，不仅童谣有趣，故事情节有趣，里面还蕴含着浓浓的中国元素。通过这本绘本，我们了解了古代娶亲的过程，希望同学们以后也要多多留意咱们生活中的传统文化，多了解民俗风俗。

（设计意图：这本绘本从颜色到图画细节，都有着浓厚的中国元素。学生通过自主发现，了解中国传统文化，从而感受到绘本的趣味性不仅仅局限在文字特点、故事情节上，图画中也蕴含着浓浓的中国味。整节课以“趣”为导线，有趣的童谣、有趣的情节、有趣的图画，引导学生真正爱上阅读。）

成长需要自我救赎

——《贝太太从前为什么那么凶……》教学工作坊

工作坊地点：澳门城市大学

工作坊成员：澳门小学语文教师

教学实践课例：傅舒婷（珠海市香洲区甄贤学校）

陈美容（澳门培正中学）

黄韡老师澳门整本书阅读工作坊现场

工作坊导师：黄韡（珠海市香洲区整本书阅读课程项目组核心成员，香洲区学科带头人，获广东省小学语文教师课堂教学大赛特等奖，赴北京、西安、澳门及广东省内多地市开展整本书阅读教学及讲座）

工作坊专家：吴希华（珠海市香洲区整本书阅读课程项目负责人，香洲区教师发展中心小学教研部主任，小学语文教研员）

第一节 书册背景

【内容概述】

贝太太住在我们这里的二楼，她总板着一副面孔，凶巴巴的样子，每个人都认识她，可是大家都很怕她。不过，从前的贝太太并不是这么凶、这么不客气的人。那么，贝太太的生活中到底发生了什么事，让她变成了现在这样呢？

在贝太太小的时候，由于个子矮小，周围的小朋友总是欺负她——抢她的玩具，骑走她的脚踏车。更过分的是，他们在一起玩捉迷藏时竟然全都跑光了，只剩下孤零零的卡蒂雅在黑暗里摸索。卡蒂雅受了那么多委屈，想回家告诉妈妈，但是妈妈却严厉地让洗手吃饭，不要说话！慢慢地，卡蒂雅内心的愤怒变得越来越大，长大后变成了凶巴巴的贝太太。直到在游乐园遇到一个小女孩被欺负，熟悉的场景让她再次想到了童年的自己。于是，贝太太每天都去游乐场陪小女孩玩各种游戏。就这样，贝太太被小女孩改变了，成了一个和气的人。

【教学价值】

（一）知识技能

彭懿老师在《图画书应该这样读》一书中提到，一本图画书至少包含三个故事：第一个是文字讲述的故事，第二个是图画讲述的故事，第三个是文字与图画相结合而产生的故事。所以，从这三个故事层面进入绘本，才是读懂图画书的最好方法。

1. 读懂文字故事

我们常说一幅图胜过千言万语，但一个好的故事并不一定需要千言万语。绘本中的文字可以引导我们把眼睛放到作者最想让我们关注的地方，因此图画书的文字具有聚焦作用。教学时，引导学生聚焦作者表达的秘密。故事看似有点乱，一会写现在，一会写回忆，一会又回到现在。学生通读后会发现，原来故事的开头是讲“现在——凶巴巴的贝太太”，接着讲的“过去——小小的卡蒂雅”是对贝太太小时候的回忆，最后是讲“现在——快乐的贝太太”。作者索尼娅·布加耶瓦采用插叙的手法让我们看到一个情节富于戏剧性的故事，这在其他绘本中很少见到。只有读懂故事的叙事技巧，才能真正把故事读得明明白白，从而走进图画书的深处。

2. 读懂图画故事

在图画书的教学中，我们不仅要给学生讲述文字所表达的故事，还要解读图画表达的故事。教师应注重引导学生关注整体色调、画面人物、图画细节、版面设计等。图画书的封面、环衬、扉页、封底等都是和正文内容相关联的。有的故事没有结尾，你去封底看看，一定会有新的发现。比如这本书的前后环衬，教师可带领学生去寻找其中的细节，从画面整体色彩、人物及动物前后变化乃至每一处角落入手，理解那些让绘本锦上添花的细节，读懂细节背后的含义。长此以往，学生会在阅读图画书的过程中拥有一双会读图的慧眼，从而提升自己的读图能力。

3. 读懂图文合奏

读懂了图画故事和文字故事，我们再来理清图文的关系，看看是相互补充，还是各说各的，从而读懂图文合奏的故事。通读故事后，你会发现这本书的图画内容要大于文字，很多地方文字只有简简单单的一句话，但图画充分表达了文字所没有表达的内容。比如贝太太和一个男士吼着打招呼的画面，文字只有四个字“……大人也是”，而图画内容远远不止这些。通过贝太太和成人的体型对比，我们更容易发现贝太太庞大的身影比一般成年男人要大得多。贝太太拎着一个装满杂七杂八东西的大口袋，毫不费劲，可见她的力气不小。男士吓得瑟瑟发抖，随着贝太太一声吼：“早！”他的信“啪”的掉到了地上。

他牵着的小狗本来站在右前方，结果一见到贝太太则绕了好几个圈，躲在了他的身后，眼睛警惕地望着，似乎随时有危险发生。所以，在看这本书的时候，学生可以从图画里收集到很多“言外之意”。

（二）阅读策略

1. 预测

预测，即预先推测或推想。任何推测都不是空穴来风的，而是有线索可寻的。教学中，可引导学生根据图画书的书名、封面、故事情节、故事结局以及自己的知识经验等有效信息对文本进行猜测。拿到一本书后，封面往往是最先映入眼帘的，一些绘本光看封面就可以猜故事。比如这本绘本，封面和封底连在一起构成了一幅完整的图画，通过看封面封底，学生可以大胆预测故事的发展，既可以激发学生的阅读兴趣，又可以提高学生的阅读水平。

2. 提问

提问，即学生在阅读时通过提出问题来帮助自己理解、思考。提问策略是我们在阅读教学中经常用到的一种阅读策略。在绘本阅读教学中，指导学生在封面封底、画面留白、前后矛盾处自我提问，可以锻炼学生预测、观察、推理的阅读能力，提升语文素养。在绘本中，有这样一幕：长大后的贝太太最讨厌小朋友。可是，她还是决定出去走走。她来到游乐场，那里有很多她讨厌的小朋友。可引导学生提问：明明最讨厌小朋友，为什么选择散步的地方却是游乐场？游乐场是小朋友快乐玩耍的天地，贝太太织毛衣的地方刚好正对着滑梯，作者为什么要这样安排呢？就这样读着、想着，学生们会发现贝太太的内心多么渴望一份真正的温暖啊。贝太太之所以变得不和善，是因为她从未曾被善待过。一个人只有被真正善待过，才能真正看到世界的美好。

3. 比较

比较，是对比几种同类事物的异同。通过比较策略，将绘本中一些相似的插图及人物的前后变化进行比照、分析、总结，从而形成自己独特的感受。“好题一半文”，一个好的题目，有时能揭示文章的主旨。扉页上的“贝太太从前为什么那么凶……现在为什么又这么和气了？”是通过问句的形式形成对比，表现贝太太前后两种不同的状态。此时，引发学生猜测和联想：“这中间发生了什么事，让贝太太变得和气了呢？”这本书中还有一些反复出现的图画，教学时可将相似的图画内容进行比较，运用“T”型图，让学生梳理贝太太前后的变化。

（三）精神成长

阅读是个性化的行为，每位读者的经历不同、知识构成不同，对绘本意义的解读自然不同。那么，低年段的学生阅读绘本要达到什么程度呢？请记得：记住故事比懂得道理更重要。但是道理需不需要懂呢？也需要，但并不是要求每个同学都能懂得其中的道理。教师一定要摒弃教师说学生听的教学方式，营造良好的课堂氛围，鼓励学生说出自己的想法，与自己的生活进行联结，使得学生们通过阅读绘本获得真正的精神成长。

文/图：【德】索尼娅·布加耶瓦

出版社：北京联合出版公司

《贝太太从前为什么那么凶……》书册封面

第二节　教学内容

《贝太太从前为什么那么凶……》教学内容（一）

一、通读绘本

（一）阅读封面、封底

拿到一本绘本时，我们最先看到的是封面，你发现了什么？

（1）书名——暗示贝太太前后的变化。封面上是“贝太太从前为什么那么凶……”，封底是“……现在为什么又这么和气了？”——你看，这本书的书名从封面一直延续到封底，如果不完整地看一下，可能连名字都看不全呢！所以，看一本绘本，记得要完整地欣赏封面和封底哦！

（2）外貌——凶悍无比。贝太太身材高大，连封面都装不下。这种无限延展的效果给人感觉非常凶悍、强势；再看她的眉毛，倒八字，一副怒目圆睁、凶神恶煞的样子，显然她的性格也是凶巴巴的。

（3）动作——有攻击性。左手拿着伞，做“打”的动作，如果你就是置身于伞下的小孩，会不会害怕伞真的“打”下来呢？

（二）阅读前环衬

（1）环衬是最容易被人漏看的一页，在大多数人眼中，它不过是一张印上了颜色或图案的纸。然而，要是环衬里有颜色或图案，你千万不要一翻而过。有时，是作者精心挑选的颜色和图案，与故事吻合；有时，作者还会用环衬考考你的眼力；有时，前后环衬相呼应。比如，这本图画书的前后环衬。

（2）前环衬中出现了很多人物、动物，在贝太太经过时，他们分别有什么样的表情和反应呢？咖啡馆里的大人吓得拿报纸挡住自己的视线，连小狗都惊得没处躲；小朋友一见到她，吓得不敢出门；天上的小鸟也吓得飞走了……再看看贝太太走路的样子，我们似乎可以听到那种“咣咣咣”的声音，仿佛有野兽经过一样。

你看，图画书中的每一处细节都很值得我们去关注哦。

（三）阅读扉页

除了封面外，又一次出现书名和作者姓名的那一页，我们称为“扉页”。打开扉页，就像打开了阅读一本书的大门，情节就此开始了。有一个小男孩站在凳子上，他在干吗呢？别急，咱们赶紧走进故事。

（四）阅读正文

1. 讲述第1、2页

贝太太住在我们这里的二楼。

每个人都认识她，可是大家都很怕她。

这一页的文字，“每个人”都认识她，可是大家“都很怕她”。通过前环衬的信息，我们感受到了贝太太凶悍、暴躁的性格，这恰恰在故事的第一页文字中得到了验证。现在，看这幅图，你一定明白是怎么回事了：原来小男孩正透过猫眼偷窥她呢！贝太太呢？一个眼神，秒杀！如果不注意阅读扉页上的画面，这个有趣的镜头就被我们错过了。

2. 讲述第3、4页

小朋友最怕她了……

这幅画面可以创设情境让学生演一演，贝太太可能举着伞在说什么呢？“别在这儿闹，赶紧走！”“吵什么吵！”身临其境地演是为了让学生知道，贝太太再凶，也只是吓吓他们，仅此而已！

……大人也是。

这个大人是谁呢？前环衬拿着报纸挡住自己的人。这个大人到底有多害怕贝太太呢？文字只有四个字，可是图画却给了我们丰富的信息。也许贝太太只是想和邻居打个招呼而已，却吓得这位大人手脚直哆嗦，连手里的信都掉了。作者恰恰是用这样的曲线线条向我们传递着大人也是如此害怕贝太太。小狗绕了好几圈，躲在主人身后……另外，我们还要注意贝太太的影子，你看，连这个阴影都像怪兽一样，可怕极了！

不过，从前的贝太太并不是这么凶、这么不客气的人。

注意哦，作者要通过这句话开始回忆了哦！

3. 讲述第5、6页

镜头回到好久以前，我们从色彩可以看出这就是回忆的颜色，有一种老照片的感觉。

好久之前，贝太太是一个可爱的小女孩。

她喜欢骑脚踏车。

那时候，她还不是贝太太，她的名字叫卡帝雅。

左边两个小朋友在玩抓石子，而右边的卡蒂雅一个人骑着脚踏车。通过看图，我们发现卡蒂雅小时候应该不太合群。那个胖胖的小男孩一直盯着她，生活中有一些调皮的小男孩看到自己喜欢的东西，会采用一些暴力的行为。而窗户前那只黑猫也暗示着将有不好的事情发生。

4. 讲述第7～10页

那个胖男孩抢走了卡蒂雅的脚踏车。文字中说“其他孩子总喜欢捉弄她”，在接下来的3页里，从抢脚踏车，到抢婴儿车，再到捉迷藏被别人扔在漆黑的夜里。这些事也许每一个孩子在童年时都会遇到，遇到这样的事情，到底该怎么办呢？父母采用的方式不同，孩子的未来也会不一样。

5. 讲述第11、12页

卡蒂雅回到家里，她很想把这件事告诉妈妈。

妈妈却说："快点儿去洗手，洗好了手，来这里乖乖坐好。吃东西的时候不准说话。"

此时，卡蒂雅的内心有委屈、有悲伤、有难过……回到家里，她多想把这些事告诉妈妈。可是等待她的是——右手叉腰，左手指着饭桌，满嘴"快点洗手！乖乖坐好！不准说话！"的妈妈。让我们将目光聚焦在妈妈身上，奇特的发型，土黄色的裙子，庞大的身躯，更加衬托出卡蒂雅的幼小与无助。

小卡蒂雅越想越伤心，

她内心的愤怒经过一天又一天、一年又一年，

变得越来越大。

索尼娅·布加耶瓦的画面设计和细节处理得特别巧妙！你看，作者把屋内原来的粉色背景和其他东西都隐去了，在那样一个长长大大的沙发上坐着一个小小的卡蒂雅。她经历的事情也许不仅是这两次，可能几乎每天都在遇到同样的事情：被抢走玩具，被捉弄，被丢弃……可是，她一直没有得到妈妈的支持和安慰。

这里的"一天又一天、一年又一年"实在太可怕了，同样的事每天都在发生，身边的一个个美好离自己远去，最后只剩下她自己。

6. 讲述第13、14页

等到卡蒂雅长大后，变成了高个子的贝太太，人也变得不和善了。

而且，她最讨厌小朋友。

一天，贝太太坐在窗口，心里想着：

"天气这么差，外面这么吵！这些小孩子真讨厌！"

可是，她还是要出去走一走，透透气。

贝太太的房间内深蓝的窗帘，昏暗的光线，紧锁的眉头，满脸的皱纹似乎都在向我们传递着她长年累月一直过得很不开心。在窗台的左下角有一盆小小的仙人球，它暗示着什么呢？因为童年的阴影，长大后的贝太太像个浑身是刺的"仙人球"，让人无法接近。

7. 讲述第15～18页

贝太太在游乐场织起了毛衣，游乐场有玩沙子的，有滑滑梯的，还有骑马的……接下来会发生什么呢？这熟悉的一幕又是哪一幕呢？

在这一页中作者用了一幅一幅的图来加快故事节奏，让我们感受到一段时间内发生的事情。故意摧毁蛋糕、扯断娃娃、搞恶作剧，可以说小男孩做的事一次比一次恶劣。正在这时，小女孩的妈妈硬生生地把她拽回了家，连心爱的兔子都来不及捡。

“心中充满着从未有过的感受”——为什么这个小女孩让贝太太有一种特别的感觉呢？心爱的玩具被抢，被摧毁，被欺辱，不被理解……眼前的这一幕幕，就像一把钥匙，打开了贝太太心底最伤痛的记忆。

8. 讲述第19～22页

第二天一大早，贝太太就坐在游乐场了。

后来，小女孩也出现了。看到她来，贝太太很开心。

她坐在小女孩的身边，用沙子做了一个蛋糕，接着做了一个又一个。

不久，她们就一起堆了一座好大的沙堡。

为了不让自己的悲剧再次发生在小女孩身上，贝太太化身成了小女孩的守护者。她给小女孩建了一座最大、最坚固的城堡，甚至比她还高，那是小男孩怎么也踩不倒的。接下来的画面便是整本书中最温馨、最温暖的画面。从这里开始，贝太太的脸开始柔和了……

第三天，贝太太又来到游乐场。

第四天，她也去了。

她和小女孩一起捉迷藏，一起推婴儿车，一起过家家，一起在草地上野餐。她对小女孩的保护、陪伴，恰恰是在弥补自己的童年啊！本想扮演天使的贝太太，帮助小女孩的贝太太，自己的人生也因这个小女孩而发生了改变。

9. 讲述第23、24页

同样的地方，同样的房间，同样的窗台，而此时的贝太太却不再是当初那个凶巴巴的贝太太了，她变成了一个快乐的“小女孩”。你看，淡绿的小碎花窗帘，舒展的眉毛，绽开的笑脸……仙人球，竟然开花了！她解决了自己人生中最大的问题！

……贝太太望着窗外，心里想着：

“阳光普照，今天的天气真好！

我要快点儿去游乐场，我们说好了要玩捉迷藏呢！”

她觉得自己就像个快乐的小女孩。

你瞧，这时的贝太太将巨大的身躯从楼梯栏杆上滑下来，和邻居热情地打招呼，萌萌哒的样子连小狗也吃了一惊呢！

（五）阅读后环衬

后环衬要与前环衬对比着看，咖啡店招牌、窗户等，画面的色调变得明亮起来，大家也不再害怕贝太太。小孩子们出来快乐地玩耍，大人逗着小狗，窗台上两只小鸟依偎在一起，之前吓哭的小男孩如今在窗口快乐地玩起了玩具……贝太太骑着一辆三轮小玩具车，和小女孩的妈妈愉快地招手，现在她成了快乐的卡蒂雅！

二、深入绘本

（一）文字里的秘密

我们无论看图画书、文字书，还是看单篇文章，都要从整体上把握故事情节。这本书也是如此，它在表达上有什么秘密呢？

1. 故事的插叙

通读故事后，我们会发现作者索尼娅·布加耶瓦真是一个讲故事的高手。她到底是怎样讲故事的呢？首先从凶巴巴的贝太太讲起，再讲到贝太太小时候发生的事，最后讲到贝太太现在发生的事。从现在进入回忆，有一句话：不过，从前的贝太太并不是这么凶、这么不客气的人。从回忆回到现在，也有一句话：等到卡蒂雅长大后，变成了高个子的贝太太，人也变得不和善了。你看，从“现在”开始讲，再进入“以前”，最后回到“现在”，这就是插叙的特点！学生了解了作者表达的秘密，就可以借助支架讲故事啦！

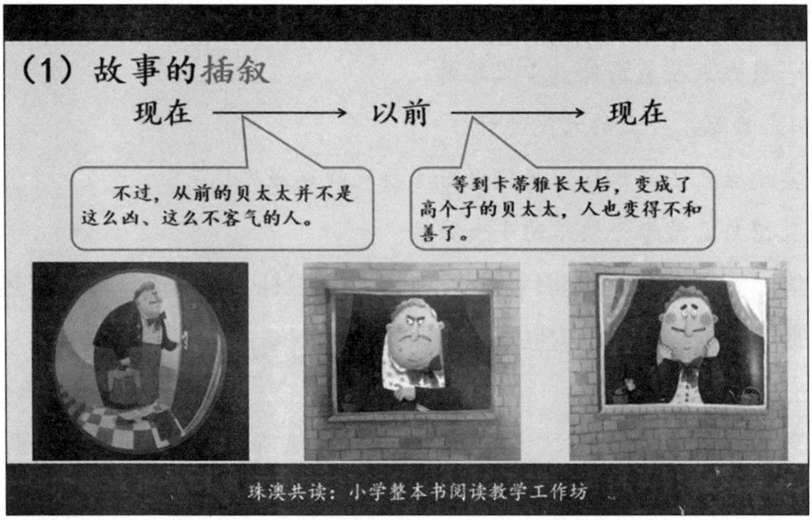

《贝太太从前为什么那么凶……》教学内容（二）

学生可以借助什么样的支架讲故事呢？拿着绘本一页页地讲故事，是一种办法。但是，作为一位优秀的、独立的阅读者，一般不会一页页地讲故事，我们会借助关键词、关键插图或图形等支架让学生讲故事。由于这本图画书特殊的结构，低年级的学生可以借助三张“关键插图”讲故事，如贝太太前后变化的三幅人物插图。

到了中高年级就可以用更高级的方式来讲故事了。先看看这个图形，上面一个三角形，下面一条直线。你能读懂它背后的秘密吗？

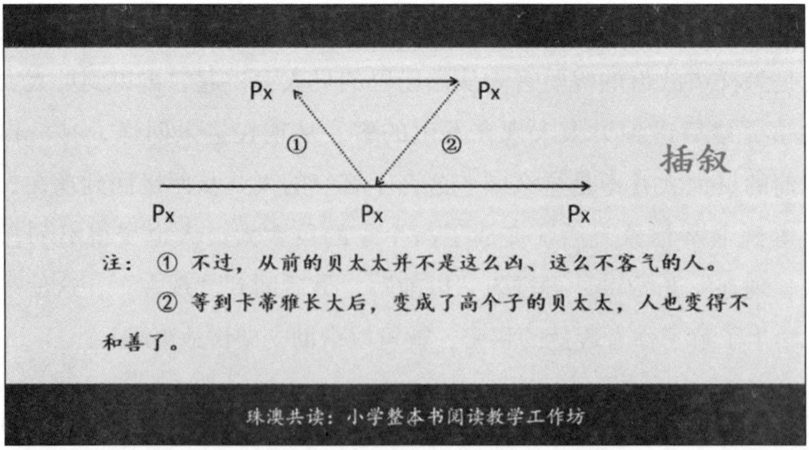

《贝太太从前为什么那么凶……^》教学内容（三）

瞧，下面这条实线是讲现在凶巴巴的贝太太，①表示从现在回到从前，用了一句话来过渡；然后开始讲以前的故事（上面的实线）；讲着讲着又回到现在，用到了第②句话来过渡。如果出示这个图，学生还是不会讲，我们还可以把这个图形做得更加丰富，可以从图画书中选取关键的页码来讲故事。（P代表的是绘本的页码）

讲到这里，也许大家有疑问了：我们到底为什么要借助图片、图形、关键句等来让学生讲故事呢？

其实，真正的语言学习是这样一个过程：文—图—文。我们先看文字，在自己的脑海中形成图像，再说出来变为文字。虽然之前是文字，之后也是文字，但之前的文字是别人的，之后的文字是经过自己加工的。输入的是别人的语言，输出的是自己的语言，这就是成长！

2. 情节的呼应

一个故事之所以好，不仅是因为它波澜起伏、一波三折的故事情节，同时绘本里的每一处细节都在为故事内容做着铺垫，读者读起来才不至于有突兀奇怪之感。到底什么是情节的呼应呢？呼应就是前面提到，后面也提到了。而这本书中情节前后呼应的例子不胜枚举。

《贝太太从前为什么那么凶……》教学内容（四）

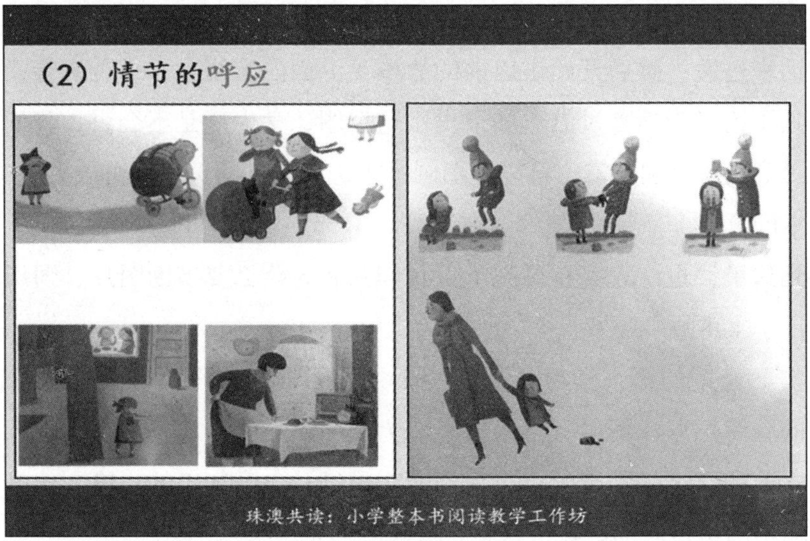

《贝太太从前为什么那么凶……》教学内容（五）

第一组图是贝太太陪伴女孩的情景，第二组图是贝太太和小女孩同样被欺负的经历。从这几幅图中我们可以看出，当贝太太看到小女孩被欺负时，就如同看到童年的自己，于是贝太太每天陪小女孩一起在游乐场玩耍。作者为了表现贝太太被治愈的过程，特意保留了贝太太小时候的一些玩具和娃娃，用情景再现的方式还原了贝太太小时候受到的遭遇。如果没有前面情节的铺垫，贝太太后来是如何被治愈的，其情节是如何发展的，就难以令读者信服了。

刚刚我们一起了解了文字背后的秘密，这可是一本图画书哦，咱们不仅要看文字故事，还要关注书中的图画哦！它的图画中又藏着怎样的秘密呢？

（二）图画里的秘密

1. 图画里的对比

相信大家阅读后最大的感受便是书中处处有“对比”吧。比如说，翻开书的扉页，光看标题《贝太太从前为什么那么凶……现在为什么又这么和气了？》，这一凶、一和气，我们可以猜到贝太太前后性格的变化。接下来，将前环衬和后环衬对比着看，你会发现咖啡店招牌、窗户等，整个画面的色调变得明亮起来。后环衬人物所处的位置和前环衬是一致的，这是“不变”的地方。那“变”的是什么呢？变的是人们对贝太太的态度，大家不再害怕贝太太。小孩子们出来快乐地玩耍，大人逗着小狗，窗台上两只小鸟依偎在一起……这个地方从来没有变过，当你的内心世界对了，整个世界就都对了！

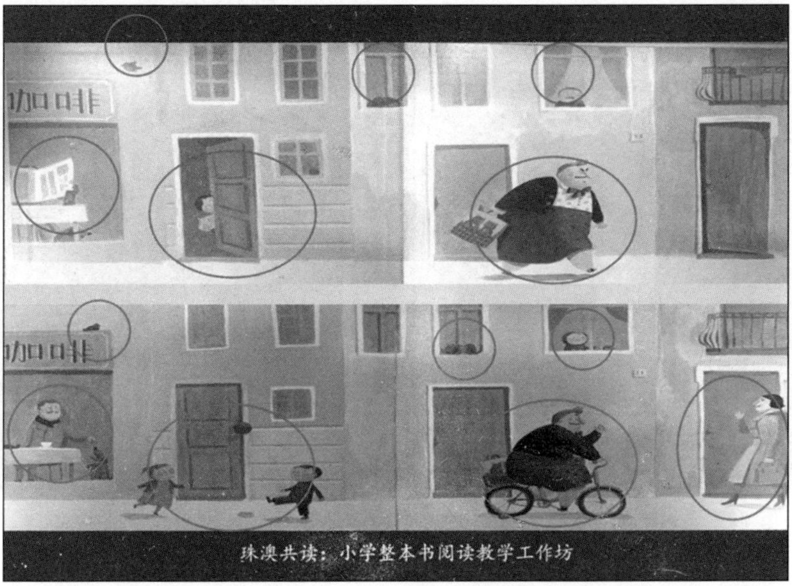

《贝太太从前为什么那么凶……》教学内容（六）

学生通过观察一幅幅相似的插图，对比贝太太对待邻居的前后态度，对比植物的前后变化，窗帘的前后变化等，能够读懂它们背后的象征意义。

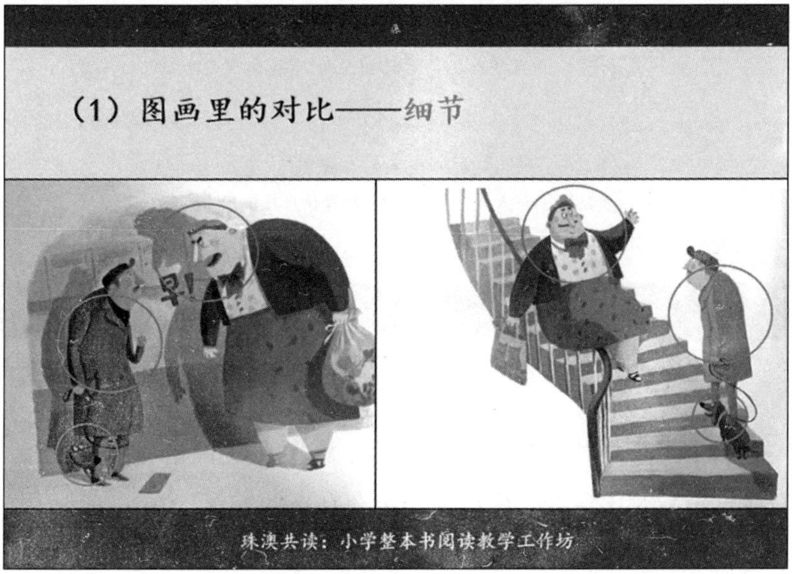

《贝太太从前为什么那么凶……》教学内容（七）

《贝太太从前为什么那么凶……》教学内容（八）

我们可以用这样的T型图梳理：

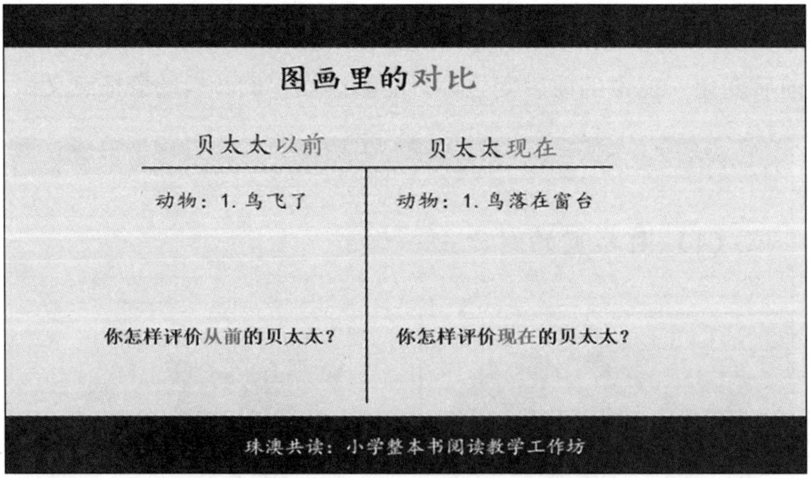

《贝太太从前为什么那么凶……》教学内容（九）

其实，书中像这样相似的图画、语言、情节比比皆是。我们在阅读时，可以把它们找出来，对比着看，相信你一定会有新的发现！

2. 图画里的矛盾

另外，这本书中还有无处不在的“矛盾”。

（1）封面里的矛盾

封面是一本书的灵魂，值得我们一读再读。你瞧贝太太的着装：穿着粉色波点上衣，扎着蓝色的蝴蝶结，涂着红红的指甲，提着一对猫咪图案的袋子……一个内心世界是怎样的人才会有如此的装扮呢？当我们读完了整本书，再来仔细品味贝太太的服装和打扮时，也许你会明白作者的用意。贝太太在她凶悍、刚强的外表之下，隐藏着一颗柔软的心。

（2）行为里的矛盾

贝太太的手提袋图案是一对猫咪，为什么不画一只呢？其实两只猫隐喻亲密关系。左手想要攻击，右手对于亲密关系却十分向往，可见如此矛盾的一个贝太太极其缺乏安全感，所以才将自己活成了一个长满刺的“仙人球”。

（3）言语里的矛盾

除此之外，贝太太心里想着：“天气这么差，外面这么吵！这些小孩子真讨厌！”贝太太表面上明明讨厌小朋友，可她出去散心选择的地方却是游乐场，面对着孩子最多的地方（滑梯）织毛衣……我们把这一系列的矛盾之处找出来，就会发现，作者恰恰是通过图画里的矛盾告诉我们，贝太太在内心深处，其实是想找回属于自己孩童时的快乐啊！

《贝太太从前为什么那么凶……》教学内容（十）

3. 图画里的小道具

大家在看图画书的时候，不仅要看文字部分，还要揣摩图画部分，特别是那些“别有用心”的小道具，如仙人球、水壶、沙堡等。它们到底代表着什么呢？有什么特殊的含义呢？

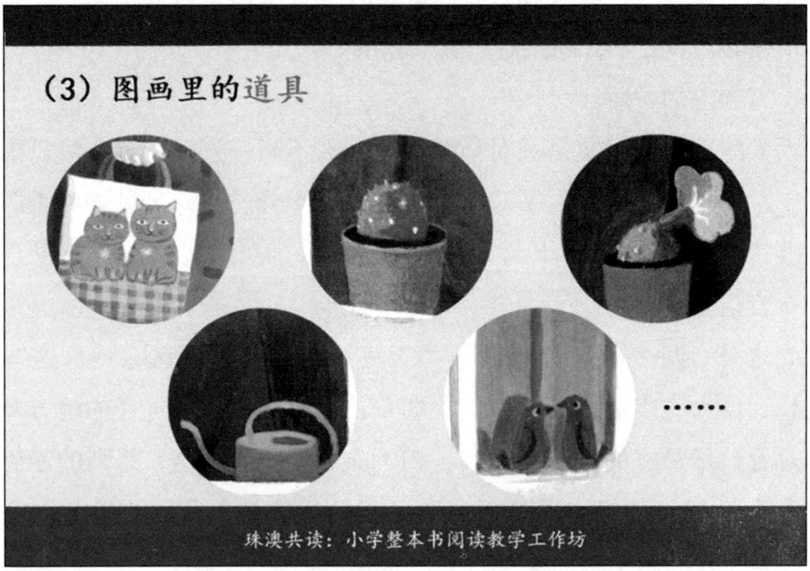

《贝太太从前为什么那么凶……》教学内容（十一）

图画中的每一处、每一个小细节都别具深意，教学时，我们可以通过这样的表格让学生寻找阅读图画书的乐趣。

图画细节表

图画书里的小道具	特殊的含义
仙人球	象征着凶巴巴的贝太太
沙堡	
窗帘	
水壶	
……	

为什么要做这些呢？我们的目的不单单是让学生读一本图画书，更重要的是教会他们如何去欣赏图画书。阅读图画书时，除了关注图画书中的故事情节，我们还要了解作者的创作意图。作者为了表现自己的意图，在构思画图时

往往是非常用心的。我们在阅读图画书时，要关注图画书里的颜色、小道具、线条、小细节等，这样才能看到故事和图画的言外之意。

三、教学路径

明确了这本图画书的教学点，那么教师们具体该怎么操作呢？

建议可以分为三个阶段开展这本图画书的教学：通读—交流—拓展。

《贝太太从前为什么那么凶……》教学路径

教学阶段	主要内容	教学方法	大致课时
通读 （第一阶段）	1.通读文本，初步熟悉故事的主要内容 2.学习简单的阅读图画书的策略：如预测、关注图画中的细节等	1.引导学生细致观察，启发想象，激发阅读兴趣 2.掌握基本的阅读图画书的方法：关注封面、封底、色彩等	1课时
交流 （第二阶段）	1.梳理情节，师生合作讲故事 2.发现图画中的秘密（对比、矛盾、道具里的暗示等） 3.话题交流，升华主题	1.梳理故事内容，学生借助关键插图讲述故事 2.运用表格、“T”型图等发现图画里的秘密，从而读懂作者的言外之意 3.在话题中思考，对文本的意义和价值有自己的理解	1～2课时
拓展 （第三阶段）	1.讲一讲 2.做一做 3.演一演 4.编一编 ……	1.通过开展一系列的读书活动，敢于展示自己的阅读成果，提高学生的语言表达能力和创造力 2.通过阅读成果展示，形成自己的判断和评价	1课时

（一）第一阶段（通读）

教师首先带学生们整体熟悉故事内容，讲述故事时尽量不要破坏整本书的完整性，在需要的地方停留，大致两三处即可。如在这本书中的封面、前后环衬，以及贝太太小时候被欺负，一个人被丢弃在漆黑的夜晚这几处，我们可以稍作停留，引导学生细致观察，启发想象人物的心理活动，激发学生的阅读期待。在了解故事内容的基础上，带领学生掌握一些基本的阅读图画书的方法，如预测、关注图画里的细节等，并用这样的方法继续在这本图画书中去发现。

（二）第二阶段（交流）

通读文本后，我们就进入到深入阅读阶段了，这也是整个阅读活动最重要的部分。在这一教学环节中，主要针对图画书中的重点画面及主题与学生讨论交流，引导学生完整地讲述故事，观察图画细节，体会作者的暗示及表达方式，从而发现作品的意义。图画书的交流课，可分为三个板块进行教学：梳理情节—图画里的秘密—话题交流。

图画书不是仅读一遍学生就能理解吸收的，有些绘本的内容很深刻，值得我们一读再读。为了让学生们更深入地阅读，我们可以设置一些话题，让他们再次回到文本，与自己的生命进行联结。所以交流课的重点是梳理故事情节及围绕核心话题讨论交流。也许，有的教师会有疑问，图画书的交流课到底该用多少课时呢？其实，梳理情节，用关键插图讲故事，借助T型图或表格分享自己所发现的图画中的秘密，以及主题升华的部分等，都可以单独上一节课。所以，我们在备课时，可以根据自己班级的学情调整相应的教学策略。

（三）第三阶段（拓展）

虽然一节图画书的交流课结束了，但并不代表着这本书阅读的结束。我们可以围绕这本书做一些有趣的阅读活动。如，开展班级故事会，可以根据每个年段的教学特点，让学生变换角色讲故事。比如，低年级——我眼中的贝太太（以“我”的视角讲述贝太太的故事）；中高年级——以邻居小男孩、小女孩等第三人称的视角讲故事。如果觉得讲故事不过瘾，我们还可以做成四格漫画、九格漫画，甚至十二格漫画等，让学生们根据它们来讲故事。我们还可以约着小伙伴改编绘本剧，在学校的读书节演一演……如果我们将一本书的阅读与学生们感兴趣的点结合起来，相信一定会让阅读产生更多可能。

四、主题升华

图画书作为儿童文学的一种表现形式，不仅适合儿童，也可以超越年龄和时空，适合更多年龄层的人阅读，因为图画书总会带给我们很多的人生启迪与力量。那么，这本图画书到底带给了我们什么？

1. 如何自我救赎

其实，故事中两个强势的妈妈也好，那些恶意的男孩、女孩也好，他们都不是孤立的，而是我们生活中的一个大的群体。有时，我们无形中做了那个妈妈，或者做了那些伤害别人的孩子……

一本绘本的力量到底有多大，我们不得而知。但是，当学生们遇到一些人生难题时，他们也许没有贝太太这样自我疗愈的力量，但是他们可以通过阅读这样的故事来疗愈自己。这是比认识几个字、会写某个字要重要的人生功课。贝太太是幸运的，她遇到了那个小女孩，于是与童年握手言和；小女孩也是幸运的，她不需要再像小卡蒂雅一样，一直带着伤痛生活。愿我们每个人都能做自己的小太阳，时刻照亮自己，也能温暖他人！

所以，人生的功课是很重要的，我们要教孩子如何面对人生的伤痛！

2. 如何对待他人

在生活中，我们会遇到许多类似于贝太太一样的“凶大人”，这本书并不是在告诉我们“该怎样对待凶大人”，而是让我们到时间的长廊里去看看，深入地理解“凶大人”孤独的成因。每个人的成长经历不同，她小时候经历的、童年遭受的，可能都是我们无法想象的。因为理解，才有体谅他人的可能。当我们心中多一点理解与包容的时候，才会看到这个世界最美好的部分。

3. 如何对待孩子

贝太太从一开始的冷酷到后来温暖的转变，告诉我们孩子与父母之间的沟通有多重要。故事中的两个妈妈，从没考虑过孩子的感受，也从没倾听过孩子，以至于无法看见孩子。可是，孩子的世界里只有父母，如果父母看不见他们，听不见他们，那么他们的世界就真的只剩下黑暗了，就像从前的贝太太一样。有人说，做父母是一场修行。的确如此，只有学会倾听孩子，重视孩子的感受，才是给孩子最好的礼物。

儿童阅读推广人付雪莲老师曾说过：应该把图画书当成艺术品来看。对于艺术品的解读和赏析，不会有统一的答案，也不会有单一的维度。一千个读者就有一千个哈姆雷特。作为一名喜欢儿童阅读的推广人，我也是根据个人的阅读经验和大家分享、交流自己的感受。最后，我也建议大家，一定先阅读作品本身，有了个人的阅读体验后，再根据相应的教学内容调整教学策略。因为，适合自己的，才是最好的！

第三节　研讨任务

【任务布置】

1. 探寻教学点

在通读《贝太太从前为什么那么凶……》之后，作为教师，你找到了哪些教学点？你将如何展开教学？可根据整本书中的人物、情节、主题等选取一点作为教学内容。先与小组成员交流并绘制思维导图，再进行汇报。

2. 开展阅读活动

为了激发儿童的阅读兴趣，丰富儿童的阅读体验，作为教师，在学生阅读《贝太太从前为什么那么凶……》之后，你将围绕这本书开展哪些儿童阅读活动？你将如何开展这项阅读活动？请选取其中一项进行汇报。

【作品展示】

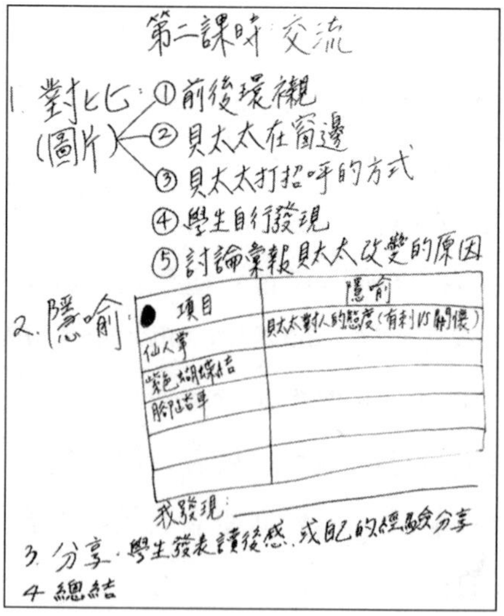

澳门学员小组作品展示（一）

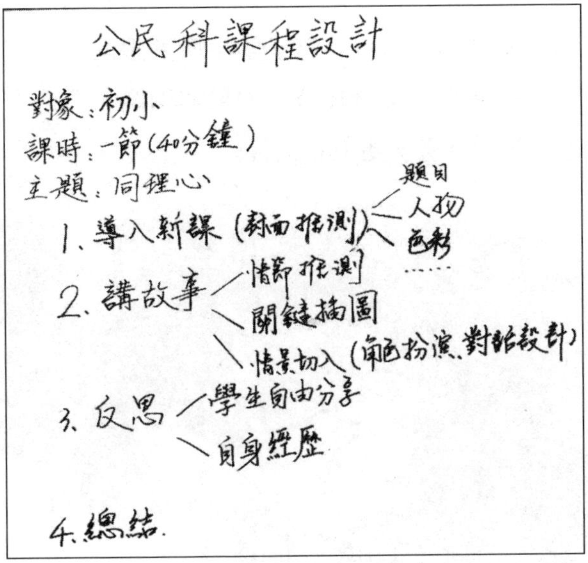

澳门学员小组作品展示（二）

【导师点评】

（1）第一小组的教师在整体感知的基础上，重点设计了图画书交流课中的几个教学任务：图画里的对比、图画里的隐喻、分享阅读体验。这些任务设计非常好，可以推动学生再次去熟悉文本，通过填写表格的形式，让学生发现作者画的每一个小道都有着特殊的含义，大大激发了学生的阅读兴趣。由于这三个教学任务容量大，建议采用分组的方式来完成。学生分别承担不同的任务，再分组展示，这样做起来更深入，展示也会更精彩。

（2）第二组的教师基于本校的学科课程，根据学生的年龄特点设计了主题为“同理心”的公民科课程。教学中，巧用创设情境、角色扮演等方法，增加阅读者的代入感，与贝太太的感受和心情产生情感共鸣。如，在贝太太小时候被欺负的画面中创设了这样的情境：让我们聚焦那温暖房间，两个女孩看着窗外的卡蒂雅，她们会说些什么呢？（演一演）

A：诶，你看她多傻啊，这么晚了她还不回去呢！一会就撞树了，活该！

B：让她就在外面待着，白天那个婴儿推车好好玩，明天咱们还骗她的车玩！她可真笨！

如果你就是此时的卡蒂雅，听到这些，你的心情是怎样的？我想，此时一定能唤起学生们的情感共鸣。所以，基于学生所熟悉的、已有的生活经验来创设情境是十分必要的。在自主交流环节，如果能围绕主题或人物设计一两个话题让学生交流讨论，学习任务会更有指向性。

澳门学员现场互动交流

第四节　教学实践

【阅读课型】

《贝太太从前为什么那么凶……》交流课

【执教教师】

傅舒婷（珠海市香洲区甄贤学校）

陈美容（澳门培正中学）

傅舒婷老师课堂教学实践

陈美容老师课堂教学实践

【教学设计】

《贝太太从前为什么那么凶……》教学设计

（一）教学目标

（1）通过观察绘本封面、封底、环衬等，学习简单的阅读图画书的策略；

（2）能用“关键插图+关键句”的方式复述故事，初步了解插叙的叙事方法；

（3）运用“T型图”将贝太太的从前和现在进行对比，让故事走进学生的内心深处。

（二）教学过程

板块一　观察绘本，激发兴趣

同学们，今天让我们共读一本有趣的绘本《贝太太从前为什么那么凶……》。这本绘本的作者、绘者是德国的索尼娅·布加耶瓦，由赖静雅翻译。

1. 出示封面

师：今天我们要认识的主人公叫贝太太，观察封面，你发现了什么？

预设：

生1：贝太太特别高大威猛，却穿着粉色波点上衣，系着蓝色蝴蝶结，提着画着两只猫的袋子。

生2：贝太太长得很凶，粗眉瞪眼咧着嘴，一点笑容都没有，很吓人。

生3：贝太太的拳头总是紧紧攥着，好像随时想打人。

2. 出示前环衬页

师：同学们观察得真仔细。贝太太这么凶，大家都很怕她，再看看前环衬页，看到她，大家有什么反应呢？

预设：

生1：大人都不敢看她，用报纸把自己藏起来。小狗也躲在桌子角。

生2：小孩子看到她都躲在门后，不敢出来。

生3：家家户户的门都关起来了，小鸟也低下了头。

生4：窗台的花看到贝太太都凋谢了！

3. 出示封底

师：有时候，绘本的书名是从封面一直延伸到封底的，可要看全啦！再读读封面“贝太太为什么从前那么凶……”，封底“……现在为什么又这么和气了？”猜一猜，贝太太到底发生了什么事？（引导学生根据书名猜测情节）

预设：贝太太以前生活得不愉快，所以很凶，现在生活开心了，所以和气了。

师：是的，关注绘本封面、封底、环衬等可以帮助我们更好地阅读哦。贝太太到底发生了什么事呢？一起去绘本里找找真相吧！

（设计意图：通过观察绘本封面、封底、环衬等，学习阅读图画书的策略，引导学生关注每一处细节，为接下来的阅读做好准备。）

板块二　通读绘本，学习预测

生听看绘本

（1）出示绘本P6

师：猜一猜，从前的贝太太可能遭遇过什么事？

预设：贝太太小时候被别人欺负……

（2）继续读绘本，出示P12

师：愤怒的小卡蒂雅心里会怎么想呢？

预设：

生1：她不再喜欢和朋友们玩。

生2：她不再喜欢出门，每天闷闷不乐。

（3）继续读绘本，出示P18

师：这一天之后，贝太太对那个小女孩念念不忘，你们猜猜后面会发生什么事？

预设：

生1：第二天，她还去游乐场找小女孩。

生2：她会想起以前的自己，并且想方设法让小女孩高兴。

师：一边读绘本，一边根据故事情节或者自己的生活经验来预测，这样读绘本真是太好玩了！

（4）继续读绘本

（设计意图：通读绘本，通过提问、猜一猜的方式引导学生学习预测这一策略，能激发学生的阅读兴趣，又能提高学生的阅读水平。）

板块三　梳理时间，讲好故事

1. 自读绘本，复原时间轴

师：亲爱的同学们，我们的故事讲完了。不过好的故事值得我们反复阅读。

老师想跟大家玩个游戏：请默读绘本，将黑板上的三幅图片和三个时间点一一对应起来。

（引导学生默读绘本，借助三幅图片复原时间轴，如下图）

绘本时间轴（一）

2. 观察时间轴，发现表达秘密

师：观察这个时间轴，你有什么发现？

预设：

生1：贝太太的表情不一样了，第一张图很凶，第二张图也很凶，不过现在温和了。

生2：时间轴是从现在写到从前，再写到现在的。

生3：每个时间点都会讲贝太太的一段故事。

师：同学们说的都是了不起的发现。故事先从凶巴巴的贝太太开始讲，再讲到贝太太小时候发生的事，最后讲贝太太现在发生的事。你看，从“现在”开始讲，再进入“以前”的回忆，最后又回到“现在”，贝太太已经变得温和多了。这种写法叫作插叙。而文中有两句话提示我们贝太太从“现在”回到“从前”，又从“从前”回到“现在”，看看同学们能不能用火眼金睛找出来哦。

3. 寻找关键句，把故事讲好

（学生找出关键句，并交流）

生1：不过，从前的贝太太并不是这么凶、这么不客气的人。

生2：等到卡蒂雅长大后，变成了高个子的贝太太，人也变得不和善了。

（将两句关键句放进时间轴）

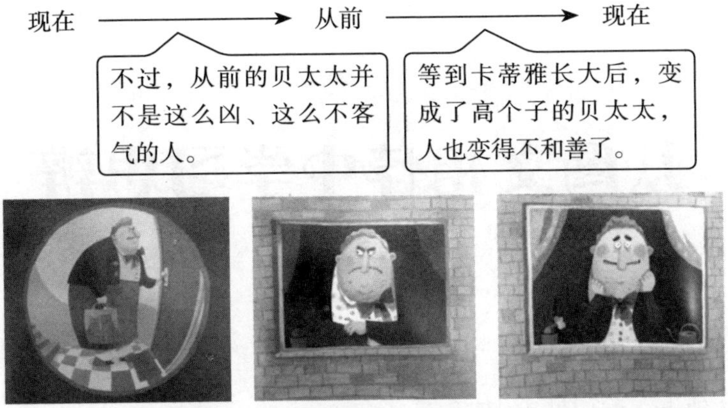

绘本时间轴（二）

师：同学们可以对照着图示讲讲故事吗？在讲故事时，用上这两个关键句会更棒哦！

预设：贝太太住在我们这里二楼。她特别凶，无论大人还是小孩，都非常怕她。不过，从前的贝太太并不是这么凶、这么不客气的人。很久以前，她叫卡蒂雅，是一个可爱的小女孩。因为她长得矮小，其他小朋友都喜欢捉弄她：有的小朋友把她的玩具抢走；有的小朋友跟她玩捉迷藏，不告诉她，自己就先跑了。小卡蒂雅本想回到家告诉妈妈，可是妈妈没理她，只让她吃饭不说话。等到卡蒂雅长大后，变成了高个子的贝太太，人也变得不和善了。一天，她来到游乐场，看到一个小女孩被人欺负、被人抢玩具，后被妈妈无情拉走。贝太太想到小时候的自己也是被这样对待的，心里有着前所未有的感受。这一天，贝太太对这小女孩一直念念不忘。第二天，她来到游乐场和小女孩玩沙堡，之后还一起玩捉迷藏、玩玩具，贝太太慢慢变得快乐起来，连跟人打招呼都和气了好多，大家也不再那么怕她了呢！

师：你看，我们借助“关键插图+关键句”的方法就可以把故事讲完整了。平时我们在阅读绘本时，也可以找出关键插图、关键句或关键词等，它可以帮助我们更好地阅读！同学们可以多用一用这个好方法哦！

（设计意图：用“关键插图+关键句”的方法建立故事支架，帮助学生梳理故事情节，为讲好故事提供思维工具。）

从图文相悖中学习思辨

——《三只小猪的真实故事》教学工作坊

工作坊地点：澳门城市大学

工作坊成员：澳门小学语文教师

教学实践课例：房陈钰（珠海市香洲区甄贤小学）

梅天垚老师澳门整本书阅读工作坊现场

工作坊导师：梅天垚（珠海市香洲区小学整本书阅读课程项目组核心成员，获市、区级教师素养大赛、教学能力大赛等赛事一等奖多项，赴北京、澳门及广东省内多地市开展整本书阅读教学及讲座）

工作坊专家：吴希华（珠海市香洲区整本书阅读课程项目负责人，香洲区教师发展中心小学教研部主任，小学语文教研员）

第一节　书册背景

【内容概述】

《三只小猪的真实故事》是作者乔恩·谢斯卡将一个深入人心的老故事——《三只小猪》精心改写后产生的故事。作者保留了原故事的人物设置和结构框架，把原来故事的情节做了一次大反转，以狼的口吻重新讲述了原故事。在这个故事中，大灰狼阿力戴着眼镜，变得彬彬有礼，仿佛是一个儒雅的绅士。在他看来，“坏蛋大野狼”的故事都是错的，他被冤枉了。首先，狼喜欢吃小猪是天性，如同小孩喜欢吃汉堡。其次，感冒打喷嚏很正常，小猪房子不结实才被喷嚏吹倒了。最后，故事的发生是源于借一杯糖给奶奶做蛋糕。这是多么孝顺的举动啊，简直应该表扬。在讲完故事后，狼还特意强调他说的才是真实的故事。

【文学地位】

该书曾被评为《纽约时报》年度好书、美国童书书商协会推荐好书，获得美国插画家学会银牌奖、美国《育人》杂志阅读魔力奖，被美国图书馆学会当作年度好书推荐，还入选纽约公共图书馆“每个人都应该知道的100种图画书”和美国全国教育协会“教师们推荐的100本书”。

乔恩·谢斯卡，作家、老师。1954年生于美国密执安州，在哥伦比亚大学攻读硕士时，主修写作。他以改写古典童话的方式，创作出许多令人耳目一新的图画书，比如《三只小猪的真实故事》《青蛙王子变形计》等，也写了一系列古怪荒谬的冒险故事，是一位广受读者喜爱的作家。

莱恩·史密斯，绘本作家。1959年生于美国俄克拉荷马州，自帕萨迪纳设计学院艺术中心毕业以后，便从事插画设计工作，他的作品常在杂志、报纸及唱片中出现。曾三次获得美国插画协会所颁银牌奖，两度荣获纽约时报年度最佳插画选书等荣誉。

方素珍，台湾儿童文学作家，历任海峡两岸儿童文学研究会理事长、香港教育出版社语文科顾问、首都师范大学学前教育学院绘本阅读中心顾问等。创作或翻译了诸多童话、童诗、图画书等。

【教学价值】

1. 解读绘本

相对于纯文字的文学作品，图画书的显著特征就在于这是一种“图画”和“文字”相结合的产物。图画书的解读方法和纯文字作品不同，阅读图画书时，除了关注文字以外，对图画的解读也至关重要。学生在阅读过程中，通过观察图画的线条、色彩、构图等，可以培养想象力，积累丰富的美感经验。在这个过程中，能逐渐提升学生的读图能力和审美品位。

2. 阅读策略

（1）比较

阅读中的比较，一般是把一个或多个有一定联系的文本，通过多维度比较，从内容、形式、主题等角度进行辨析，明确各文本的表达中心或表达方法等的一种阅读方法。教学中，我们可以将《三只小猪的故事》和《三只小猪的真实故事》进行比较：比较书名，从书名中能发现什么？强调“真实”有什么意义或给了你什么感受？比较人物，“狼”这一形象在两个故事中有什么异同，并结合自己的阅读体会判断哪一个形象更真实，从人物出发指向主题的深入思考。

（2）图像化

《三只小猪的真实故事》一书在“如何看待真实”这一问题上引发了学生的审辨思维，教学中，教师该如何引导学生在思考过程中把自己的分析、综合等思维过程以更直观的方式呈现给大家呢？这就需要将思维可视化、图像化。图像化策略可将零散的要点信息，按照一定的逻辑、类别进行统整，有助于学生对作品的深度解读。在本书的阅读中，学生通过阅读故事、观察图片，获取有价值的信息，梳理自己的观点并从中找到切实的证据，从而对“真实”有审辨性思考。

3. 审辨思维

儿童的生活阅历比较简单，对事物的接受能力相对较弱，一般情况下，对事物的判断也就比较简单。《三只小猪的真实故事》中的文字故事打破了学生对“狼”的固有认识，从形象到语言，我们能看到的都是温文尔雅、彬彬有礼的绅士形象，仿佛狼不再那么可怕。再加上他口中所讲的真实故事，那动人的理由，惊人的巧合，都让人深深怀疑自己。可真实的故事真是如此吗？再次细读图画故事，我们发现很多细节反映出的事实又与狼自己所讲的故事背道而驰。我们通过阅读、发现、比较、实证等，一步步深入思辨，最终在自己所找证据的有力支持下，得出属于自己的结论。

文：［美］乔恩·谢斯卡
图：［美］莱恩·史密斯
翻译：方素珍
出版社：河北教育出版社

《三只小猪的真实故事》书册封面

第二节 教学内容

《三只小猪的真实故事》教学内容（一）

一、通读绘本

（一）阅读封面、封底、书脊

好的封面设计足以激起我们阅读这本书的欲望。看看封面和封底，你会发现什么呢？

1. 封面

整个封面是《大野狼日报》的头版头条信息，标题“三只小猪的真实故事”中“真实故事”四个字字体格外醒目，“口述/一只狼”告诉我们这个故事的讲述者。配图有意思，身着西装，打着花领结，戴着眼镜的狼鼓着腮帮子仿佛在用力吹气，周围尘土飞扬，三只小猪纷纷往一边倒去，只露出尾巴或后腿。封面右下角是一只猪手夹着这份报纸，那我们可以推测此时正有一只猪在阅读这份报。封面下方是本书的图、文作者及译者，还有出版社信息。值得注意的是，本书的图、文并非出自同一人之手。

2. 封底

封底和封面的内容为一个整体，即《大野狼日报》，在密密麻麻的文字中间，ABC三座房子尤其引人注意，告诉我们这是“THE SCENES OF THE CRIMES”（犯罪现场）。

3. 书脊

书脊上除了有书名和出版社信息以外，还有“世界优秀畅销绘本”这个系列书的名称。我们可以由此去找更多优秀的绘本来阅读，此法即“以书找书”法。

（二）阅读环衬、扉页、版权页

图画书的环衬设计往往与正文故事密切相关，一般情况下，前后环衬会互相呼应，有时会暗示故事主题，甚至隐藏着故事发展线索。在读图过程中，色彩是一项非常重要的内容。不同的色相会带给读者不同的联想。这种联想有自然方面的，比如绿色能让我们想起绿树、草地等，从而能想到生机盎然的大自然；还有文化方面的，比如在中国，红色代表喜庆，而对其他国家就不一定，等等。此书前后环衬都是全幅纯赤褐色设计，本书编辑为什么要用这个颜色，给你什么暗示或联想？赤褐色不如金色那样耀眼，没有蓝色那样纯净或忧郁，会使人产生一种暗藏阴谋和谎言的联想。

扉页上，惨淡的黄色背景下，稻草、树枝被放进杯子里，杯子放在一块砖上。显然，稻草和树枝是被狼吃掉的两只小猪建房子用的材料，而正好被放进狼的杯子里，这是暗示两只小猪被狼装进了肚子里。杯子下面的那块砖就是第三只小猪建房子用的材料了，没被放进杯子是因为砖头房子没有被狼吹倒。这个细节值得关注。

（三）走进故事

走进故事，一位大腹便便、文质彬彬的狼先生形象出现在我们眼前。他戴着斯文的眼镜，打着领结，看上去像一位绅士。只见他手握一只杯子，自在地往前走。就这样，《三只小猪的真实故事》开始了。

1. 讲读第1页

（读文字故事）

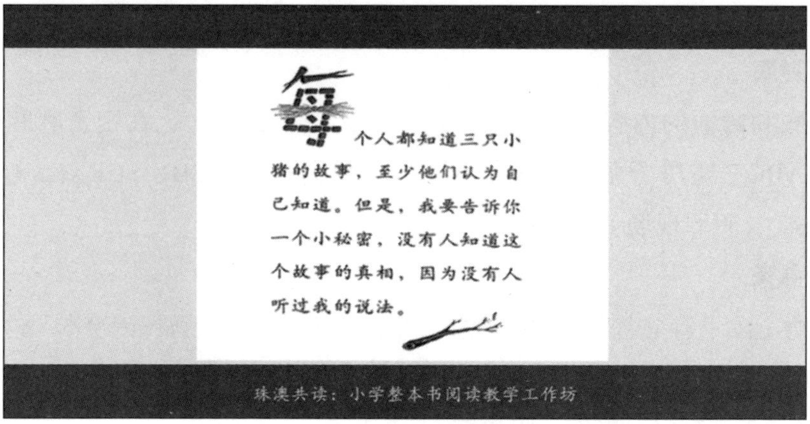

《三只小猪的真实故事》教学内容（二）

这一页的第一个字——“每”，它的笔画是由三只小猪建房所用的茅草、树枝、砖块组成的。在这里，狼首先表示每个人听到的三只小猪的故事并非真相，因为没人听过他的说法。

2. 讲读第2、3页

第2页的文字故事再次强调原故事的错误。而此时，我们观察图片会发现狼穿着囚服，右手扶眼镜的动作也略显狡诈。

（读文字故事）

这是狼为自己辩护的第一条理由：狼吃小动物是天性，并无过错。再看图片，狼躲在桌下，斜眼看着巨大的汉堡，汉堡里除了常见的肉块、蔬菜以外，还夹杂着动物嘴巴、耳朵、尾巴等物。

3. 讲读第4、5页

（读文字故事）

狼拿着一根教鞭，指着黑板上的图画，再次强调这一事实。

第5页上“这是一个真实的故事”九个字占了满满一页，这九个字的笔画构成也很有意思，是由树枝、猪鼻子、猪肉肠、猪脚、故事开头狼的衣服材料等元素构成的。大字也再次突出狼口述的这个故事才是真实的。

4. 讲读第6、7页

这是本书出现的第一个跨页，在这里，狼讲述了故事发生的背景是为奶奶做蛋糕没有糖。在这个跨页中，有很多细节值得我们去关注，比如：衣着文雅的狼先生在做蛋糕过程中的表情，做蛋糕的材料，墙上挂的相片等。

5. 讲读第8、9页

向邻居借糖，却对人家的房子指指点点，还暗讽人家脑筋不正常，这种想法实在令人匪夷所思。从这个跨页中我们发现，狼已经在半路上走着了，可是小猪的房子还离得很远很远，这显然与他所说的向邻居借糖不符合。哪有住这么远的邻居呢？

6. 讲读第10、11页

在这里，我们看到了图画中的狼在小猪门口的样子，显然不是来邻居家串门或者是借东西的，像什么呢？像一个鬼鬼祟祟的小偷吧。

7. 讲读第12、13页

这一个跨页用非常夸张的画面再现了狼打喷嚏时的场景，眼镜飞了，领结也飞了，小猪的房子摇摇欲坠。

8. 讲读第14、15页

在这两页，狼先生虽然侧着脸，但是眼睛却斜视着埋在下面的小猪，并没有前去救助因为自己的喷嚏而受困的小猪，而是惦记着这是块上好的猪肉。

9. 讲读第16、17页

接着，狼先生又因为缺少一杯糖，来到了第二只小猪家门前，难道狼的邻居都是小猪？显然，当听到狼的呼喊之后，小猪表达了明确的拒绝。

10. 讲读第18、19页

（读文字故事）

这么巧，又是喷嚏，可是，打喷嚏为什么要紧紧地抓着门把呢？就这样，打完喷嚏，房子又倒了，先前的称呼“猪先生”也变成了现在的“这家伙”。

11. 讲读第20、21页

（读文字故事）

不难发现，“如果”的“如”是用肉肠拼出来的，造型很大，格外引人注目。到现在为止，狼已经吃下了两只小猪，明知道小猪对他这样的邻居并不欢迎，可他却仍然去了下一只小猪家里。为什么不向狼伙伴去借糖呢？故事到这里，狼此行的目的究竟是什么，可能读者已经开始对他借糖这个理由产生怀疑了。其实，狼并没有把小猪当成邻居，而是把他们变成了“食物”。

《三只小猪的真实故事》教学内容（三）

不出意外，在第三只小猪这里，狼同样不受待见，又一次被小猪拒之门外。

12. 讲读第22、23页

在这个跨页中，小猪在小窗户里警惕而厌恶地盯着屋外的狼，而狼也在拿着手帕捂着鼻子，偷窥着屋内的小猪。从狼的口中我们得知，猪小弟在当时说了一句话：“喂！你那个又老又丑的奶奶不是只吃肉吗？吃什么蛋糕？你不要骗我啦！我绝对不会开门！”看来，猪小弟之所以果断拒绝狼先生，是因为他对狼家族的习性是非常清楚的。拒绝也是有根有据的。

13. 讲读第24、25页

《三只小猪的真实故事》教学内容（四）

这一页的色调比较灰暗，远处的天空、地上的阴影，都给人一种压抑之感。图画中的房子造型很有特点，像一只小猪的脑袋。其中，墙边的水池是嘴巴，窗户是眼睛。我们会看到媒体记者、麦克风、记事本等一一出现，而远处，狼还在竭尽全力地对着小猪的屋子打喷嚏或者吹气。

14. 讲读第26、27页

第26页出现了《小猪日报》的局部。头条大标题则是“坏蛋大野狼！”，显然，这与封面《大野狼日报》的头条大标题是相反的说法。《小猪日报》上还出现了几个值得关注的信息。首先是WOLF：“I'LL HUFF AND I'LL PUFF……”（狼：我要用力吹气……），可见，《小猪日报》这一方的观点是狼是故意破坏小猪的房子的，并非狼所说的只是在打喷嚏。其次，报纸左下角，有一个标题“RED RIDING HOOD SETTLES DISPUTE OUT OF COURT”（小红帽选择庭外和解），小红帽和狼有什么纠纷呢？《小猪日报》为什么会刊登小红帽的事情？这都留给我们很多思考的空间。

《三只小猪的真实故事》教学内容（五）

第27页，狼的一双手在搓揉《小猪日报》，看上去很是愤怒。要注意的是狼依旧身着囚服。

15. 讲读第28页

故事开头非常绅士的狼先生现在已经成了白胡子老头，囚服、铁窗、猪警官，还有狼手中杯子上不完整的字母“PIG PENN……”（猪圈，暗示猪的监狱）都表明他所处的地方是狱中。在陈述的最后，他还调侃了一句：对了！也许你可以借我一杯糖！那么，你会借给他吗？

二、要点解读

（一）何谓图画书

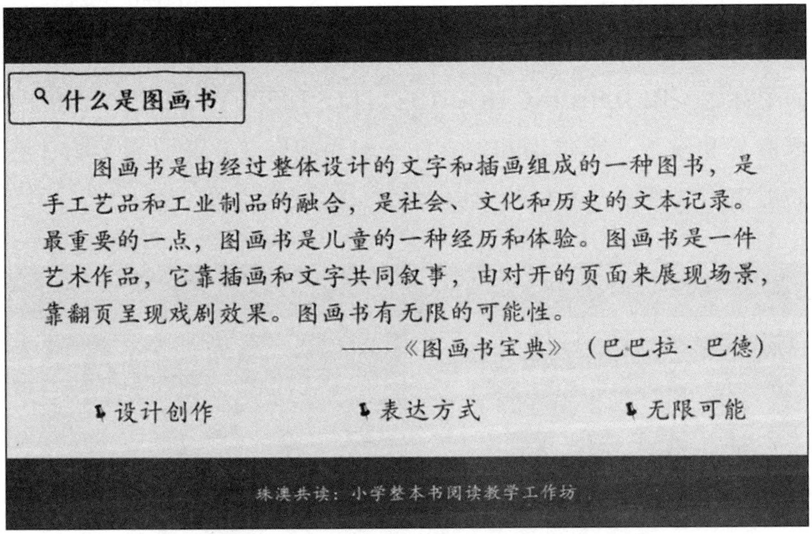

《三只小猪的真实故事》教学内容（六）

《图画书宝典》从设计创作、表达方式等角度阐述了什么是图画书：图画书是由经过整体设计的文字和插画组成的一种图书，是手工艺品和工业制品的融合，是社会、文化和历史的文本记录。最重要的一点，图画书是儿童的一种经历和体验。图画书是一件艺术作品，它靠插画和文字共同叙事，由对开的页面来展现场景，靠翻页呈现戏剧效果。

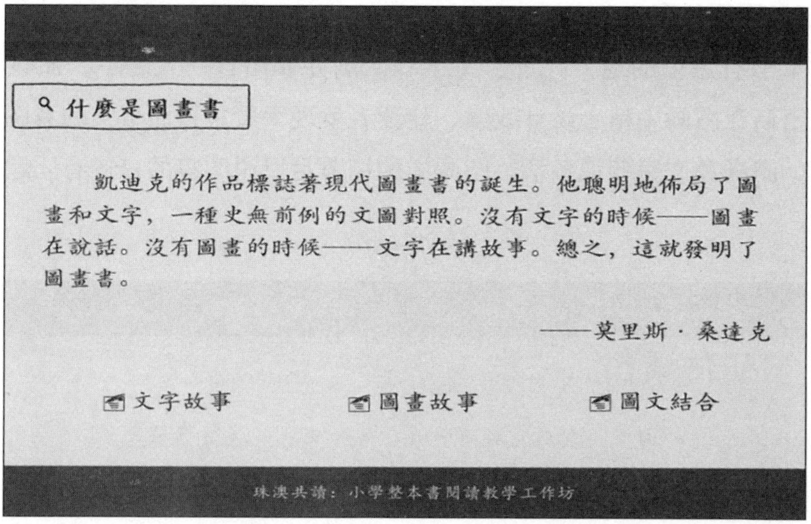

《三只小猪的真实故事》教学内容（七）

（二）文字故事

《三只小猪的故事》大家耳熟能详，在对前两只小猪的死感到惋惜之时，大家也会很欣赏第三只小猪的聪明，对大灰狼的贪婪和残忍也是无比愤慨。要是没有图画的配合，我们在读完《三只小猪的真实故事》后，大致可以梳理出他认为被冤枉的三条理由：第一，狼喜欢吃小猪是天生的，小孩子不也喜欢吃汉堡吗？第二，感冒了打喷嚏很正常，是小猪的房子不结实才被喷嚏吹倒了。第三，这个故事的发生都是源于借一杯糖给奶奶做蛋糕，这么孝顺的行为甚至应该得到表扬。

怎么样，是不是感觉心里的天平会向狼倾斜了？那是不是大家真的误会了狼呢？我们熟悉的那个故事真的讲错了？借糖为奶奶做蛋糕似乎是个可以成立的理由，打喷嚏也是情理之中的事情，小猪的房子不结实也是事实，那究竟谁说的才是真实的呢？

文字故事颠覆了我们对故事原有的印象，也给我们带来了许多思考。到底该信谁？我们还得从图画故事中找找答案。

（三）图画故事

这本书有意思的地方在于，文字和图画并非出自一人之手，而且绘者莱恩·史密斯在图画中精心设计线索，让读者发现大野狼扭曲事实的意图，即图文相悖，图画和文字各说各话，图画中的细节足以说明狼的口述有问题，经不起推敲。

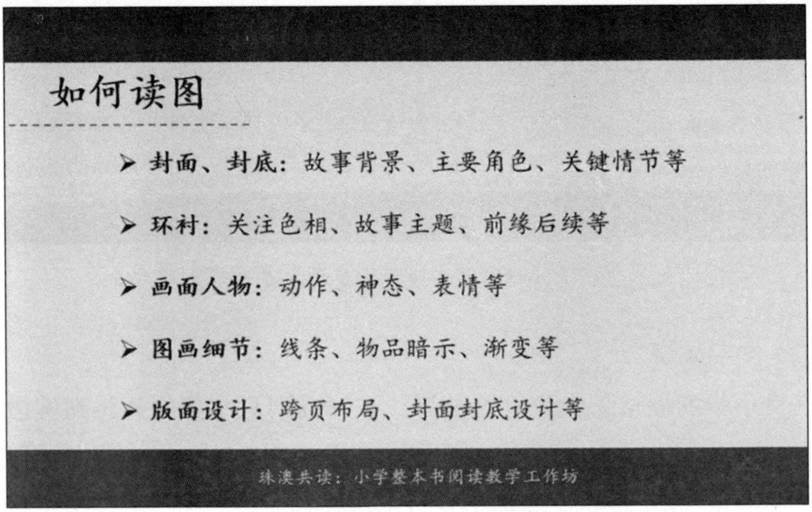

《三只小猪的真实故事》教学内容（八）

1. 形象里的欺瞒

翻过版权页，我们看到一只狼：瘦长的脸上戴着眼镜，白衬衫配上文雅的毛衣，还打着领结，文质彬彬，非常绅士。跟原来故事里凶狠狡猾的恶狼形象完全不一样。

第6、7页中，狼在做蛋糕，他挤眉弄眼，口水四溢，全然没有了绅士风度，俨然一副贪婪的模样。右上角的照片是谁呢？狼奶奶，看她那锋利的牙齿，尖尖的爪子和耳朵，看着没有一点和蔼可亲的感觉。这不禁让人想起小红帽的故事。再联系《小猪日报》上所刊登的小红帽选择庭外和解的新闻，让人越来越觉得这祖孙俩可真不简单。

在整个故事中，我们三次看到狼身上穿着囚服，这说明狼是在监狱里回忆事情发生的过程，为自己伸冤的。在最后一页中，我们发现狼已经变得很老了，说明他已经被关了很多年。试想，要是他真没犯罪，能被关那么多年吗？即便他把理由说得如此充分，把故事讲得如此真实，旁边严肃冷峻的猪警官也不会相信他，给他的只有一个蔑视的眼神。

你看，图画里狼的形象似乎并不像文字陈述的那般孝顺、善良。

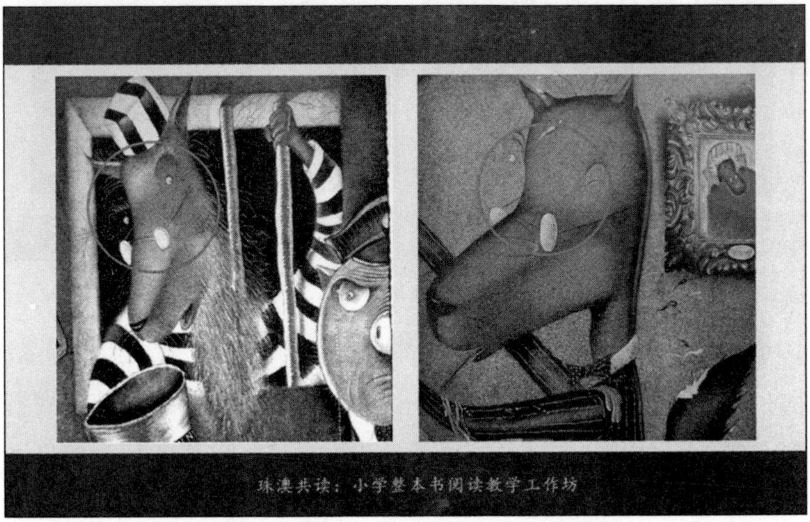

《三只小猪的真实故事》教学内容（九）

2. 食物里的谎言

给狼奶奶做蛋糕，听上去实在是一个动人的理由。可是，第三只小猪的话又值得让人深思："你那个又老又丑的奶奶不是只吃肉吗？吃什么蛋糕？……"是啊，大野狼怎么会吃蛋糕呢？

在第3页巨大厚实的汉堡里，我们发现了兔耳朵、猪尾巴，还有一些小动物的嘴巴和腿。

再看第6、7页狼做蛋糕的原料盆里，除了鸡蛋、面粉，还有长长的兔耳朵。

3. 行为里的狡猾

第2、3页中，狼的眼睛斜挂在鼻梁上，小眼睛斜着看东西，给人一种不安分、不踏实的感觉，似乎在琢磨什么坏主意。

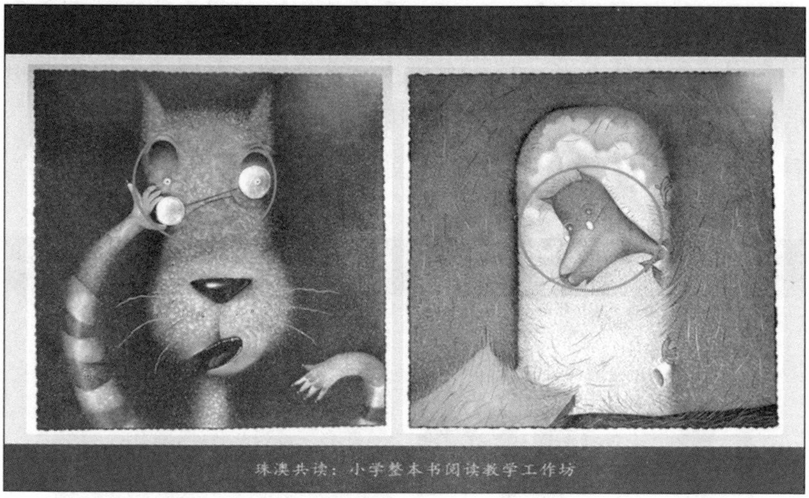

《三只小猪的真实故事》教学内容（十）

第10页中，一般去别人家借东西都是大大方方的，看看狼在小猪门口是什么举动：双手扒着门边，只露个头，歪着脸，用迷离的小眼神窥视着小猪的屋子。都不拿正脸面对主人，一副鬼鬼祟祟的模样，这样的行为像是做什么的呢？像个来干坏事的小偷。

第14页中，狼虽然衣着光鲜、外表绅士，可面对他所谓的“邻居”，在他的一个大喷嚏后被压在房下，却没有一丝同情和怜悯，而是用手帕捂着嘴巴想着怎么吃掉这块肉，俨然一副人面兽心的形象。

图画中，狼的手帕也是值得关注的一个物品。在第23页，我们发现手帕上画的竟然是小绵羊，也是他喜爱的美食。可见大野狼对吃小动物的肉是非常贪婪的。

从文字故事和图画故事的结合中，我们发现，乔恩·谢斯卡是把经典故事以倒叙的方式做了一个大反转。

（四）图文关系

图画书中“图画”和“文字”究竟孰轻孰重？它们之间是一种什么关系呢？日本“图画书之父”松居直有一个公式型表达：图画书=文×图。这里告诉我们的一个重要信息是，图画书不仅仅是“图画”与“文字”的叠加，在主题的表达上，“图画”与“文字”的合奏关系应该是更多元的。台湾林美琴老师在《绘本有什么了不起》一书中提道：图文在绘本中的关系如同二重奏，互相搭配，以传递出完整的信息，演奏出美妙的心灵旋律。单看文字会忽略蕴藏在图像里的感知线索；只看图也往往会遗漏文字诠释的故事信息，或是错失了延展思维与感受深度的可能。因此，读者必须从图文信息进一步推论，在“图感”与“语感”的相辅相成中，深刻感受每个页面表现的情绪、感受、思维，以达到一种完整性感知。

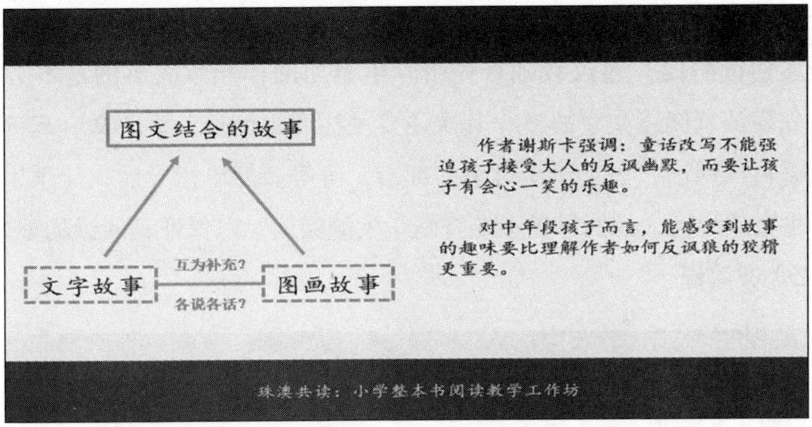

《三只小猪的真实故事》教学内容（十一）

读懂图画书就要读文、读图、读图文合奏。图画书中有一类是图文互为补充，共同讲述一个故事的。另一类则是图文相悖，即图画所讲内容与文字所讲内容有相悖之处。《三只小猪的真实故事》即为后者。这对于学生解读图画书，发现图画书的乐趣是很有裨益的。

三、课型设计

《三只小猪的真实故事》课型设计

教学阶段	内容	教学资源	课时
通读课	1.通读文本，了解故事主要内容 2.学习（复习）阅读图画书的基本方法 3.关注图画细节	绘本	1课时
交流课	1.交流阅读感受 2.对比阅读：“T”形图、表格等 3.发现图画中的秘密：形象、食物、行为等 4.主题升华：结合现实生活，探讨如何看待“真实”	阅读单等	1～2课时

续 表

教学阶段	内容	教学资源	课时
拓展课	1.演一演：“庭审现场”（当事人、法官、媒体、大众……） 2.辩一辩：支持，有依据 3.写一写：“三”次结构	绘本	1课时

（一）通读课

绘本通读阶段，建议教师首先带学生温习阅读绘本故事的基本方法。比如，首先要认真阅读文字故事，其次还要关注图画信息，要图文一起读。读完以后应该再次回读，去发现图画里的细节，等等。简单指导后，让学生用这些方法自主完成阅读，其间尽量不要打断学生的阅读，以保证其阅读的整体性。

（二）交流课

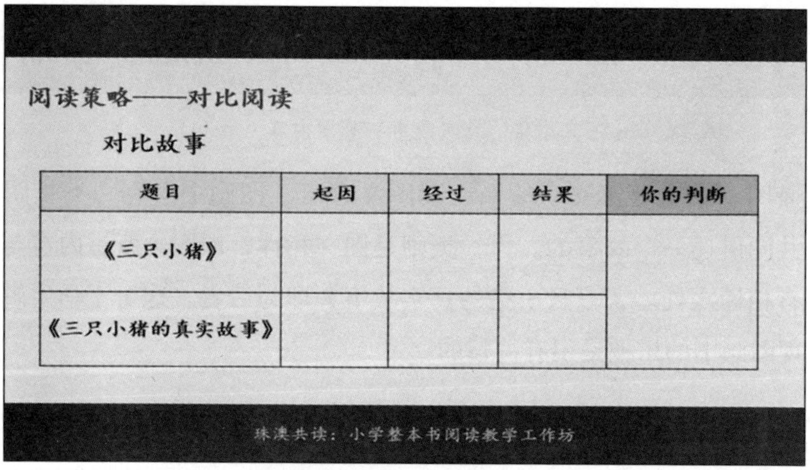

《三只小猪的真实故事》教学内容（十二）

通读完后，教师和学生们一起深入绘本，去感受其中的趣味和哲思。交流课是引导学生深入理解绘本的重要阶段。课上，教师应该注重引导学生完整地讲述书中文字和图画构成的故事，在此过程中，发现图画中的细节，体会图画作者与文字作者的不同表达方式，交流中可以加入自己的阅读体会和感受。接着，可以用表格、“T”形图等可视化思维工具对比阅读，使学生在思维训练上得到提升。最后，可以总结升华，对“什么是真实”展开一场思维辩论。对于成年人来讲，站在不同立场产生不同看法是很正常的事情，但学生在他有限的生活经验和学习经验中或许无法辨别到底什么是“真实”。因此，教师要注意逐步引导他们读懂图文故事，充分结合现实生活中与这个故事类似的例子，引导学生展开讨论，从而辨别是非。

教师在讲授过程中，可以把原故事和改后故事做对比阅读，在对比中发现问题，在对比中总结观点，在对比中辨明是非。当然，还可以尝试多文本对比阅读。看完了狼和小猪的故事以后，还可以拓展开来，读一读《小红帽》《十一个小红帽》的故事。通过一系列比较，从不同的视角去认识狼的形象。

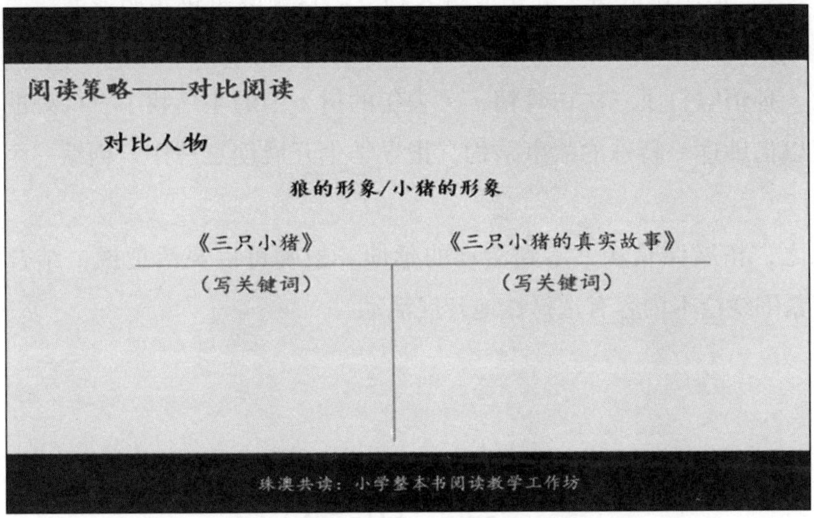

《三只小猪的真实故事》教学内容（十三）

这本书还有现实意义可以挖掘。身处网络时代，很多新闻事件在口口相传中似乎让人看不到真相，很多事情的本质都有可能不是我们所了解的那样。因此我们在接触、吸收各式各样信息的时候，一定要格外提醒自己，保持一份冷静，学会思辨，从多方面考量。当然，这是作为成年人的我们跳出这个故事后发现的一个深层次的内容，对四年级学生来讲有一定难度。如果学生理解力够强、生活经验够丰富，有能力触碰到这一层，那么我们不妨选取一些典型的社会新闻，针对“真相”或“真实”开展一次辩论，以拓展学生的思维广度和深度。

作者谢斯卡强调，童话改写不能强迫孩子接受大人的反讽幽默，而要让孩子有会心一笑的乐趣。因此，这里需要注意，辩论旨在引导学生感受故事之趣，在此基础上，让学生明白面对生活中的事，应该有审辨思维和审辨意识。

（三）拓展课

交流课后，可以围绕绘本开展一些丰富多彩的阅读活动。比如，“庭审现场”，模拟法庭庭审情境，让学生自主选择法官、媒体记者、大众、当事人等角色，每个角色完成自己的台本，展开庭审。教师和学生提前做好前期准备，选择一个合适的时间开展活动。还可以开展小小辩论赛，确定正反方，双方各自从故事中寻找支持自己论点的证据，在教师的主持下开始辩论。还可以利用表格、“T”形图讲故事、介绍故事人物等。这个故事也是明显的“三”次型故事，故事里的小猪有三只，狼吃了三次小猪，同样结构的还有小壁虎借了三次尾巴，孙悟空打了三次白骨精，《去年的树》中的小鸟找了三次好朋友，等等，可以借助这一特殊的故事结构，指导学生开展创意写作，创编一个有趣的故事。

总之，拓展课是从书本到活动的延伸，教师可以灵活把握，结合教学实际，紧紧围绕绘本内容有选择性地开展活动。

第三节　研讨任务

【任务布置】

结合对作品的解读，从以下任务中任选一项，小组合作完成。

（1）从绘本《三只小猪的真实故事》中的人物、情节、主题等角度出发，选定几个教学点，设计教学片段，可用思维导图、要点罗列等方式呈现；

（2）针对《三只小猪的真实故事》这一绘本，你将在交流课后开展什么阅读活动？如何开展？请梳理活动要点。

【作品展示】

第一小组：

澳门学员现场互动交流

我们小组选择的是阅读活动设计。这次活动以“法庭现场”为背景来展开。活动之前，教师和学生们一起完成角色分配，此次庭审的主要人物有猪、狼、陪审团、律师团、法官、记者、听众。

首先由双方当事人猪和狼各自陈述事件始末，再由律师为其辩护，并向对方提问相关案情问题。然后，陪审团结合各方证据做裁定，并由法官宣告结果，最后由记者和现场听众发表意见。

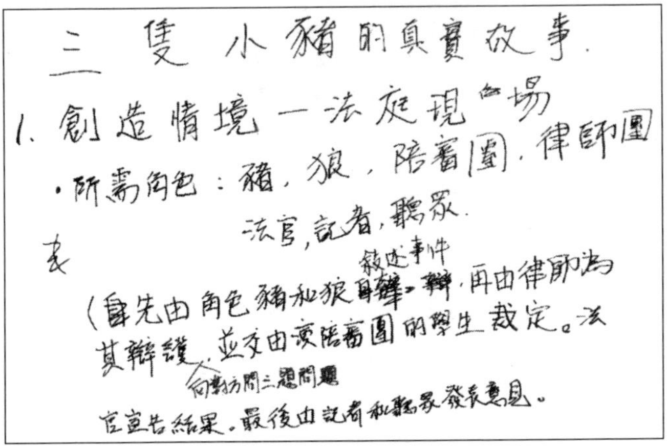

澳门学员小组作品展示（一）

第二小组：

澳门学员现场互动交流

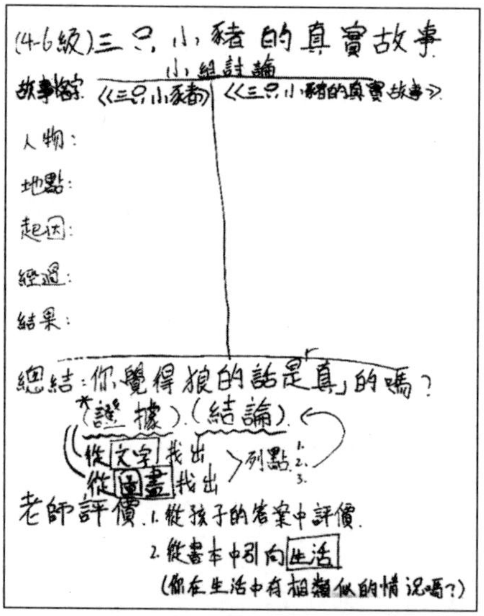

澳门学员小组作品展示（二）

我们小组选择的是交流课的教学片段，主要是对比原故事和改编故事之间的异同。

我们是选用“T”形图来比较两个故事的。对比的主要内容是人物，地点，故事起因、经过、结果。在梳理完成“T”形图后，学生讨论“你觉得狼的话是真的吗？”在学生给出结论后，教师应当引导学生紧扣绘本，从文字故事、图画中找到相关的证据。

学生交流结束后，教师要结合学生的回答给予及时评价。另外，还可以将学生的思维从书本引向现实生活。比如：讨论你们在生活中有没有遇到过类似的情况，你们是怎么判断的。让学生学会关注生活，引发更多思辨。

【导师点评】

语境适切是口语交际的关键，第一小组教师设计的活动充分体现了这一特点。在这个阅读活动中，教师紧紧围绕故事内容还原了真实的生活语境，特别是人物角色的设定非常贴合现实法庭场景，让学生在体验中交际，在交际中学会思辨，可以做到趣味性和真实性的统一，值得参考。

建议：既然设定了发言身份，那么在活动之前，教师就应该引导学生去发现场合、语气、表情、姿态等要素，真正深入角色，为自己发声。

第二小组的分享围绕对比阅读来展开。内容比较全面，而且对比之后有总结，有延伸，层次和梯度把握得当。这里有一个关键点值得大家注意，那就是学生在课堂上所得出的结论都应是根据绘本中发现的证据来证明的，不能脱离绘本本身。第二小组的教师做得也很好，并在片段设计中特意指出了这一点。

建议："T"形图的梳理可以提前以阅读单的形式发给学生，让学生在课下完成，这样课堂上就能节省时间以开展更多有意义的交流活动了。另外，教师在课堂上对学生的结论不做简单的是非判定，重要的是看学生有没有依据绘本给出合理的证据。找类似的实例对中年级学生来讲可能会有困难，因此，教师在交流课前可以准备一些类似的社会新闻，在课堂上出示后让学生交流。

第四节　教学实践

【阅读课型】

《三只小猪的真实故事》交流课

【执教教师】

房陈钰（珠海市香洲区甄贤小学教师）

珠海房陈钰老师课堂教学实践

【教学设计】

《三只小猪的真实故事》交流课教学设计

（一）教学目标

（1）阅读图画书，梳理文字故事，发现图画书中的细节。

（2）学会运用表格、T形图等工具进行对比阅读。

（3）结合故事，联系生活，体会辩证思维的乐趣。

（二）教学过程

板块一　封面设疑，激趣导入

今天，我们一起来共读一本既熟悉又陌生的绘本，大家仔细观察封面，你有什么发现？（PPT出示：绘本封面）

预设：有一只大灰狼、大野狼日报、图文作者、三只小猪的真实故事等。

引导学生观察书名：同学们，你们观察得真仔细。大家有没有发现这个书名的文字大小有什么特别的地方？

预设：第二行“真实故事”四个字比较大。

是呀！难道我们熟悉的那个《三只小猪》的故事是假的吗？别急，我们现在就去书中一探究竟。

板块二　深入文字，梳理理由

读完这个故事，大家有没有发现，狼口中的这个“真实故事”跟我们熟悉的《三只小猪》的故事相比，虽然事情一样，但说法却是完全相反的。

在这个故事中，狼始终认为自己是被冤枉的，他是用哪些理由来证明的呢？（引导学生从故事中寻找狼的理由）

预设：狼天生吃羊、小猪等；小猪搭建的房屋不结实；我是为了给奶奶做蛋糕。

（PPT出示：狼认为被冤枉的三个理由）

同学们，我们吃汉堡、狼吃小猪好像也是自然规律啊，感冒了打喷嚏很正常，而且小猪还假装自己不在家，这些看起来好像是小猪不对。再加上狼是为了给奶奶过生日借糖，多孝顺的孩子啊。这样一看，老师觉得狼还真的挺无辜的呢。到底是我们一直以来错怪了狼？还是另有隐情呢？这还需要我们再次回到书中，从图画里寻找答案。

板块三　关注图画，发现秘密

我们刚才仅仅是关注到书中的文字故事，大家要知道这可是一本图画书哦！每本图画书里的图可不是随随便便配上去的，咱们可千万不能错过图画中的蛛丝马迹，找找看，你能从这本书的图画里发现什么秘密。

1. 关注人物——文质彬彬后的本性

（PPT出示：绅士穿着的狼、监狱中的狼）

我们先来看版权页中的狼，它瘦长的脸上戴着眼镜，穿着洁白的衬衫，配上斯文的毛衣而且打着领结，文质彬彬的，像一位优雅的绅士。大家看到这样的形象，你们觉得这是一只怎样的狼？

预设：和蔼可亲、彬彬有礼；表面看起来很斯文，但是实际上可能很凶残。

小朋友们，别急，我们再来看看第四个跨页里狼的样子。

（出示：第四个跨页里狼的图片）

刚才那只绅士一样的狼在做蛋糕的时候却挤眉弄眼、口水四溢，与绅士这个词完全无关，就是一副贪婪的饿狼模样。这幅图中还有一个细节，请大家关注右上角还有一幅老奶奶的画像。那锋利的牙齿，尖尖的爪子和耳朵，看着一点也不和蔼可亲。这个细节又透露了什么呢？现在你又有什么想法？

预设：原来狼还有这么一面；外表看起来斯文，其实本质还是很贪婪凶狠的。

同学们，我们再来看看最后一张照片。

（出示：狼在牢里的照片）

同学们，我们回忆一下，书中出现了几次狼身上穿着囚服，也就是犯人穿的衣服的样子？

预设：三次，自我介绍那页和最后两页。

这说明狼此时是在监狱里回忆事情发生的过程，从自我介绍开始，中间是回忆的过程，最后又回到了现实。到了最后一页，我们可以看到狼已经变得很老了，说明他已经被关了很多年。如果真如他所说的，那他会被关那么多年吗？再看看旁边的猪警官，给了他一个蔑视的眼神。

2. 关注细节——厚实汉堡里的秘密

同学们，从图片中的形象就能看出那么多问题，看来我们真的需要仔细地审视每一张图片。狼曾经说过人吃汉堡，它也喜欢吃汉堡，那它吃的汉堡是什么样的？我们一起去看看。请小朋友们看看第二个跨页，这张图片里又有哪些细节？

（出示：第二个跨页汉堡包的图片）

预设：汉堡特别大；汉堡里夹了兔子耳朵、猪尾巴，还有一些小动物的嘴巴和腿。

同学们，这么巨大的汉堡里夹满了兔耳朵、猪尾巴，还有一些小动物的嘴巴和腿。我们再看第四个跨页里，狼做蛋糕的原料盆里除了鸡蛋、面粉，也有长长的兔耳朵。这只狼真的如他所说的一样吗？他应该是只怎样的狼？

预设：贪吃的狼；残忍的、贪婪的、凶残的狼。

看来大家看完这张图片后，心里的答案也越来越清晰了。

3. 关注动作——举手投足间的狡猾

只要有所动作，必然会留下蛛丝马迹。我们看第六个跨页中的狼，注意他的神态和动作。他是怎样的？

预设：鬼鬼祟祟、偷偷摸摸的；他扒在门边，鬼鬼祟祟地伸出个头，侧着脸看向小猪的屋里。

是的，你们去别人家借东西会这样吗？

预设：不会啊！一般去别人家借东西都是礼貌大方的，而这只狼双手扒着门边，鬼鬼祟祟地伸出个头，侧着脸看向小猪的屋里。都不拿正脸面对主人，这样的行为更像是做什么的呢？

预设：像小偷、像坏蛋。

看来你们心中已经有答案了。其实图画中像这样的可疑之处还有很多，同学们，留给你们找一找，也许火眼金睛的你还发现了我没发现的地方呢！

（PPT出示文字、图片关系图）

同学们，我们通过对图片的仔细观察，发现了不少文字中看不出来的秘密。所以在阅读图画书的时候，我们不能仅仅着眼于书中的文字故事，也要仔细阅读其中的图片故事，通过图文结合，说不定会有更神奇的发现。

在这本《三只小猪的真实故事》中，文字所讲的故事似乎让我们感觉到狼是无辜的，而通过图画，我们却发现另有玄机。故事读到这里，你认为哪个故事才是真的呢？相信每个人都有自己的答案。

板块四　对比阅读，掌握方法

1. 情节对比

同学们，《三只小猪》跟这本《三只小猪的真实故事》又有什么关联和区别呢？当遇到这样的问题时，我们该怎么办呢？老师今天就教给大家一个办法——对比阅读。

首先，请同学们看学习单上的第一个表格。我们可以用这个表格，将两个故事的起因、经过、结果分别记录下来，把两个故事一对比，就能更直观地看出两种不同的立场。

（出示：对比表格）

《三只小猪》情节对比

	起因	经过	结果	你的判断
《三只小猪》				
《三只小猪的真实故事》				

大家发现没有，这两个故事的经过其实是差不多的，主要的区别在于狼的解释和事情的起因。所以，对比梳理可以让我们的思考变得更清晰。

2. 人物对比

对比完故事的情节，我们会发现最大的不同就是这只狼，当我们需要区分这只狼的形象时，可以用上“T型图”，把主人公在不同故事里的形象做对比。

狼的形象

《三只小猪》	《三只小猪的真实故事》
（写出关键词）	（写出关键词）

由此看来，两个故事中狼的形象、动作、语言都是不一样的。《三只小猪》里的狼始终透露着凶残。而《三只小猪的真实故事》里的狼却有点无辜、单纯。

板块五　联结生活，学会思辨

通过阅读，我们发现同样一个人物在不同的故事里也有着不同的形象，或许只是语言上的改变，或许只是形象上的变化。那么我们该怎样去分辨呢?

其实，当面对这样截然不同的人物形象或者故事情节时，我们需要静下心来，通过仔细的观察和认真的思考，抓住故事中的一些蛛丝马迹，找到事实的依据，从事实出发做出自己的判断。

最后，同学们要做一回小律师了：请你利用“T型图”分别为狼和小猪做辩护。（学生交流）

狼是冤枉的	狼撒谎
1.吃肉是狼的天性 2. 3.	1.借一杯糖只是借口， 他就是想吃了小猪 2. 3.

总结交流：

同学们，站在不同的立场看问题得到的结果是不一样的，你身边是不是也有这样的情况呢?例如你的爸爸妈妈周末没有陪你，你有没有站在他们的立场想一想?在以后的学习、生活中，我们也应该多思考、多观察，站在不同立场看问题才能更接近真实。

战争中的温度

——《铁丝网上的小花》教学工作坊

工作坊地点：澳门城市大学

工作坊成员：澳门小学语文教师

教学实践课例：李秋媚（珠海市香洲区第十二小学）

徐飞飞老师澳门整本书阅读工作坊现场

工作坊导师：徐飞飞（珠海市香洲区整本书阅读课程项目组核心成员，香洲区学科带头人，获广东省小学语文教师素养大赛特等奖，赴北京、西安、澳门及广东省内多地市开展整本书阅读教学及讲座）

工作坊专家：吴希华（珠海市香洲区整本书阅读课程项目负责人，香洲区教师发展中心小学教研部主任，小学语文教研员）

第一节　书册背景

【内容概述】

这本书描写的是二战时期，在德国的一个小镇子上的故事。小女孩罗斯·布兰奇和镇上的大部分居民一样，不明白战争会带来什么，大家手持纳粹小旗向德国士兵们欢呼致意，但随后的日子里，人们感觉到了生活的变化，忙碌的装甲车、一批批士兵、冷酷的氛围……布兰奇目睹了一个小男孩从一辆装满男女老少的卡车上跳下来想要逃走，却被镇长和带枪的士兵抓了回去。这辆车究竟带着那些人去了哪里呢？在好奇心的驱使下，布兰奇沿着车辙来到了小镇边上的树林里，一道铁丝网拦住了她，铁丝网里站着一群穿着统一的佩戴黄色六角星的囚犯，他们瘦弱无力，表情漠然。从此布兰奇经常偷偷拿面包给这些饥饿的囚犯们。直到有一天布兰奇去的时候，铁丝网被破坏，囚犯们也不见了，树木之间有人影在移动，只听一声枪响……

【文学地位】

这本图画书获得了不少奖项：1985年美国图书馆协会著名图书奖；1986年《号角书》杂志荣誉名册奖；布拉迪斯拉法金苹果奖；美国图书馆协会米尔德里德·巴彻尔德奖；美国图书馆协会推荐少儿图画书。描写战争题材的小说和绘本很多，获奖的也不少，《铁丝网上的小花》就像是一朵美丽的白玫瑰，静静地绽放着，向全世界所有看过它的读者讲述二战时期一个普通孩子不普通的故事。小女孩的名字罗斯·布兰奇是有寓意的，在法语里，它是“白色的玫瑰”之意，象征着纯洁和本真，也代表着文中主人公高贵而纯洁的灵魂。而在二战时期，德国确实有一个民间组织“The White Rose”，成员都是青年人，他们专门拯救受纳粹迫害的犹太人，后来该组织被纳粹发现，其成员全部被杀害。正是因为这样真实的力量，这本书才让全世界的读者为之感动，并从中看到残酷战争的背后，来自人民群众的温暖和真情。作者和绘者罗伯特·英诺森提孩童时亲身经历了战争的尾声，他曾这样说：“当战争从我家门前掠过的时候，我还是个小孩子。有一天，两个年轻的德国兵身穿军服，来到我们家，求我们把他俩藏起来。他们甚至可能还不到18岁。他们想向英国军队投降。他们不停地说着：‘停战。’我们正要把他们藏到地下室的时候，突然看见一辆德国卡车从跟前经过，把一家人带走了。那位母亲抱着一个用粉红色毯子裹着的很小的婴儿。”小小的英诺森提不知道这一切意味着什么，只是隐约感觉正在发生某些糟糕的事情。战争在他幼小的心灵里留下了难以磨灭的印象，也推动他进行这样的创作。感谢岁月，让这段灰色的经历沉淀下来；感谢英诺森提，让苦难的记忆开出了温暖的花，那就是这朵“铁丝网上的小花”！

【教学价值】

（一）阅读方法，梳理技巧

在阅读这本书时，首先要让学生找到故事的主人公和叙事视角，将图片和文字相结合，我们就能跟随布兰奇的脚步去感受那段战争岁月了。读懂图画、文字和图文结合背后的故事，让学生掌握基本的阅读图画书的方法，是开展本书教学的第一个重要价值。

在梳理情节和人物时，可以渗透一些梳理技巧，教会学生使用可视化思维小工具，如“情节梯、情节格、人物气泡图”等，让他们更加清晰和简洁地将阅读所得表达出来，也是本书教学的又一重要价值。

（二）不同视角，多元解读

战争对于身处其中的士兵是怎样的？对于百姓是怎样的？对于和平年代的我们又是怎样的？阅读这本书时，教师们需要指导学生从不同视角多元解读“战争”。在“战争”里，到底有没有赢家？让学生们学会用辩证的眼光思考问题，多元解读，再以此为起点，去研究同主题的其他作品。这也是这本书成为课程书的最大意义和价值所在。

（三）核心价值，联结成长

如何让孩子了解战争？我更希望能通过一本本书多方位地让孩子们去了解。人们对战争的一般描述，基本都是鲜血、残酷和死亡，但这些，在这本图画书里是没有的，它是用一种非常平静的力量去记录孩子对战争的感受。当然，这里面没有愤怒吗？是有的，但这些书的目的不是要去吓孩子，让孩子痛苦感伤，而是传递给孩子们直面悲伤和困难的一种态度。我们为什么要去了解这段历史，了解这段战争？是为了告诉孩子们，像这种事情在我们的生命中是难以避免的，我们未必能遭遇战争，但我们的生命中不乏痛苦、悲伤、困难，而遇到这些时，我们要用一种明亮的态度去面对。这才是阅读这一类书最重要的价值。

［意大利］克里斯托夫·格莱兹/罗伯特·英诺森提 著
［意大利］罗伯特·英诺森提 绘
代维 译
出版社：明天出版社

《铁丝网上的小花》书册封面

第二节　教学内容

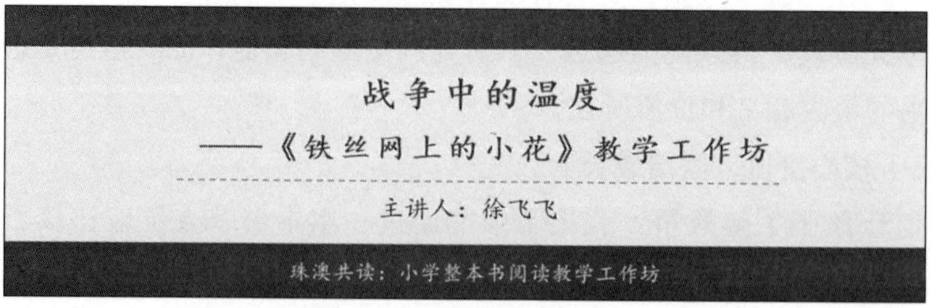

《铁丝网上的小花》教学内容（一）

一、教学准备

（一）关于战争背景的了解

我们在教学生们阅读时，既要放手，又不能完全放手，在阅读战争类主题的作品时，一定要让学生们先了解战争发生的背景，这样才有助于学生更好地把握文本，深入情节，发现人物特点，最后指向主题，得到生命的联结和滋养。

关于战争的背景，我们可以从一些问题入手，如：“什么是世界大战？目的是什么？”“第二次世界大战是由哪些国家发动的？转折点是什么？结果怎么样？”用这样的方式为学生们的阅读打基础、做铺垫，如此之后的阅读也会开展得更加顺利。

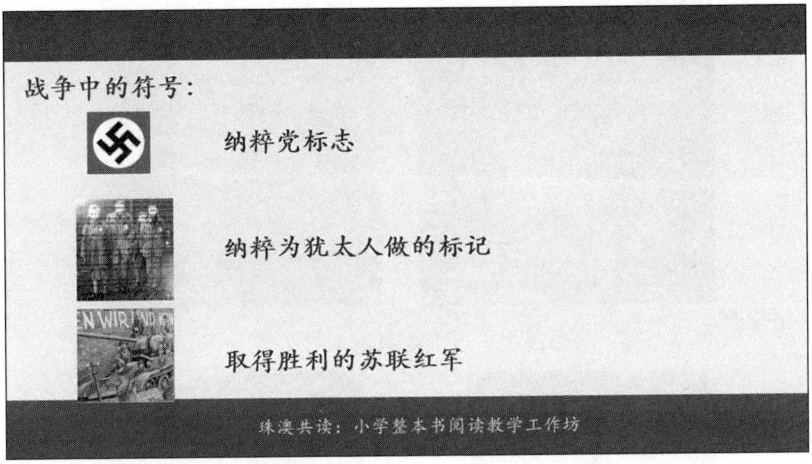

《铁丝网上的小花》教学内容（二）

（二）关于一些符号的解释

在本书中，有很多的符号是那个特定时期、特定背景下才使用的，我们也要先让学生了解，以做好阅读准备。第一个是第一页中鲜艳的旗，上面有一个符号，这是二战时期以希特勒为首的纳粹党的标志，纳粹主义主张世界是弱肉强食、优胜劣汰的丛林，各民族必须在激烈的生存竞争中求胜，实行对外侵略扩张，将全世界引向战争和灾难。

第二个是在布兰奇偷偷跟随卡车找到的野外开阔地上，从电网里看到了一群呆呆站着的孩子们，这里面有一些符号值得关注。

这里所有的孩子们都穿着条纹衫，并且左胸上有黄色的六角星，这是因为纳粹主义认为犹太民族是劣等的，应该被清洗和灭绝，所以就发动了令人发指的犹太人大屠杀。纳粹为了标记犹太人，从1941年9月6日开始，规定在所有德国占领区内6岁以上的犹太人必须佩戴黄色六角星，并送去装有电网的叫“集中营”的地方，在集中营里也统一发放服装，就是条纹衫。

最后，代表着战争结束的是另一支部队入驻了布兰奇所在的城市和街道，我们看到这一支部队的服装与德国士兵不同，坦克上还有显著的红色五角星，这代表着苏联红军取得了战争的胜利，德国士兵撤退或投降。

（三）多文本阅读同题材作品的准备

图画书类：《大卫之星》《孩子们的守护者》等

整本书类：《数星星》《安妮日记》等

其他相关作品

以《铁丝网上的小花》为起点，拓展阅读同类题材的作品，开展以“战争”为主题的阅读可以成为高年段学生难忘的阅读体验，也值得广大教师去尝试和探索。在阅读前也可以将其他作品准备好，当学生产生了阅读兴趣和探索欲望时，可以在课堂上进行对比阅读和主题阅读。

反映二战时期纳粹暴行的作品有很多，图画书类的还有《大卫之星》《孩子们的守护者》等，整本书类的有《数星星》《安妮日记》等。这些书从不同的视角诠释孩子眼中的战争：《数星星》中的小主人公是站在另外一个族群来看战争的，《安妮日记》则是一个身在集中营的小女孩的视角与感受。由一篇带多篇，让学生们在对比中去发现，让学生们的视野尽可能被打开、被丰富，相信一定会收到很好的阅读效果！

二、通读绘本

（一）阅读封面

拿起这本书，我们最先看到的就是封面，一个小女孩透过窗子看外面，窗子上映出的是受伤的、疲倦的士兵，通过封面，教师们可以指导学生更好地运用预测策略。这本书是以孩子的视角来看战争的吗？这个小女孩是书中的主人公吗？到底这个小女孩与战争发生了怎样直接或间接的联系呢？用这样推测性的问题激发学生的阅读兴趣，提高其阅读期待！

（二）阅读1～5页

翻开书页，首先映入我们视野里的是大片的土黄色，之后我们也会发现，除了最后一面，其他页都是这种色调，让人有种沉重和被束缚、被压抑的感觉。也许这就是绘者对战争的记忆。在画面中，最鲜艳的是纳粹旗和小女孩罗斯·布兰奇头上的蝴蝶结，它们分别代表了什么呢？在这里可以预留下这个小问题，不着急回答。整本书看完后再引导学生说出他们的想法，第一页文字部分交代了很多信息，包括这个故事的主人公、主人公所在的国家、故事发生的地点，也隐约地预知到了战事的发生。“冬天来临了”，再看人们的装束，还属于秋天，比较暖和，这个冬天既是自然界中的冬，也暗示着冰冷的战争即将来临。

翻过来看下一页，这一页出现了很多人物，左上角有两排，大家可以看到老百姓组成的人群，每个人物的目光都有交流。文字“我的耳朵都震得发痛，并且还得捏着自己的鼻子”，反映出了一个孩子对坦克本能的反应，这其实就隐藏着她对战争的态度。

下一页，人们穿上了厚外套，街上有很多落叶，这些告诉我们已是深秋了。战争已发生很久了。街上依然有卡车和士兵经过，但是人们好像习以为常了。再看这一页，一起读读这段文字：“有好多次，我从河边走，就是为了看看这条河。树枝子，有时还有破旧的玩具，顺水漂去。我喜欢这条河的颜色。它看上去像天空一样。”这里第一次出现天空，绘者没有直接地表现，而是在河水的倒影里，颜色微蓝，在倒影里同时出现的还有铁丝网，这代表什么呢？我个人觉得如果天空代表自由，那么铁丝网里的天空则代表自由被囚禁。

这“囚禁”在下一页凸显了出来。你看街上出了这样的事儿。结合文字看图画。重点看每个人物的动作和表情：镇长肥胖的身材挡住了孩子的逃生之路。士兵的枪，子弹已经上膛，随时可以射击。镇长车上的黑衣士兵处于看戏的状态。旁边居民那个带围巾的女人冷漠、麻木的背影，在这幅画面中，只有一个人关心和担心着小男孩，是谁呢？就是正面面对着小男孩的布兰奇，你看她紧张的手指，受到惊吓的姿势。这幅画中有那么多细节，它们都让我们体会到了强大的故事张力，这就是细节的力量！

（三）阅读6～10页

天空是灰色的，河水的颜色变成了灰色，就像此刻街上小男孩的内心。下一页，你看每个人物的表情：镇长的得意、阴笑；士兵的凶猛、狰狞；男孩的恐惧和扭曲；黑衣士兵的似笑非笑。紧接着车门露出的一角，让我们惊呼，车上不只有一个孩子，而是有一车的人，他们的表情都有说不出的痛苦。布兰奇陷入了沉思，读者也跟着陷入思考。

下一页，文字中写到街上人很多，但刚才那一幕，却没有人关心，街道地面上出现了残雪，时间在推移，寒冷的冬天来了。

紧跟着布兰奇的脚步，云是灰色的，每样东西都是冷冰冰的。图中有“地上的雪、栅栏、铁丝网、禁止通行的指示牌、栏杆”，还有之后的枯枝、士兵的背影，所有的图文都指向了这个不同寻常的地方。好奇的布兰奇顺着车轮的痕迹走进树林，发现了一片开阔地，这里到底隐藏着什么样的秘密？

（四）阅读11～15页（注：有跨页的算为一页）

慢慢翻开下一页，心被狠狠地揪了一下，刺痛我的是：高高的带刺的电网，无助的孩子，空洞、呆滞的眼神，那绝望的目光和表情，你是否在之前谁的脸上看到过？对了，就是那个在街上逃跑又被抓到的小男孩，不，比那个男孩更绝望、更无助。再看这些孩子的衣着——条纹衫、胸前有黄色的六角星，这代表了什么呢？（这些都是大屠杀期间德国纳粹用来标记犹太人的记号。从1941年9月6日开始，规定在所有德国占领区内6岁以上的犹太人必须佩戴此袖章。德国占领犹太区后，将他们管辖在一起发这种袖标，然后送去集中营。）我们再用心读读这一句："起风了。我感到很冷。"布兰奇的"冷"不光是身体的冷，更是心灵震动的"寒"，在她的世界里，没有见过这么多被关起来的"囚犯"，她不知道这一切意味着什么，只是本能地将自己的面包递了过去。

雪真大啊！透过书，我们感到了彻骨的寒冷。天空是什么颜色的？画面中布兰奇少了些什么了？这又代表了什么呢？还记得第一页图画中最鲜艳的纳粹旗和小姑娘的蝴蝶结吗？现在蝴蝶结不见了，这又意味着什么呢？

（五）阅读16～19页

这一页是逃难的情景，无声的语言宣告战争的失败，士兵们伤痕累累，瘦弱而疲倦，人们急匆匆逃跑，没有人去看士兵，包括那个曾经积极的镇长。在逃难路上，唯一的一辆汽车是来自镇长的，其他百姓最好的工具是马车，有的是手推车、自行车，还有一些人仅仅靠着双脚，他们能逃多远？那里安全吗？布兰奇去哪了？她的妈妈着急地寻找她。读者们也担心她的安危。

我们看到布兰奇把一朵蓝色的小花放在铁丝网上，她把手放到左边心脏的位置。布兰奇一定感受到形势发生了变化，逃难的消息不是瞬间发出的，我们看到人们是收拾好了东西逃跑的，证明他们已经做了一些准备。布兰奇或许实在是放不下这里的"朋友们"，她怕自己好久都不能回来，不能来看他们；她可能花了好多心思，偷偷拿出一大袋食物，又趁着妈妈不注意赶紧跑了出来；她可能也有预感，这是最后一次来看望他们了；她可能还想着告别的场面，还从家里带来了一朵小花……近处的废墟、推倒的栅栏，远处的枯枝、暗处的喷火的枪，有人开了一枪，布兰奇怎么了？之后的画面再也没有这个头戴蝴蝶结的小女孩了，妈妈再也没有等到她回家。

战争结束了，苏联军队的坦克大炮来到街道上，却看不到胜利者的英姿飒爽和喜气洋洋，同样的疲倦和伤痛溢满画面，远处坦克上的士兵们还处于战斗的紧张状态。近处，伤员们靠在墙角躺着休息，还有一些士兵在吃着简单的食物。也许只有经历过战争的人才会选择用这样的方式这样表达战争吧！墙上还残留着纳粹宣战的标语“胜利属于我们”，这让人不禁想问：胜利到底属于谁？什么才是真正的胜利？

最后一页，颜色终于鲜艳起来，春天来了，百花盛开，铁丝网上的小花枯萎了，但也正是因为这朵枯萎的小花带来了温暖与光明，带来了真正的春天。蓝天下，推倒的栅栏，断开的铁丝网上盛开了花朵，自由和希望来了！

看完了整本书，同学们，让我们再回过头来看看封面，你是否理解了布兰奇看向窗外的眼神，一个孩子用她纯真的视角表达出了对战争的理解和感受，没有鲜血和暴力，没有眼泪和煽情，这才是真正会讲故事的人！

三、阅读指导

（一）颜色中的温度

昏黄的秋

灰褐的深秋

清冷的初冬

《铁丝网上的小花》教学内容（三）

阴暗的寒冬

明艳的春天

《铁丝网上的小花》教学内容（四）

翻开这本书，我们能清晰地看到书中颜色的变化：由昏黄的秋—灰褐的深秋—清冷的初冬—阴暗的寒冬—明艳的春，绘者巧妙地运用颜色的变化来表达自然时间的推进，也表现出战争从开始到结束的发展进程。土黄色让人内心有种沉重和压抑的感觉，到后面暗灰色的天空、清冷的白雪，我们透过书页打了一个寒战，一直到最后的春暖花开，满眼的绿色，蓝蓝的天空，才让我们的心情放松下来，苦难后的温暖和希望就在这颜色的转换之中表达得淋漓尽致。将战争形势用色彩的不断变化表现出来，这是绘者的表达方式。

（二）细节中的力量

图画书中经常有一些小道具，它们的作用却不小。第4页中第一次出现天空，但绘者没有直接地表现，而是将它放在河水的倒影里，颜色微蓝，在倒影里同时出现的还有铁丝网，如果天空代表自由，那么铁丝网里的天空则代表自由被囚禁。“天空”是作者给我们留的暗号，第6页的文字中写道“天空是灰色的”，河水的颜色变成了灰色。将图文结合起来，这个暗号我们对上了！

在罗斯·布兰奇发现集中营的那一页，第三次出现了天空，屋顶上露出的小边，是什么颜色？你又有什么感受？当第四次出现天空时，战争形势急转，（第15页）看，天空的颜色变成了深灰色，暗示着战争即将进入尾声，就是我们常说的“黎明前的黑暗”；最后一页，我们第五次看到了天空，蓝蓝的、清澈的，表示着新的生活开始了，自由和希望来临了！用一个图示梳理出“天空”这一细节的变化，会更容易理解。在这里，我选用的是“情节梯”形式。

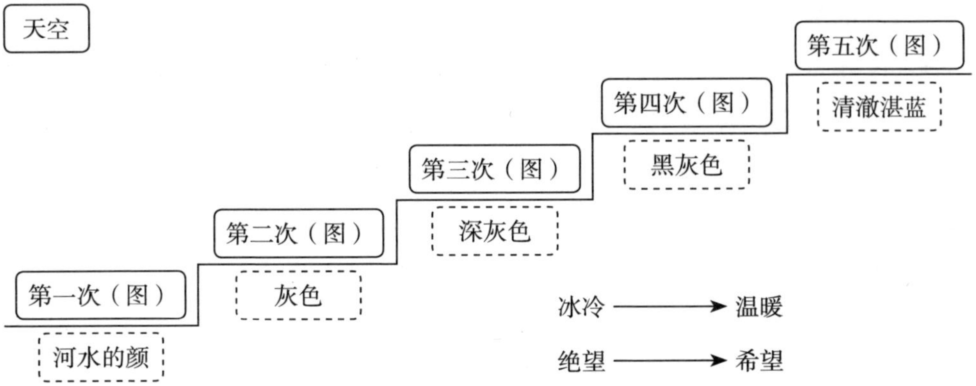

《铁丝网上的小花》教学内容（五）

其实作者不光用天空做暗示，还有一些小道具也是作者给读者们做的暗示。你看布兰奇在前面的故事中一直佩戴着鲜艳的红色蝴蝶结，但是当她最后一次去集中营给犹太孩子们送食物时，她的头上没有了红色蝴蝶结，这是否也是一种暗示？红色蝴蝶结代表了鲜活的生命，纯真和浪漫，蝴蝶结的消失暗示着布兰奇要遭遇不测。图画中的每一处和每一个小细节都别具深意，教师可以不断地引导学生去发现，多问问学生：你们还发现了什么呢？

找出小道具中的暗示

红色蝴蝶结

《铁丝网上的小花》教学内容（六）

（三）绘画视角与呼应手法

这本图画书中的视角大部分是主人公布兰奇的，像第1页中的仰视视角，就是以街上布兰奇的眼睛看到的角度，是向上看的；而第3页中又是以布兰奇从窗子向外看的角度用了一个俯视的视角；第5页中，布兰奇好奇地看街上发生的小男孩逃跑的事件，用的是平行视角。在画面中，有时会有很多人物出现，绘者用强大的呼应手法让每个人物的目光都有交汇。第6页中肥胖的镇长得意地看着带枪士兵，带枪士兵又凶狠地看向小男孩，黑衣士兵看戏一样似笑非笑；紧接着第7页，前面开路的摩托骑兵和开着卡车拉着孩子的司机在说着什么，两名带枪的士兵赶着小男孩上车，车门掀开一角，让我们惊呼，原来车上不只有一个孩子，而是一车，车上的人都在看着士兵；而布兰奇手拄着下巴，思考她所见到的这一切。你看，画面里的人物再多，每一个人物的动作却都对应着另一个人物的姿态，没有一个人的眼神乱飘，都是互相回应而有一定的深意，绘者真是太了不起了。读懂了绘画视角和呼应手法，也就掌握了绘者英诺森提闻名于世的法宝。

（四）对比手法

作者还运用了很多对比的手法。布兰奇头上的蝴蝶结和红色的纳粹旗，而这两样也分别是纯真浪漫和残酷战争的代表。这一正一邪的对比，让读者受到强烈的冲击。再结合文字，布兰奇拿的食物的多与越来越瘦的对比，镇上人的瘦和镇长的胖对比，最震撼的还属这两幅图的对比（17页和19页）。这两幅图，主体基本一样，但却是非常鲜明的对比：漫天大雾里，布兰奇把一朵蓝色的小花放在铁丝网上，她把手放到左边心脏的位置，仿佛在哀悼铁丝网里的孩子。近处的废墟、推倒的栅栏，远处的枯枝、暗处的喷火的枪，有人开了一枪，布兰奇怎么了？之后的画面再也没有这个头戴蝴蝶结的小女孩了，妈妈再也没有等到她回家。最后一页，大雾早已散尽，颜色鲜艳起来，春天来了，百花盛开，远处是湛蓝的天，郁郁葱葱的树，只是在铁丝网上的小花枯萎了。还是那片废墟，推倒的栅栏，断开的铁丝网上盛开了花朵，自由和希望来了！

（五）叙事角度的转变

这本书前面一直以“罗斯·布兰奇”的角度也就是第一人称来叙述，文中的“我”就是布兰奇，所有的绘画视角和描述角度也都是布兰奇的。但是在第12页以后，直到故事的最后，叙事角度突然变了，变成了第三人称。叙事角度的转变也暗示着故事的结尾——小布兰奇发生了不测。在阅读指导中，要让学生关注情节发展过程中叙事角度的转变，从而推测作者这样转换的含义。

四、教学路径

《铁丝网上的小花》教学路径

教学阶段	主要内容	教学目标	大致课时
阅读准备 （第一阶段）	1.二战的战争背景 2.书中一些符号的意思 3.同类作品的准备	1.明确故事发生的背景 2.理解图片中特殊符号的含义 3.为主题阅读做准备	1课时

续 表

教学阶段	主要内容	教学目标	大致课时
阅读与发现（第二阶段）	1.通读绘本，了解故事发展的情节 2.主人公的特点 3.在封面和关键页码处留下问题，引导学生带着问题去阅读，边读边发现，并进行思考	1.激发学生的阅读兴趣 2.掌握阅读图画书的基本方法 3.对阅读时教师留下的问题能有所发现、有所思考	1课时
指导与交流（第三阶段）	1.梳理情节，找出情节发展的线索及转折点 2.学习图画书阅读的一些方法，如关注颜色的变化；关注细节、小道具；关注人物的表情、神态、动作等 3.核心话题的交流与讨论	1.会用学到的可视化工具梳理情节 2.能理解作者在绘图和文字中所蕴藏的“言外之意” 3.核心话题的交流中有观点、有依据 4.对“战争”这一主题有正确的理解和价值观	1 ~ 2课时
拓展与对比（第四阶段）	1.同类作品的介绍和阅读 2.关于“战争”主题作品的对比与发现	1.能对同类作品产生阅读兴趣并开展阅读 2.通过阅读，形成自己的观点和看法，并运用不同形式表达出来	1 ~ 2课时
作品展示（第五阶段）	1.阅读单的展示 2.书籍海报展示 3.剧本创作及演出 ……	1.在主题阅读中学生能有所收获，并用不同成果表现出来 2.学生能通过作品展示和欣赏相互促进，形成积极的评价	1课时

五、主题升华

（一）告诉学生什么是战争

“战争”这个主题一直是成人不愿意也不敢对孩子们说的，怕里面太多的血腥和暴力不适合他们，可问题是什么时候才适合，哪种方式才适合。当我们不确定答案时，不妨用一种温暖的方式去尝试，而《铁丝网上的小花》这本书就给我们提供了一种方法：用孩子的视角去看战争，寻找战争背后关于人性的本真和温度。当下，世界上仍有很多国家长期饱受战争或是内战的摧残，那么这些国家中的儿童又是怎样生存的呢？感受又是如何的呢？像《养家之人》中所描绘的情景，学生们只有阅读之后才会了解，才会懂得和平的珍贵。所以这本书像是给学生们提供了一把探索和平的钥匙，让他们去尝试发现、探寻和思索。

（二）告诉学生如何面对困难

对于身处和平环境中的孩子们，这本书同样珍贵。生活中，我们可能会遭遇一些突如其来的灾难，亲人的离去，朋友的分离，或是自己学习上的一些困境。在面对这些困难时，孩子们甚至是我们成年人有时会手足无措，不知道如何去面对和处理。也许一本书不会有那么大的力量，但是我一直相信，这不是我们给孩子们讲的最后一本书，这本书也许不会点亮孩子们，那么下一本呢？再下一本呢？阅读是为了成为最好的自己，所有的阅读都会与自己或生活有这样那样的联结点。这类作品虽与我们的生活距离很远，但是我们却可以在孩子们的心中播下开放和包容的种子，赋予他们对直面悲伤和困难的勇气与追逐光明自由的执念。经过阅读，孩子们一定会学着深刻地思考：悲伤和痛苦过后，一定会像书中所描绘的那样——“春天在歌唱”！

第三节　研讨任务

【任务布置】

（1）阅读整本图画书。

（2）选取一段情节，切入教学点并形成核心话题，交流讨论。

（3）设计一个教学小环节，教会学生阅读图画书的一种策略或方法。

【作品展示】

第一小组：

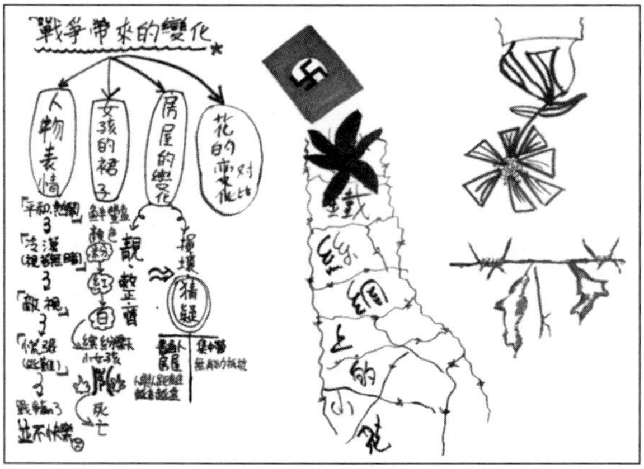

澳门学员小组作品展示（一）

作品讲解：

我们小组是从“战争带来的变化”这一方面设计教学环节的。包括“人物表情；女孩的裙子、饰品；房屋的变化；花的变化”，用这些变化所形成的对比发现战争给人们带来的影响和改变，也让学生们去思考战争对于百姓和国家的意义是什么。在这一过程中，指导学生运用“T型图、情节绳”等可视化小工具进行梳理对比，教给学生们阅读图画书的方法和策略。

第二小组：

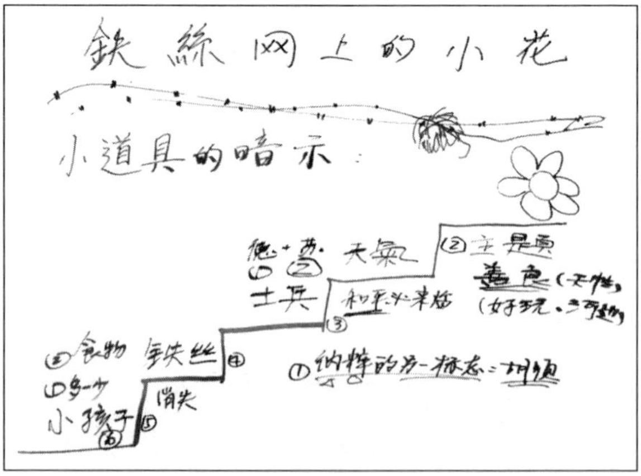

澳门学员小组作品展示（二）

作品讲解：

我们小组运用了图画书中“小道具的暗示”这样的阅读方法去指引学生一步一步地发现并找到核心主题。在“小孩”和“士兵”两处指导学生学会对比，并发现战争的影响。

学生通过对细节的探寻和发现，一步步接近主题的正确认知，揭示出小女孩善良的天性和苦难过后，春天来临的主题。

第三小组：

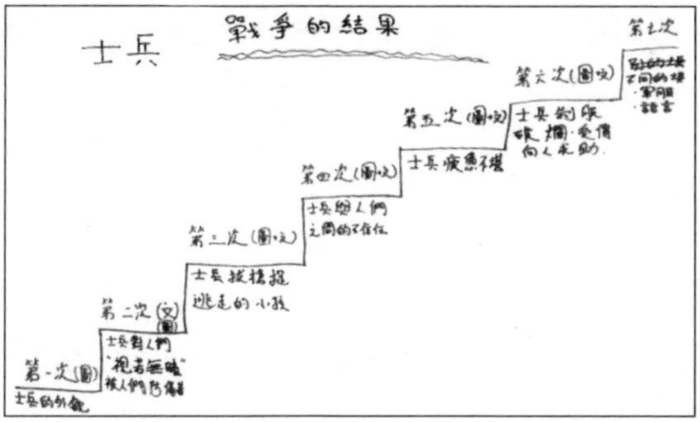

澳门学员小组作品展示（三）

作品讲解：

我们小组的切口较小，以图画书中的重要角色——士兵为线索，逐步引导学生们去发现“战争的结果”这一主题。

从每一次士兵出现时的神态、动作或情景来指导学生关注，让学生们发现作为战争的直接参与者——士兵的前后变化，也说明了战争的残酷。

【导师点评】

澳门学员现场互动交流（一）

我很高兴地看到每个小组的教师们都认真地选取了非常具体的切口设计教学环节，而且设计得非常丰富和紧凑，这样的小小片段完全可以移植到我们的图画书阅读课堂中去实践和操作，相信会带来不小的收获。每一个小组的设计最后都会指向核心的主题，从多个角度，以多种方式引导学生关注战争带来的影响以及战争背后人性的温暖。

澳门学员现场互动交流（二）

各小组的设计中也包含了很多阅读方法的指导，像“对比”“关注细节”等，这也代表了教师们不是只讲这一本书，而是更注重方法的教授和指导，这些用心的教师们值得我们点赞！

第四节　教学实践

【阅读课型】

《铁丝网上的小花》交流课

【执教教师】

李秋媚（珠海市香洲区第十二小学）

珠海市香洲区第十二小学李秋媚老师课堂教学实践

【教学设计】

《铁丝网上的小花》教学设计

（一）教学目标

（1）了解故事内容，并能够运用可视化思维工具“情节绳”自主梳理故事情节；

（2）引导学生关注图画书的细节，了解绘者意图，掌握阅读图画书的一些方法；

（3）通过主题交流和拓展阅读，引导学生深化对“战争”的理解，感受战争背后的温暖。

（二）教学过程

板块一：预测绘本，激发兴趣

1. 阅读准备

（1）简要了解世界大战和本书故事背景：“世界大战发生在什么时

候？”“第二次世界大战是由哪些国家发动的？结果怎样？”

（教师根据学生的回答相机补充）

（2）认识一些符号

 纳粹党标志； 纳粹为犹太人做的标记； 取得胜利的苏联红军

（设计意图：世界大战离学生们比较遥远，如果没有专门了解过，学生在阅读本书故事时将会遇到很多不懂的地方。清晰明确本书的背景和重要符号，能为学生的流畅阅读做好铺垫。）

2. 介绍书籍信息

（1）封面：观察封面，通过质疑和提问引导学生预测故事内容。

师：这个小女孩是谁？她与战争发生了怎样的联系？为什么书名叫《铁丝网上的小花》？

预设1：可能这个小女孩的亲人在这场战争中参加了战斗，铁丝网可能代表着小女孩的亲人或是小女孩遭到了逮捕。

预设2：铁丝网上的小花可能意味着战争终于结束了，人们得到了自由，小女孩从此幸福快乐地和家人生活在了一起。

（2）作者：给学生介绍作者&绘者罗伯特·英诺森提的基本信息以及作者的经历和本书的创作意图。

（3）书名页：作者是［意大利］克里斯托夫·格莱兹/罗伯特·英诺森提；绘者是［意大利］罗伯特·英诺森提。译者是代维。本书出版社：明天出版社

（设计意图：在阅读图画书之前，引导学生阅读封面、环衬、作者信息和出版社等信息，以激发学生的阅读兴趣，为接下来的阅读做好准备。）

板块二：通读绘本，感知故事

1. 通读绘本

带着学生们流畅地通读全书，在共读故事过程中，引导学生关注以下几个方面。

（1）翻开第1页，颜色最鲜艳的是哪些事物？想想它可能代表着什么？

红色的旗子——纳粹党的标志，以及小女孩罗斯·布兰奇和另一个小女孩

头上的蝴蝶结。

（2）第5页中，小男孩被抓回去时，画面中其他人的表情和动作是怎样的？给你什么感受？

拿枪的那个士兵子弹已经上膛，随时准备射击；镇长用肥胖的身躯挡住了小男孩的逃生之路，得意地笑着；旁边带围巾的女人事不关己、冷漠的背影；小女孩布兰奇张开的紧张的手指以及受到惊吓的姿势。

（3）第11页中，那些被囚禁的孩子的神情是怎样的？给你什么感受？那绝望的目光和表情你是否在之前谁的脸上看到过？

高高的带刺的电网，成群无助的孩子被囚禁，他们空洞、呆滞、绝望的眼神。（被抓的那个小男孩）

（4）战争结束了，苏联军队的坦克大炮来到街道上，但是士兵们的表情是怎样的？墙上还残留着纳粹宣战的标语“胜利属于我们”，胜利到底属于谁？什么才是真正的胜利？

（5）布兰奇最后怎么样了？你从哪里看出来的？

（设计意图：在通读绘本的过程中，通过问题的方式引导学生结合图文，理解故事内容和作者的情感表达，为之后发现作者及绘者的表达方式打好基础。）

2. 梳理情节

引导学生利用可视化思维工具“情节绳”梳理情节。

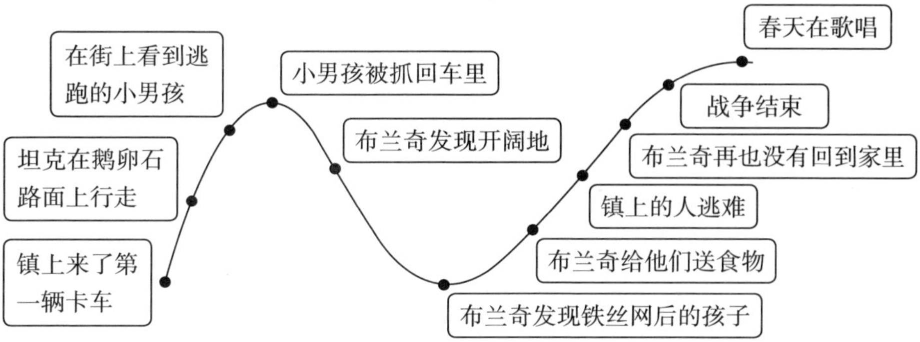

梳理绘本情节

（设计意图：情节绳是一种可视化的思维工具，它能够使学生掌握梳理故事的主动权，将故事进行快速地回顾和梳理，为讲好故事提供思维工具。）

板块三：关注细节，学会阅读

1. 颜色变化中的秘密

绘者用图画中颜色的逐渐变化来表达时间的推进，也暗示着战争的开始到结束：昏黄的秋—灰褐的深秋—清冷的初冬—阴暗的寒冬—明艳的春。

小结：战争形势用色彩的不断变化表现出来，这是绘者的表达方式。在阅读图画的过程中，我们要善于观察色彩的变化，并尝试读懂绘者通过色彩想要表达的内容和情感。

2. 细节中蕴藏的秘密

（1）图画书中经常有一些小道具独具深意，如果我们留心观察，就会发现其中的秘密。例如，本书中每一次天空的出现，颜色都是不一样的，抓住这一细节，我们可以更好地感受绘者所要表达的情感。

（2）故事中还有其他小道具呢，请同学们利用表格的形式找一找。（蝴蝶结、雪、铁丝网、纳粹党标志……）

示例：

情节变化示例

雪	第一次出现	第二次出现	……
出现的地点			
作者想表达的			
我的感受			

3. 表达方式上的秘密

（1）引导学生用“T型图”梳理故事中的对比。如：

故事中的对比

（布兰奇头上的蝴蝶结）	（红色的纳粹旗）
（布兰奇拿的食物的多）	（那些孩子越来越瘦）
（镇上人的瘦）	（镇长的胖）
……	……

（2）在每一组对比中分别发现了什么？给你的感受是什么？

小结：对比是为了突出和强调某个观点或某种事物。回顾本书的故事和图画，我们可以发现多处对比手法的运用：红色蝴蝶结和红色纳粹旗，是一正一邪的对比；布兰奇拿的食物的多与那些孩子的越来越瘦，是为了突出布兰奇的善良……

（设计意图：引导学生关注图画书中的对比，既能深化学生对故事内容和人物的理解，又能促使学生在对比中提高阅读的思维能力。）

板块四：主题交流，助力成长

1.“战争”主题的交流与讨论

（1）故事读完了，相信同学们对“战争”有了不一样的理解，那就来说说你理解的“战争”吧。

（引导学生结合故事内容和图画书中百姓和士兵们的表情或动作来谈）

（2）小结：在本书最后的译者的话中，有这么一段：*罗斯·布兰奇在法语中的意思是“白色的玫瑰”。白色的玫瑰象征着纯洁无瑕和本真，象征着高尚的品性和美丽的人生。*《铁丝网上的小花》让我们看到了战争中的温暖，看到了善良和纯真。感谢这样的好故事让我们知道，即便遇到像战争这样可怕的事情，也要有勇敢面对困难并追求光明的信念，要相信，痛苦和悲伤之后，就会像书中最后描绘的那样——春天在歌唱！

2. 开展课下主题阅读

以“战争”为主题的儿童文学作品有很多：图画书类有《大卫之星》《孩子们的守护者》等，整本书类有《数星星》《安妮日记》等。愿这本《铁丝网上的小花》成为同学们开启这一题材作品的一扇门，运用我们课上学习到的阅读图画书的方法和策略，运用可视化工具梳理书中的情节和人物，并利用气泡图或表格进行对比阅读。相信同学们会有更大的收获。

生命价值的实现

——《夏洛的网》教学工作坊

工作坊地点：澳门城市大学

工作坊成员：澳门小学语文教师

教学实践课例：周运金（珠海市香洲区第十九小学）

梅天垚老师澳门城市大学授课现场

工作坊导师：梅天垚（珠海市香洲区小学整本书阅读课程项目组核心成员，获市、区级教师素养大赛、教学能力大赛等赛事一等奖多项，赴北京、澳门及广东省内多地市开展整本书阅读教学及讲座）

工作坊专家：吴希华（珠海市香洲区整本书阅读课程项目负责人，香洲区教师发展中心小学教研部主任，小学语文教研员）

第一节　书册背景

【内容概述】

一群小动物生活在朱克曼先生家的谷仓里，孤独的小猪威尔伯和门口上端的蜘蛛夏洛成了一对好朋友。当从老羊口中得知自己未来将变成熏肉火腿时，威尔伯感觉到了前所未有的悲痛和绝望，可农场里的伙伴们似乎对这种“固定的阴谋活动”已经习以为常。就在威尔伯尖叫哭嚎时，看似渺小的蜘蛛夏洛却冷静地说：“我救你。”这样一句简单的承诺，成了夏洛短暂一生的重要任务。于是，夏洛不断用自己的丝在网上织出了被人们视为奇迹的文字，正是这些文字引起了人们的广泛关注，也彻底改变了威尔伯变成火腿的命运。威尔伯在集市上获得了大奖，也赢得了一个安享天年的幸福未来。然而，就在威尔伯一生中最辉煌的时刻，夏洛的生命却静静地走到了尽头。

【文学地位】

著名儿童文学作家陈伯吹先生说：“一个有成就的作家，愿意和儿童站在一起，善于从儿童的角度出发，以儿童的耳朵去听，以儿童的眼睛去看，特别是以儿童的心灵去体会，就必然会写出儿童能看得懂、喜欢看的作品来。”《夏洛的网》便是这样一本儿童能看懂并且会喜欢的经典童话，傲居“美国最伟大的十部儿童文学名著”之首。美国短篇小说作家尤朵拉·韦尔蒂曾这样评价这部作品：“这本书讲的是友情、亲密与保护、冒险与奇迹、生与死、信任与背叛、喜乐与痛苦，以及时间的流逝。此作品十分完美，就像故事本身一样充满魔力。”严锋教授也给予了此作品非常高的赞誉。

本书作者E·B·怀特是美国当代作家、评论家，他还被认为是二十世纪美国最杰出的随笔作家。1971年获得美国“国家文学奖章”。他喜欢朴素恬静的乡村生活，所以他一生中有很大一部分时光是在乡间度过的。他“面对复杂，保持欢喜”的人生态度深深影响着他的作品。《夏洛的网》语言风格清丽朴实，作者对整个故事的叙述、对弗恩一家人的描写以及对故事发生地农场环境的描写等，都能让每一位读者非常清晰地感受到他的这一创作风格。

本书译者任溶溶，是我国著名的儿童文学作家、翻译家。他的著作《“没头脑”和“不高兴”》是大家非常熟悉的童话集，也被选入小学语文部编版教材的“快乐读书吧”栏目。作为翻译家，他还翻译了《彼得·潘》《小飞人》《长袜子皮皮》等脍炙人口的作品。任溶溶先生翻译的《夏洛的网》非常贴合E·B·怀特的写作风格，把那个发生在朱克曼家谷仓里的故事，用朴素平实的语言呈现在了中国读者面前。

这的确是一部温暖的作品，读罢，仿佛一阵和煦的暖风拂过心灵。

作者：［美］E·B·怀特
译者：任溶溶

《夏洛的网》书册封面

【教学价值】

（一）体会语言风格及其表达效果

E·B·怀特作品的语言风格比较清丽质朴，《夏洛的网》也非常符合这一特点。作品第六章《夏日》开头对朱克曼农场的描绘，故事中对弗恩、艾弗里、威尔伯、坦普尔顿等角色的描写，都令读者在感受动人故事的温暖的同时，惊叹于他驾轻就熟的语言功力。

作者用朴素的语言讲述了一个深沉的作品，引导学生在阅读过程中去体会语言风格，对进一步走进作者、把握人物形象和理解故事情节非常必要。与此同时，学生还可以有针对性地去借鉴和模仿作品中的写法，在获得丰富阅读体验的同时，学习习作表达。

（二）学习阅读策略的运用

1. 预测

预测，即预先推测、推想。作为阅读策略，预测就是根据已经读到的内容推测作品中接下来将要发生的事情，包括故事情节、故事结局、人物命运等，并在后续的阅读中对此加以验证。《夏洛的网》中出现多次转折，最明显的就是威尔伯的命运变化，故事情节的这类特点就很适合学生们在阅读过程中练习运用预测策略。在阅读指导过程中，教师要有意识地引导学生们在阅读中运用预测策略，激发学生们的阅读兴趣。

2. 批注

常言道："不动笔墨不读书。"批注是一种古已有之的阅读传统，是读者把阅读过程中的感悟、疑惑、思考等，用简洁精练的语言结合圈点勾画等方式记录在书页上，以帮助阅读理解的一种阅读策略。中高年段学生应该在阅读过程中关注故事情节、人物等细节，积极思考、质疑，用批注的形式及时记录所感所思所惑。例如，故事开头弗恩与父亲在对待"落脚猪"为什么会有不同的态度，威尔伯到农场后为什么会期盼弗恩能在身边，等等。通过批注思考这一系列问题，可以对整部作品中威尔伯的形象有更深刻全面的认识。

（三）指引儿童的精神成长

《夏洛的网》具有散文般的气质，这样简单易懂的语言更容易让学生接纳。故事一开始，便从弗恩和父亲在对待小猪生死的矛盾上引入，让读者马上对"这不公平"这句话产生深深思考。如何看待柔弱的生命？这或许是读者刚开始读故事就要思考的一个话题。威尔伯从斧头下获得新生后，又面临着新的考验：孤独、无聊、迟早变成火腿、完成对夏洛的承诺……作者用儿童的口吻阐述着一个个深沉的主题，引导他们从现实生活中理解友情、信义、生命及其价值实现……并产生自己的思考，涵养精神的成长。

第二节　教学内容

《夏洛的网》教学内容（一）

一、教学设计思路及框架

《夏洛的网》教学思路及框架

教学阶段	内容	教学资源	课时
导读课	1.封面激趣，走近作者 2.分享精彩片段，激发学生阅读兴趣 3.制订阅读计划，做好阅读监控 4.指导学生通读全书，做批注	章节阅读	1课时
推进课	1.梳理人物（可视化思维工具） 2.梳理情节（可视化思维工具） 3.预测后续故事情节的发展	无	1课时

续表

教学阶段	内容	教学资源	课时
交流课	1.交流阅读感受 2.分享阅读成果 （情节梯、人物关系图、读后感等） 3.评析故事人物 4.交流主题：友情与伙伴、生命及其价值的实现、信义与背叛、生与死……	阅读单等	1～2课时
拓展课	1.体悟语言：清丽朴实的语言风格 2.观看电影《夏洛的网》，与文字故事做比较 3.设计腰封（书腰），写推荐语等	电影《夏洛的网》	1课时

《夏洛的网》一书可用3～4课时完成教学，基本课型有导读课、推进课、交流课和拓展课，其中推进课可根据学生阅读的实际情况做增减。教师设计导读课，主要是激发学生的阅读兴趣，解决学生在阅读中可能会遇到的问题。可以引导学生从故事开头、精彩片段、作者译者等方面对此书产生阅读欲望和兴趣。推进课主要是针对学生在某一阅读阶段所遇到的问题展开交流讨论和指导。交流课上，教师可以指导学生使用可视化思维工具梳理故事线索、情节、人物，品评故事语言、主题等，并根据自己的理解，在教师的正确引导下，将阅读体验内化为自己成长的养分。最后是拓展课，在对作品有了充分而深入的交流之后，教师可以给学生提供一些拓展活动的思路和方法，引导学生将自己的收获和感悟以思维导图、读书小报、人物卡、书册腰封等具体形式呈现出来，全班分享交流，在活动中提升综合技能。

二、课型设计

（一）导读课

教师应明确导读课的目的首先是要激发学生们的阅读兴趣，也就是要解决如何让一个从未看过这本书的学生欣然捧起这本书读起来的问题。其次是要根据实际情况，预估学生可能会在阅读中遇到的一些问题，并给出解决方法。《夏洛的网》导读课的设计可以从不同的角度展开，比如设置悬念、故事开头、书册封面、关键情节、作者译者等，只要不偏离课前明确的目标，怎么设计内容都是可以的，即殊途同归。例如：

1. 设置悬念

对于中高年级的学生来说，通过设置悬念来激发阅读兴趣是一个比较奏效的方法。教师可以在设计导读课时选取威尔伯和夏洛初次对话的片段来设置悬念，让学生对故事产生浓厚兴趣。

【教学片段】

一只小蜘蛛和一头小猪，他俩要是在一起，会发生什么故事呢？你可以试着预测一下：他们可能经历了一次奇特的历险；也可能是小蜘蛛把小猪咬了以后，小猪变成了英勇的猪猪侠；还有可能他们是一对好朋友，每天在一起快乐地生活着……听，他们在谈论什么：

“我不要死！”威尔伯扑倒在地上尖叫。

……

“这得走着瞧。不过我要救你的，你给我马上安静下来。你太孩子气了。你马上停止，别哭了！这种歇斯底里我受不了。”

这是怎么回事呢？今天老师要介绍给大家的这本书叫《夏洛的网》，看到书名你应该猜到了，夏洛是一只小蜘蛛，没错。那个叫威尔伯的，则是一头小猪。这本书主要就是讲他俩的故事的。

这段对话描写非常有画面感，清晰的提示语描写让夏洛与威尔伯的不同形象跃然纸上，电影般的对话场景带给学生们非常直观的冲击。为什么夏洛和威尔伯会有这样一段对话？为什么威尔伯要死了呢？夏洛会怎么去救威尔伯呢？……在教师读完或师生合作演读完这一对话片段后，学生就会产生诸如上述的许多问题，而这些问题恰好会引导学生去翻开书本走进这个故事。

2. 书册封面

书籍作为文字、图形的一个重要载体，其设计的和谐统一是非常重要的。在一本书的整体设计中，封面的地位可谓举足轻重，一个设计精巧、配色和谐、充满趣味的封面能在很大程度上得到读者的青睐。《夏洛的网》一书的封面就值得关注。

首先，暖黄色的封面底色给人一种柔缓温暖的感觉，同时还有一种充满希望和力量的暗示。其次，最值得关注的是封面上的人物图。在这幅图中，我们很明显地看到一个小女孩抱着一只小猪，旁边还有羊和鹅。巧妙之处在于上述几个人物都处在一只猪造型的身影下，那这只小猪应该是故事的主人公吧。那他们中哪一个是夏洛呢？好像没看到。这幅图用一种比较隐晦的方式提醒读者，夏洛也在图中。通过仔细观察你会发现，上述几个人物的目光都指向一处，而那里便是小蜘蛛所在之处。

在引导学生们一步步看完图片以后，教师还可以提醒学生关注书名、作者译者、出版社等信息，了解这本书的概况。掌握了这些信息以后，教师可以引导学生结合在封面上看到的书名、人物等信息，对故事内容做预测，在预测中感受阅读的快乐体验。

3. 作者、译者

导读课上以作者和译者导入激趣也是一个比较常用的方法。《夏洛的网》被称作“二十世纪最受爱戴的文体家，写下二十世纪最受爱戴的童话”，作者E·B·怀特是非常值得了解和关注的。他是二十世纪美国最杰出的随笔作家，还是一位非常会讲故事的先生，除了《夏洛的网》以外，他还为小朋友写了《精灵鼠小弟》《吹小号的天鹅》两本书，听这几部作品的名字都会觉得非常有趣。而且，这三本书被誉为“二十世纪读者最多、最受爱戴的童话”。这样的名家名作当然要读一读。

再说译者任溶溶，他是中国著名的儿童文学作家、翻译家。大家熟悉的《“没头脑”和“不高兴”》就是他的著作。

在这里，以作者和译者导入时需注意以下两点：第一，在介绍E·B·怀特时，除了要介绍他的作品和荣誉外，还有必要简要介绍他的生活经历和创作风格，为学生在阅读过程中体会作品语言风格做铺垫；第二，对于学生熟悉的译者，教师要找到学生熟悉并喜欢的译者作品加以介绍，这样才能更好地激发学生的阅读欲望。

4. 精彩片段

【教学片段】

一只小小的蜘蛛，怎么会救了体型比它大那么多的小猪呢？这个答案老师先不告诉你，得自己去书中寻找。但老师可以告诉你，故事发生在一个农场中，我们一起去看看吧。

片段一：

在农场里，初夏的日子是一年当中最快活最美好的日子。……

七月初，……，跳进去真痛快，躲在草里连人都找不到。

你看，这里有阳光、有花香，头顶有蓝天，脚下有绿地，还有大鹅、老羊、耕马、蟋蟀、老鼠，当然还有夏洛和威尔伯，想去这样的农场里跟小伙伴玩个痛快吗？翻开书，他们都在等着你呢！

片段二：

威尔伯当然不能说话。……

在来过集市的数千计的人中，没有一个知道，一只灰蜘蛛曾经起过最重要的作用。

咦？气氛好像不太对啊，刚才还生龙活虎的一对好朋友，怎么现在开始告别了？威尔伯为什么突然不能说话了？到底发生了什么事呢？……

聊到这儿，我相信同学们还有很多疑问：书名不是叫《夏洛的网》吗，它的网怎么了？其实啊，夏洛救了威尔伯，它的网起了大作用呢！到底是怎么回事呢？翻开书去寻找答案吧。

以上所举的几个示例从不同角度切入，目标均指向激发学生对阅读这本书的兴趣。

（二）推进课

推进课主要是针对学生在阅读过程中所遇到的困难设计的课型。比如故事人物众多如何理清、某一章节或片段读完了还是不太理解怎么办、阅读单填写有困难怎么解决，等等。当然，若是比较浅显易懂的作品，学生在阅读过程中没有什么困难，这一课型就可以省略，待学生读完书后再开交流课。

《夏洛的网》的推进课可以设置在学生读完第十章这一时间节点。前十章中，故事主要人物都已悉数登场，故事情节也到了精彩之处。此时，教师利用一节课时间指导学生们关注故事中的人物和情节，尝试用可视化思维工具如气泡图、情节绳等做整理。

1. 关注人物

《夏洛的网》的故事内容相对而言比较简单，其中的人物及关系也不复杂，要把故事中的人物梳理清楚，我们可以引导学生把故事人物分为两组：第一组是弗恩一家人；第二组是威尔伯和他的伙伴们。还可以以主人公之一的威尔伯为中心，把与他有关的人物以气泡图的形式梳理出来（如下图）。

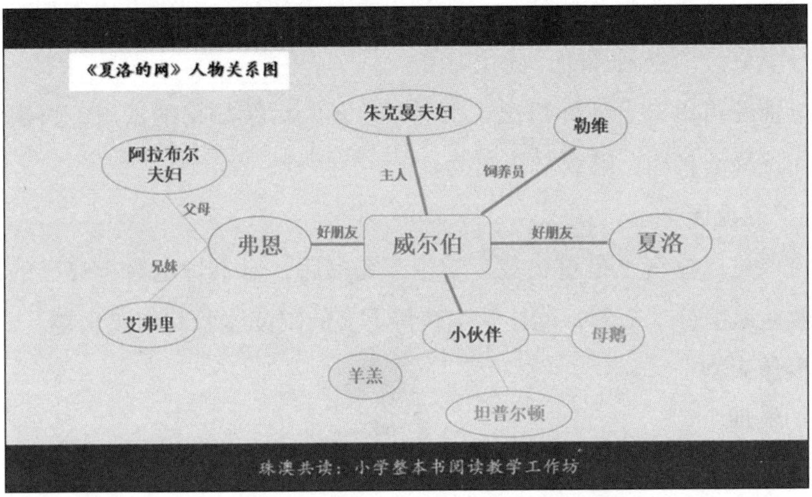

《夏洛的网》教学内容（二）

在这里需要注意，教师应该指导学生在梳理过程中关注主要人物，不要求学生把故事中的每一个人物都清晰地罗列出来。判断是不是主要人物的一个重要依据就是在故事中出现的频次，出现次数越多，就说明这个人物在故事中可能越重要。

2. 关注情节

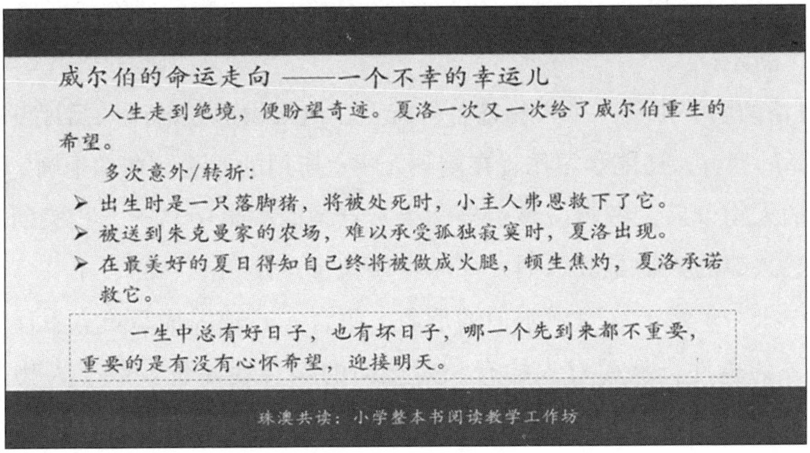

《夏洛的网》教学内容（三）

威尔伯命运的不断转折，是故事情节发展的一条重要线索。从出生到被弗恩救下，再到朱克曼家的农场谷仓里，威尔伯经历着惊慌错愕与惊喜不断的精彩人生。在推进课上，教师可以引导学生以地点变化为线索，整理故事情节的发展。教师可以事先制作阅读单，让学生在自主阅读过程中完成，待交流课时在班级分享交流，查漏补缺，优化完善。

推进课还可以结合实际情况，引导学生预测后续故事的发展，再次激趣，让学生保持阅读兴趣，继续坚持阅读。

（三）交流课

交流课可以算得上是重头戏，学生读完书后，对书肯定会有自己的评价。教师有效地组织分享交流，能让学生获得更多的阅读体验和阅读乐趣。

1. 聚焦人物

（1）梳理

在推进课上，我们提到了分组梳理人物和以威尔伯为中心的人物关系图；在交流课上，教师应该让学生把自己完成的阅读单或其他形式的梳理内容和同学一起分享，师生应在课堂上对学生分享的作品予以评价，但要注意内容大于形式，教师应有意识地指导学生不论是完成阅读单还是评价他人作品，都要紧紧围绕文本内容，要有理有据。

除了人物关系图以外，要想对故事中的主人公或自己感兴趣的人物做深入了解，还可以制作人物名片，可以从名字、外貌、性格、事件、语言等方面来梳理，最后，还可以加上自己在读完整部作品后对该人物的评价。

（2）品评

《夏洛的网》中每一个人物都各有特点，对人物形象的深入品评不但能促进对作品的理解，还能学习作者在刻画人物上所用的方法。在学生确定了要品评交流的人物以后，教师应该引导学生重点精读故事中与此人相关的部分。比如最感兴趣的人物是威尔伯，那学生应该重点读第三、四、十一、十七、十九、二十一等章节，对威尔伯的形象、语言、心理等描写重点批注，概括和他有关的事件，从而对人物有相对全面的综合性评价。以下人物品评供参考。

① 威尔伯

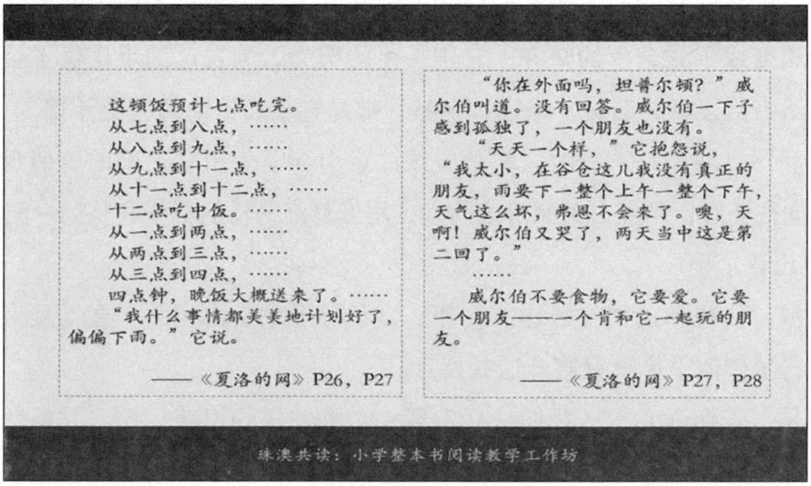

《夏洛的网》教学内容（四）

威尔伯是一个不幸的幸运儿，刚一出生就因体弱面临死亡。但在此绝境，它遇上了小主人弗恩奋力相救。斯蒂芬·茨威格说：“这个世界上最可怕的事是：你置身于人群却又得孤独地活着。”在被送进朱克曼家的谷仓后，威尔伯不再仅仅满足活下去的需求，难以承受的孤独和寂寞又使他寝食难安，此时，小蜘蛛夏洛出现了，给了它巨大的心理安慰。在农场里最美好的夏日，威尔伯得知自己终将被杀变成火腿，对死亡的恐惧和焦灼令小猪几近崩溃，值此之际，看似渺小的夏洛却坚定地承诺会救它。

威尔伯的一生一波三折，却终归美好。一生中总有好日子，也有坏日子，哪一个先到来都不重要，重要的是有没有心怀希望地迎接明天。在夏洛弥留之际，经历了几番波折后的威尔伯也逐渐成熟，他也向好友夏洛承诺会养育它的后代，后来它也履行了自己的诺言。威尔伯感谢夏洛，是夏洛帮助它摆脱了变成火腿的宿命。最后它也信守诺言，守护了夏洛的后代，找到了自己存在的价值与意义，实现了精神世界的超我转化。

② 夏洛

毫无疑问，每一位读者都能从夏洛的一生中感受到它对生命的热爱和对生命价值的体悟。她坚定的一句“你不会死，我救你”给了威尔伯多大的希望和鼓舞。“这得走着瞧。不过我要救你的，你给我马上安静下来。你太孩子气了。你马上停止，别哭了！这种歇斯底里我受不了。”面对威尔伯的焦虑嘶喊，渺小的夏洛却在众多农场同伴的冷漠和麻木中表现出了巨大的力量，它的一句承诺变成了它余生的坚守。它用一生的努力，为自己的承诺做了精彩的注解。夏洛带给读者的温暖、坚韧、奉献，都是它生命价值的完美体现。

在品评夏洛这一人物时，教师应该注意引导学生树立正确的价值观，使其相信并向往美好，用爱去关照身边的人，用像夏洛一样的勇气和坚韧一路前行。

③ 坦普尔顿

老鼠，往往和狡猾、奸诈、贪婪、自私等形象紧密相关。在《夏洛的网》中，坦普尔顿似乎也没有避开这些特点。

可是，若细读文本，我们又会发现一个不一样的坦普尔顿。它虽然自私贪婪，却也心怀善念。当威尔伯需要绳子结网而找坦普尔顿借绳子时，它果断拿出自己的珍藏，毫不犹豫。当夏洛需要织新字时，它帮忙到垃圾场里啃来杂志广告的碎片。当它啃来的广告碎片不符合要求的时候，威尔伯要求它再找一些回来，尽管它埋怨了几句，但还是不厌其烦地帮忙找到了最合适的纸片。当威尔伯被广播里的赞美之词和人们的鼓掌吓晕过去后，是坦普尔顿从麦草里探出头来，张嘴去咬威尔伯的尾巴，正是那用尽力气的一咬，让威尔伯从胜利的眩晕中醒过来，赢得了荣誉的奖章。夏洛死后，威尔伯强忍悲痛恳请坦普尔顿帮忙叼走夏洛的514个卵袋时，坦普尔顿虽然嘴上不耐烦，但还是帮忙把卵袋带回了农场……这一个又一个细节似乎又反映着坦普尔顿令人尊重的一面。

坦普尔顿也是个真实而悲哀角色。

“又是‘赶快啊，坦普尔顿’，对吗？”它说，“呵，呵，呵。我倒想知道，我帮了这么多忙，我得到过什么感谢呢？对老坦普尔顿一句好话也没有，只有毁谤、讥讽和冷言冷语，对老鼠一句好话也没有。”

“心碎而死，”它学口学舌，“多么感动人！唉呀，唉呀！我注意到了，一有麻烦你总是来找我。可我从来没听说有什么人为了我心碎。噢，没有。谁关心我坦普尔顿呢？”

可见，坦普尔顿在偌大的农场也没有朋友，它独来独往，在别人的冷漠和讥讽中悲哀地活着。作为一个旁观者，它也被威尔伯和夏洛信任着、爱护着，在那个冷漠的谷仓里，它也被夏洛和威尔伯动人的友情温暖着。

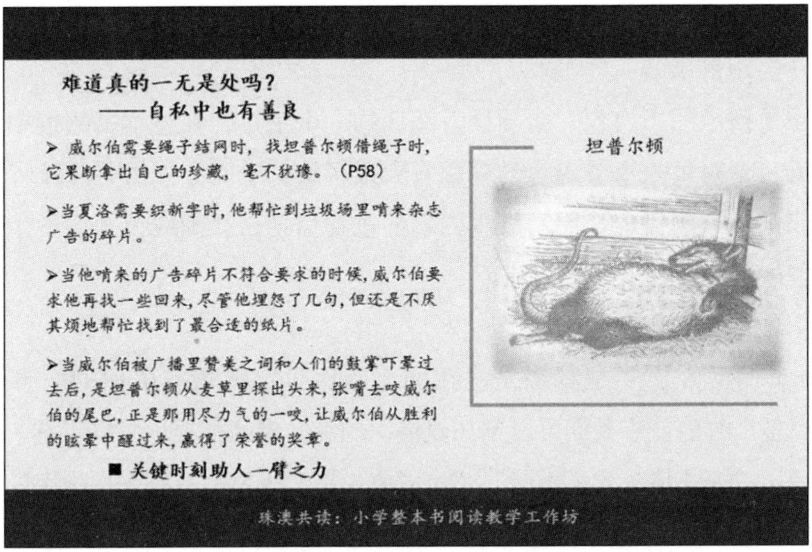

《夏洛的网》教学内容（五）

④ 老羊

揭示威尔伯最终命运的恐惧分享者。作为同伴，难道老羊不怕死吗？并不是。

“杀你，把你变成熏肉火腿，”老羊说下去，“……甚至约翰·阿拉布尔。”

老羊已经看惯了农场的杀戮，对这种命运的不公和生存法则的残酷，它已经见怪不怪了。在担惊受怕中度过的每一天、每一月、每一年，都是它漠视威尔伯生死的情感沉淀。或许，只有把自己熟知的残忍事实告诉无忧无虑的小猪，它才能稍有心安。

⑤ 弗恩

弗恩是个单纯天真的孩子。面对爸爸冰冷的斧头，她大喊“这不公平”，从爸爸手中救下小猪并给它认真地取了个好听的名字。弗恩对威尔伯的爱还表现在给它洗澡、喂奶、抱它睡觉等细节上。这是一个孩子对生命最真、最纯的怜悯。也正是由于弗恩的奋力一救，才有了后面威尔伯与夏洛精彩故事的可能性。

要是结合作品的创作背景来看，《夏洛的网》这部作品其实是有隐喻的。朱克曼的农场是一个社会的缩影，动物们虽共处一地，但都是各过各的生活，面对同伴的生死，大多表现出的是漠然。因此，故事中的人物也有其现实的影射，教师在交流课上可依据学情对此做适当延伸和拓展。

2. 梳理情节

（1）巧用目录

目录是揭示图书内容、指导读者阅读的一个工具，在整本书阅读中，学生可以借助目录对每一章节内容的篇幅有大致了解，进而方便做好阅读计划。另外，目录的章节题目也是揭示故事内容的重要信息，教师应该教会学生通过目录来把握故事内容和情节的技能。

（2）情节梯

《夏洛的网》主要是围绕夏洛在网上四次织字拯救威尔伯的故事来展开的。所以整个故事情节我们可以紧扣夏洛织的字，借助可视化思维工具——情节梯来梳理。“王牌猪”“了不起”“光彩照人”“谦卑”，每一次织字的内容都与故事情境契合，既显得奇妙又合情合理。每一次文字的出现，都会带给威尔伯更高的优待或更大的鼓舞，也让威尔伯在这个过程中不断发现和提升自我，找到生命的价值和意义。因此，用情节梯来梳理情节，更能体现出故事情节的递进。

当然，形式和工具是次要的，在教学过程中，如果教师或学生有自己认为更好的形式和工具能用来梳理情节，也可以用自己的方式和方法，只要能紧密贴合文本内容，能够自圆其说即可。

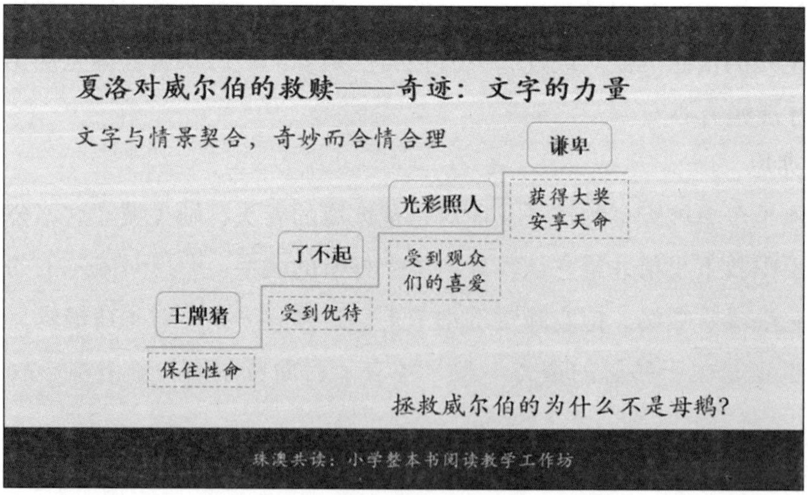

《夏洛的网》教学内容（六）

3. 主题探讨

读毕《夏洛的网》，我们不禁会思考一个问题：这本书究竟在讲什么？答案或许有很多：生死、友情、承诺、信任与背叛、幸福与痛苦、时光流逝……都没错。这部作品的主题是很丰富的。在交流课上，教师要鼓励学生从不同的角度去思考，重要的是要从文本中找到切实的依据，形成比较可靠的观点。

在学生交流完自己的阅读感悟之后，教师要做适当总结，在诸多主题当中，提炼出本书的一个核心主题，那便是生命价值的实现。夏洛用生命完成了对朋友的承诺，没有庸庸碌碌过一生，完成了自己生命价值的实现。威尔伯在夏洛的安慰和鼓舞下，逐渐变得成熟起来、自信起来。在得到安享天年的待遇后，威尔伯也懂得了为朋友着想，也忠实地履行着自己对夏洛的承诺，找到了自己生命的价值。

多主题的作品，往往包含着一个核心主题，教师在授课前应熟读作品，从中提炼核心主题，为交流课的主题探讨环节做好准备。

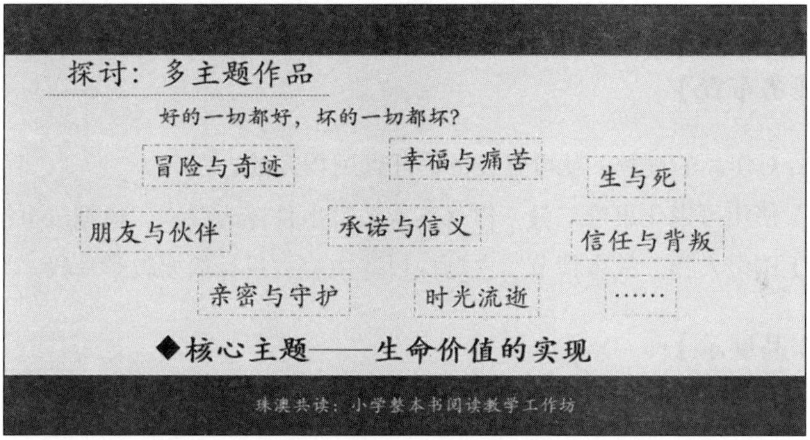

《夏洛的网》教学内容（七）

另提供几个值得师生共同探讨的话题，供参考：

① 拯救威尔伯的为什么不是其他动物？

② 夏洛为什么要这么辛苦？值得吗？

③ 你认为生命的意义和价值是什么？

④ 网的英文单词是web，故事中的小猪叫威尔伯，读音几近相同，这只是巧合吗？你从中体会到了什么？

（四）分享课（拓展课）

分享课是学生在阅读完作品以后，针对作品内容所做的一些阅读成果的分享和展示。在这一课型的设计上，教师应关注读写训练和创意表达。

《夏洛的网》已经被拍成了电影，所以，分享课可以布置学生课后观看电影，然后和文字作品做比较，用表格或其他形式将自己发现的相同或不同之处整理出来，在班上交流。

还可以结合自己的阅读体验给整本书设计腰封，以读者身份写推荐语，等等。

对于交流课的内容和设计，教师可以根据学情自行把握。

第三节 研讨任务

【任务布置】

结合对作品的理解，从以下任务中任选一项完成。

（1）使用可视化思维工具，以地点或关键事件等为线索，梳理故事情节。

（2）围绕人物、故事情节、主题探讨等内容，设计简要教学片段。

【作品展示】

第一小组：

澳门学员现场互动交流（一）

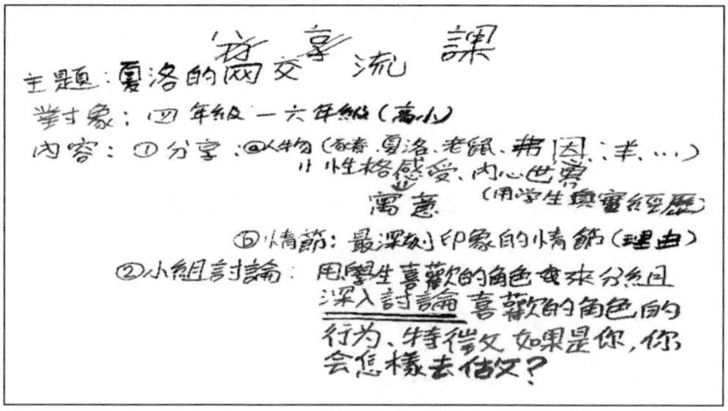

澳门学员小组作品展示（一）

我们小组选择的课型是交流课，主要是围绕故事“人物”和“情节”两部分内容来展开。课堂伊始，教师首先和学生们一起借助阅读单来梳理故事中的人物。接着，学生选择自己喜欢的人物，从性格、内心世界等角度品析人物形象。情节方面，这堂课主要是让学生分享读完书后印象最深的情节是什么，并说出自己的理由。最后还有一个讨论环节，学生以小组为单位讨论交流自己最喜欢角色的特征及行为，并结合自己的生活体验说说如果是我自己会怎么做。

第二小组：

澳门学员现场互动交流（二）

我们小组主要是梳理了故事情节，因为《夏洛的网》这个故事随着威尔伯命运的一次次转变，故事情节也随之起伏变化，所以，我们选用的可视化思维工具是情节波。

故事一开始，威尔伯以“落脚猪”的身份出场，随之而来的就是它转瞬即逝的生存考验，紧接着，小主人弗恩勇夺斧头救下并领养了它。接下来，它便到了农场。在这里获得生存的保障以后，孤独又成了它的一大生存障碍。此时，夏洛的出现给了它新的动力。当威尔伯得知自己终将成为火腿的坏消息时，夏洛坚定的承诺让它重拾生的希望。在夏洛织下“王牌猪”“了不起”“光彩照人”“谦卑”这些字后，威尔伯的人生发生了一次次的变化，最终获得安享晚年的幸福人生。用情节波，可以将整个故事的情节比较清晰地梳理出来。

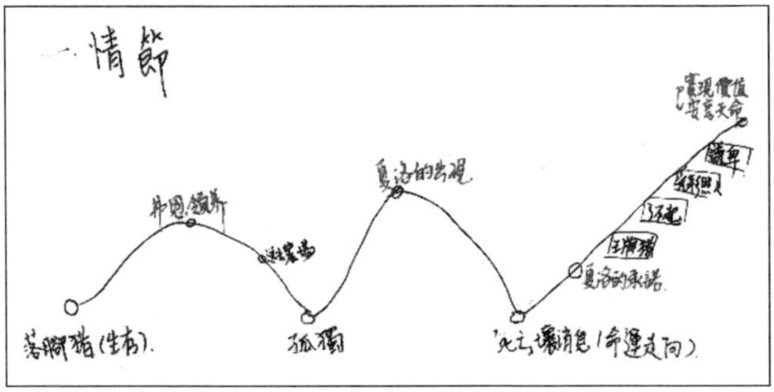

澳门学员小组作品展示（二）

【导师点评】

第一小组教师设计的交流课片段在内容选择上是比较合适的，在“人物”部分，先梳理再重点交流的设计也考虑到了层次递进，是值得参考的做法。小组讨论环节，教师引导学生结合自己的实际生活经验再去品评人物，能够让学生从一个新角度换位思考，对故事人物和作品主题有更深的理解和把握，非常好。

建议：将“小组讨论”和“人物”两部分统整为“人物”板块，从“梳理—重点交流—换位思考”三个方面来展开教学，这样设计思路会更清晰。另外，“情节”部分，也可以分为“梳理—交流”两部分，学生先借助阅读单梳理故事情节，然后重点交流印象最深的部分，这样既能让学生优化阅读单，理清故事情节，又能在此基础上更深一层地理解文本。

第二小组的图文讲解很清晰，可见教师们对故事情节的把握很准确。他们的亮点是主线非常清楚，围绕威尔伯的命运起伏，把整个故事的情节串联了起来。

建议：情节波关键事件节点位置的高低还可以再进一步优化。比如，“落脚猪”“孤独”“死亡（坏消息）”这三个命运低点，在威尔伯一生中，哪一个算是最低的，哪一个次之？在绘制情节波时，可以再结合自己对故事文本的理解做细化。当然，在指导学生进行梳理时，教师也应该在此处做点拨，让学生能更熟练地掌握这种方法。

第四节　教学实践

【阅读课型】

《夏洛的网》交流课

【执教教师】

周运金（珠海市香洲区第十九小学）

【教学设计】

《夏洛的网》交流课教学设计

珠海周运金老师课堂教学实践

（一）教学目标

（1）交流分享阅读体验。

（2）使用可视化思维工具梳理人物关系、故事情节。

（3）通过交流，感受夏洛和威尔伯之间的友情，感悟生命价值的实现这一核心主题。

（二）教学准备

PPT

（三）教学过程

1. 自由分享，交流感受

师：同学们，近期我们共读了《夏洛的网》这本书。你能用一句话或者一个词来形容一下这个故事吗？

预设：这是一个感人的故事；这是一个深刻的故事；伟大的友谊。

小结：看来，每个同学阅读的感受都是不一样的。这堂课我们一起再来聊聊这本书。

2. 运用工具，梳理故事

（1）梳理情节

师：我们在读一本书的时候，要留意什么？

预设：有什么人物，干了什么事，故事讲述了什么道理。

小结：在一个故事中，人物很重要，情节很重要，要告诉我们的道理也很重要。今天，我们一起聊一聊这些方面。

师：看目录，有22个章节。你最喜欢哪个部分或者哪章的内容？

生交流分享。

师：其实，老师也有很喜欢的章节。

出示文段：

黑暗笼罩了一切。……那声音说："我可以做你的朋友。我观察了你一整天了，我喜欢你。"

——《夏洛的网》P30

师：这是夏洛和威尔伯第一次相遇时的情景。夜晚黑暗笼罩，就像威尔伯此时此刻黑暗的心情。这应该是他一生中最糟糕的一天。就在它情绪低落、万分难过的时候，夏洛给了它希望，给了它极大的安慰。从这次对话开始，夏洛与威尔伯的交织便拉开了帷幕。你看，故事就是这样开始的。

运用工具：读完这个故事，我们都知道故事的主要事件是夏洛救威尔伯。夏洛是怎么救的呢？我们找到了蜘蛛夏洛织的几个字（先出示织的字）。你们看，这几个字被一条绳子连起来了（出示绳），这就是“情节绳”。

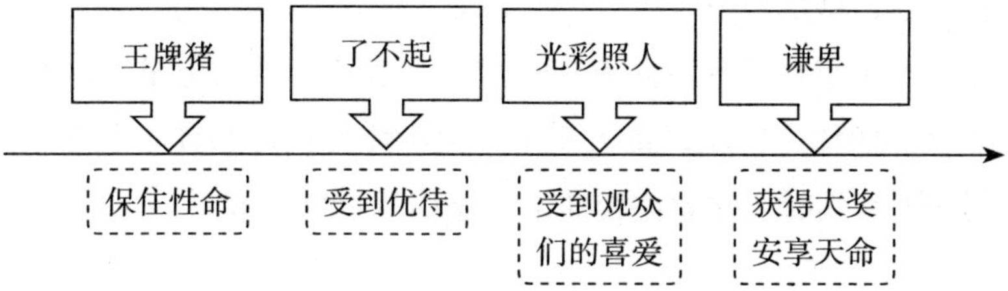

“情节绳”

师：发现没有，夏洛每一次织的字对威尔伯都有不同的影响！织到“王牌猪”的时候，威尔伯保住了性命（出示“保住性命”框）；你们看看，织到“了不起”“光彩照人”“谦卑”的时候，对威尔伯有什么影响？（学生一边说，PPT一边逐个出现绳下方的框）。夏洛织的字对威尔伯的评价一次比一次高，每一次，威尔伯都向着目标在努力。在这个过程中，威尔伯一步一步向更高的目标攀登。你看，为了让故事情节更直观，我们还可以把“情节绳”折一折，变成更贴合故事内容的“情节梯”。我们从“情节梯”中可以看到威尔伯的人生价值在一步一步地上升。

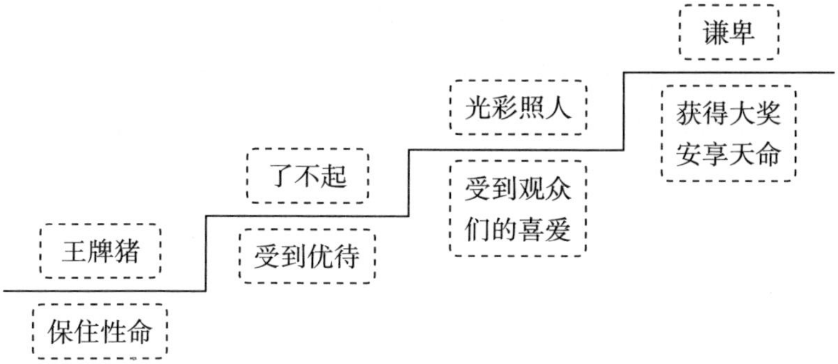

“情节梯”

小结：同学们，运用这些工具，可以把我们看不见的思考变成看得见的视图。在我们以后的阅读中，要多用这种方法。夏洛织的“字”只是其中的一条线索。其实，梳理故事情节的线索还有很多，比如可以以地点为线索梳理，等等。课下你们可以尝试一下。

（2）梳理人物

师：同学们，故事的发展是由人物带动的，《夏洛的网》这个故事是由哪些人物带动的呢?

生：威尔伯、夏洛……

师：在这本书目录的前一页有一个“人物表”，上面记录了这本书中的11个人物。如果都像你这样说，也太多了，记不住呀！我们有一个方法，用人物气泡图。制作气泡图时要注意内容简洁，比如威尔伯气泡图：

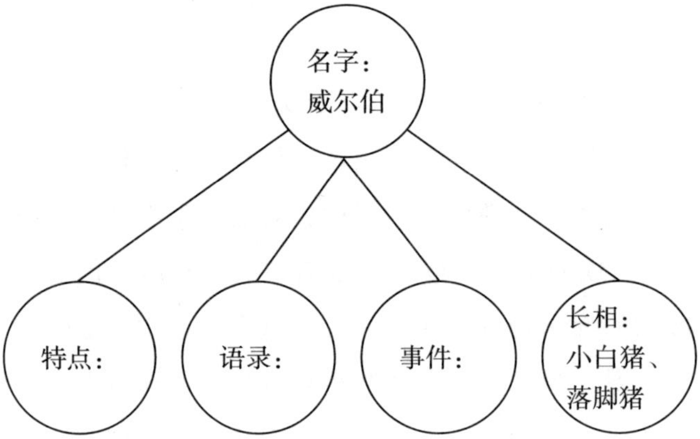

人物气泡图

试着搜集关于威尔伯的语录和信息，把气泡图补充完整！

师：除了气泡图以外，还可以用人物名片的方式来梳理人物。人物名片的好处是既可以单独记录一个人物，也可以把不同的人物列举出来进行横向对比。

人物名片

名字	
长相	
特点	
语录	
事件	

3. 深入理解，感悟主题

师：这节课，我们梳理了人物、情节，对整个故事有了更清晰的感知。你从这个故事中读到了什么?

预设：对生命的尊重、对生命的冷漠、生命平等……

引导：其实你们说的都没有错，一个故事的主题可以是非常丰富的，每一个人对故事的理解是不一样的。阅读角度不同，阅读收获就不同。这也是我们阅读这本书的意义所在，我们在交流中可以获得更多感受。

师：夏洛为了挽救威尔伯的性命，不顾牺牲自己的生命，日日夜夜地付出，可是它没有一句怨言。一句“你一直是我的朋友”就是对友情最好的承诺！威尔伯信守诺言，在夏洛死后守护着夏洛的卵袋，直至孵出小蜘蛛。深厚的友谊需要彼此牵挂、彼此付出。最后，我们再次回味一下《最后一天》当中二人的经典对话。

出示文段：

“你为什么为我做这一切呢？”“……不过你救了我，夏洛，我很高兴为你献出生命——我真心愿意。”

师：读完他们的对话，你有什么感受?

预设：他们的友情很深，愿意为对方付出生命；

我觉得夏洛说得很好，它懂得让生命变得有意义。

师：威尔伯原本是一只迷茫、充满恐惧的小猪，随着夏洛给它织字，它确定了自己一步一步的人生小目标，威尔伯也脚踏实地一步一步提升了自己的生命价值。像这种多主题的书，会告诉我们很多个道理。而这本书，主要告诉我们一个道理——要实现生命价值!

结语：

今天的交流课，我们交流了阅读感受，梳理了故事情节和人物，还深入交流探讨了这本书的主题。这果然是一本非看不可的书！其实啊，2006年的时候这部童话故事就已经被拍成了电影。有兴趣的同学可以上网找来看看，试着发现电影和文字故事的不同之处。除了电影之外，你还可以找出怀特先生的其他书来读一读，比如童话故事《精灵鼠小弟》和《吹小号的天鹅》。

越简单　越快乐

——《佐贺的超级阿嬷》教学工作坊

工作坊地点：澳门城市大学

工作坊成员：澳门小学语文教师

教学实践课例：林　艳（珠海市香洲区第四小学）

郑智伶（澳门培正中学）

徐飞飞老师澳门整本书阅读工作坊现场

工作坊导师：徐飞飞（珠海市香洲区整本书阅读课程项目组核心成员，香洲区学科带头人，获广东省小学语文教师素养大赛特等奖，赴北京、西安、澳门及广东省内多地市开展整本书阅读教学及讲座）

工作坊专家：吴希华（珠海市香洲区整本书阅读课程项目负责人，香洲区教师发展中心小学教研部主任，小学语文教研员）

第一节　书册背景

【内容概述】

广岛原子弹爆炸后，昭广（岛田洋七）的父亲只身“回广岛看看”，却因受到核辐射而过世。因无法兼顾工作和照顾昭广，母亲只好将年仅八岁的昭广寄养在佐贺乡下的外婆家。虽然极度艰苦，乐观智慧的外婆却总有神奇的办法让日子过下去，让生活充满阳光、欢笑和创意！昭广在这样的氛围下健康成长！这本书感动了无数人，也引起了每一个读者的深思……

【文学地位】

《佐贺的超级阿嬷》出版后，引起极大反响，经《窗边的小豆豆》作者黑柳彻子专访推荐后，更是造成轰动。此后，随着超级阿嬷系列作品的陆续出版，近700万册的销量创造了日本图书界的奇迹。“佐贺阿嬷”的故事迅速从日本传到亚洲各地。

岛田洋七是日本著名的漫才（相声）师，职业的特点使他的行文风格轻松风趣，处处留有令人忍俊不禁的小细节。就是这本书，读着读着，让我们笑了，笑着笑着，又忍不住泪光点点。今天，全世界各地都有岛田洋七的读者，让他闻名于世的正是这样一部作品，或者说是作品背后的生活方式和态度。

【教学价值】

《佐贺的超级阿嬷》最大的特点是真实，真实得仿佛那个叫昭广的孩子就在我们身边。这本书里藏着每一个70后或是80后的童年，那时候的我们，贫穷而简单；那时候的我们，简单而快乐。这本书最大的教学价值在于引导学生去了解和探究一种乐观向上的生活态度，我们没办法选择生存的环境，但是我们可以选择如何生活。

（一）感受一种人生态度

全书最大的特色是传递一种积极向上的人生观，对人、对事、对环境都持有的乐观豁达的态度。一个人的出生、处境并不是自己能主导的，但善良、乐观、坚强的生活态度可以改变人的心境，让我们更加幸福。这些人生态度，也是《佐贺的超级阿嬷》向所有读者传达的。

（二）学会一种思维方式

“真正的体贴是让人觉察不到的。”这是外婆曾经说过的话，也是本书中所表达的一种独特的“思维方式”。用这样的方式来待人、自洽，是我们在教学中应珍视的主题，也是最大的教学价值所在。书中这样特别的思维方式还有很多，比如“成绩单上只要不是零就好了。一分两分的，加在一起就有五分啦！人生就是总和力！”正因这样多角度地思考问题，才让很多困扰我们的人生难题得以解决，才让我们可以很平静、放松地面对生活中的一切苦和难。

（三）积累一种阅读策略

在指导本书阅读中，最主要的阅读策略可以使用联系策略，让学生不断地根据阅读联结自身，为自己面对问题时寻找解决方法和精神力量；也可以使用找出重点策略，将佐贺外婆的人生态度和生活智慧提炼出来，并形成核心话题交流讨论，还可以根据每一章节的题目来梳理情节，教会学生运用阅读策略提高自己的阅读能力。

［日］島田洋七
陈宝莲　译
出版社：南海出版公司

《佐贺的超级阿嬷》书册封面

第二节 教学内容

一、作品解读

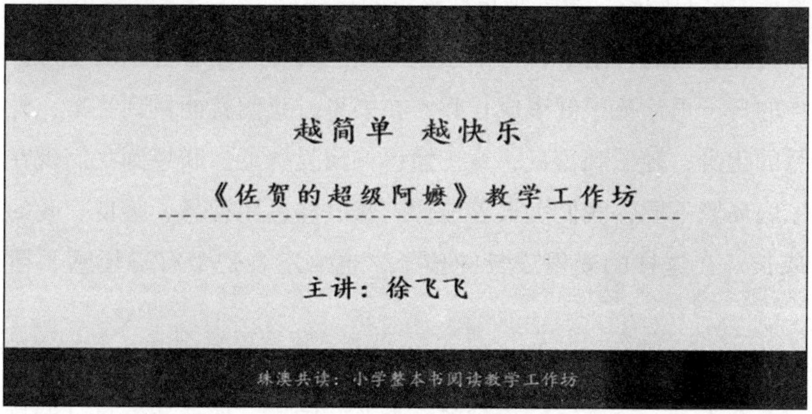

《佐贺的超级阿嬷》教学内容（一）

日本著名的儿童文学家柳田邦男曾说过："人的一辈子有三次读童书的机会，第一次是自己是孩子的时候，第二次是自己抚养孩子的时候，第三次是生命即将落幕，面对衰老、疾苦、死亡的时候，我们都会出乎意料地从童书中读到许多可以称之为新发现的深刻意义。"真正伟大的童书是值得反复研读的，在人生的每一个阶段它都会给人新的启示、思考和意义，这一本《佐贺的超级阿嬷》就值得我们一读再读。

初读这本书时，我把着眼点放在了阿嬷是怎样过苦日子上，再读时，我则有了更多的思考。这本书写的人和事就是作者真实的经历，这份真实不光是事件本身，还在于它真实而深刻的社会背景：第二次世界大战刚刚结束，战后的日本一片瓦砾废墟，人们的生活极度贫困。而主人公昭广，一个年少失怙，母亲又不在身边，经济还极度贫乏的孩子，面对这样的苦难甚至是灾难，他该如何应对？我们先来看看这本书中所提及的人物：昭广的父亲，因为对广岛的家的惦记，只身一人回家看看，结果被辐射得原子病而离世，能为了家而冒险，这是一份责任；昭广的母亲为什么拼命挣钱，把孩子送到外婆那里，是怕自己的生存环境影响孩子，这也是一份责任；外婆每天都要用尽脑筋让孩子有饭吃，且从不抱怨，用自己对生活的态度和智慧去爱外孙，言传身教，这更是一份责任。在这本书中，有太多懂得负责任、有担当的人，所以才让我们在阅读每一个故事，认识每一个人时会心一笑，暖意融融，才会让我们暂时忘了那段岁月中的困难和艰辛。这本书让我们明白，当我们面对苦难时，该如何去应对。咬紧牙关挺起胸膛，笑着承担你该负的责任！

在当时社会大的背景下，每个家庭都在经历和承受着苦难的岁月，那么如何在这样的日子里让孩子健康成长呢？在书里，我们就能找到答案：外婆就是一个智慧的化身，她乐观善良，真正懂得如何爱孩子。联想到我们现在，每个孩子的家庭环境不同，我们大人若能像阿嬷一样，用智慧、善良、爱的方式引导孩子成长，在这样的爱里成长的孩子，也一定会是个有责任感、精神丰盈的人。

其实，昭广的成长中不只有阿嬷一个人，还有老师们、邻居们和伙伴们等等，由一个个人到一个个家庭再到整个社会、国家，作者透过自己的故事在传达建立一种健康社会的方式。

那么我们的学生们，他们在这样一个年龄段，阅读时需要理解得这样深刻吗？或许不用，还是那句话，伟大的童书值得我们在一生中反复研读，学生们在阅读时，负责感动负责笑就好了，他们如果能和“阿嬷”一样成为会过日子的人，那就是最大的惊喜，这“会过日子”，可是对一个人极高的评价，也是一个家庭的幸福密码。一个人能乐观、积极、有清晰目标地去打理自己的生活，能运用巧妙的方法、动用智慧去让日子有滋有味，这是一种高级的人生，也是一个家庭的幸福之源。就像人们常说的，“好看的皮囊千篇一律，有趣的灵魂万里挑一”。阿嬷，就是拥有这样有趣灵魂的人。

二、整体课程设计

《佐贺的超级阿嬷》课程设计

教学阶段	内容	教学资源
导读课	1.了解作者背景 2.分享精彩片段，激发学生阅读兴趣 3.预测学生可能会遇到的阅读障碍 4.提出一些关键性线索，指导学生阅读	章节文本
推进课	1.梳理人物 2.梳理情节（可视化思维工具） 3.探讨主题：人生态度、生活的智慧、真正的体贴	阅读单
交流课	1.谈阅读感受 2.分享阅读成果 （情节绳、人物关系图、读后感等）	章节文本、学生作品
成果分享课	1.学生的阅读单分享 2.表达训练 3.观看相关改编电影	相关改编电影 学生完成的阅读单

三、教学重点

（一）人生的态度

1.“笑着活下去”

引导学生关注“笑”这个字的含义，“笑”不是咬牙的隐忍，是真的开朗地面对一切。书中的一段话就说明了笑的重要性：

“要带着笑容，好好跟人打招呼。穷人最能做的，就是展露笑容。”

因此我便留心要带着笑容，很精神地和邻居打招呼。

外婆总是说：“你一笑，旁边的人也跟着笑了。”

在那样的时代，每个人的日子都很清贫，能笑对生活、笑对每个人，阿嬷是用言传身教来传达一种积极向上的人生态度。

2. 人生就是总和力

这是每个读者在阅读这本书后记忆最深刻的片段，也是我们应该将其列为一个教学点的内容。这段话让我们看到了一个深刻而目光长远的长者。

成绩到底是好是坏，每个人的看法可真是大不相同。

我对外婆说：“对不起，都是一分或两分。”

她笑着说：“不要紧，不要紧，一分两分的，加起来，就有五分啦。”

我问：“不同科目的成绩也能加在一起吗？”

这回，她严肃而果断地说：

“人生就是总和力！”

在精读这段内容时，可能会有学生提出“外婆是不是溺爱自己的外孙，所以才找出这个总和力为借口的”或者是“外婆是不是不看重学习，不关心外孙的前途”等疑惑，教师可以对比前面的片段，如昭广刚到外婆家时，外婆就教他做饭，自己照顾自己；也可以联系之后的内容，如外婆在得知昭广被有名的学校录取时忍住不舍让昭广安心求学，帮助学生感知外婆对外孙的爱一直是让其独立、乐观。外婆家境贫寒，有时连饭都有上顿没下顿，但依然让昭广读书，让昭广按自己想要的方式过活，让昭广拥有属于自己的人生。外婆的“人生总和力”是从更长远的角度看问题，人生中的所有付出、所有失误都会积累成财富，人生的所有收获、所有快乐也会积累成幸福。

3. 对贫穷的态度

《佐贺的超级阿嬷》中，最令人动容的就是在于阿嬷对待贫穷的态度。我们在阅读中，没有感受到太多的凄苦和艰辛，因为阿嬷一直让我们相信，贫穷并没有什么，“穷有两种：穷得消沉和穷得开朗。我们家是穷得开朗。而且啊，我们跟由富变穷的人不一样，你不用担心，要有自信。因为我们家的祖先可世世代代都是穷人……”。在风趣幽默中，将自信乐观的种子种在了昭广的心田，阿嬷的人生态度，值得我们所有人学习和称赞。

（二）生活的智慧

1. 节俭而不吝啬

在和学生一起精读时，阿嬷在生活中运用很多方式节约资源是一个重要教学点。为了引导学生理解阿嬷的“节约”与“吝啬”是不同的，我使用“T”型对比图将它清晰地呈现出来。

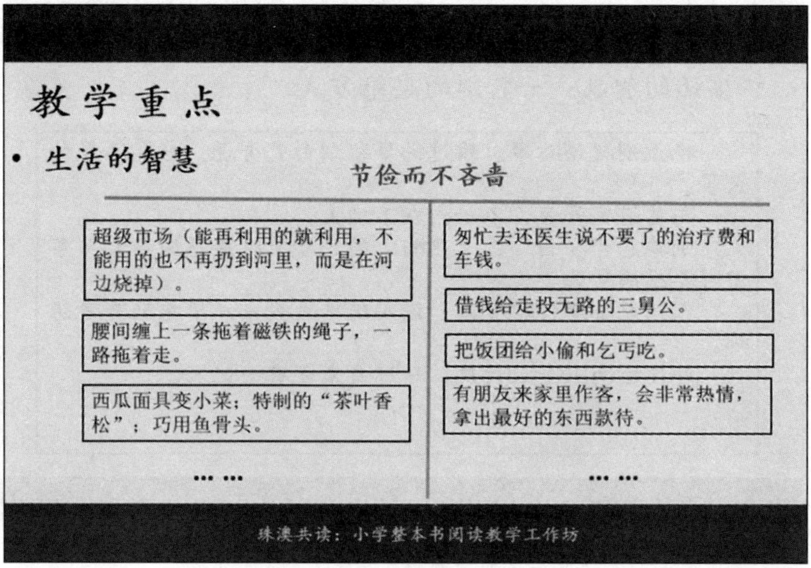

《佐贺的超级阿嬷》教学内容（二）

引导学生发现，阿嬷的“节俭”是一种生活的智慧，这里既有对资源的节约、环境的保护，还有对穷苦人的善良和大爱，进一步深化人物形象。教会学生使用“T”型图进行对比，发现人物的特点、挖掘人物的内在精神，这是一种非常有效的方法。

2. 特别的思维方式

阿嬷最让人佩服的是她的思维方式，其实在这样的思维方式之中，也同样包含着她的智慧和人生态度。

晚上别提伤心事。难过的事留到白天再说，也就不算什么了。

与其讲究外表，不如内在下功夫。

别抱怨“冷啊”“热啊”的！夏天时要感谢冬天，冬天时要感谢夏天。

人到死都要怀抱梦想！没实现也没关系，毕竟只是梦想嘛。

即使被两三个人讨厌，转过身来还有一亿人。

就是这样的思维方式影响着她的子女们，所以我们也看到了昭广母亲能坚强地面对独自一人抚养两个孩子的状况，昭广也能一直阳光而自信地成长。所以有人说：“将日常生活过成诗，是日本人的天赋。”

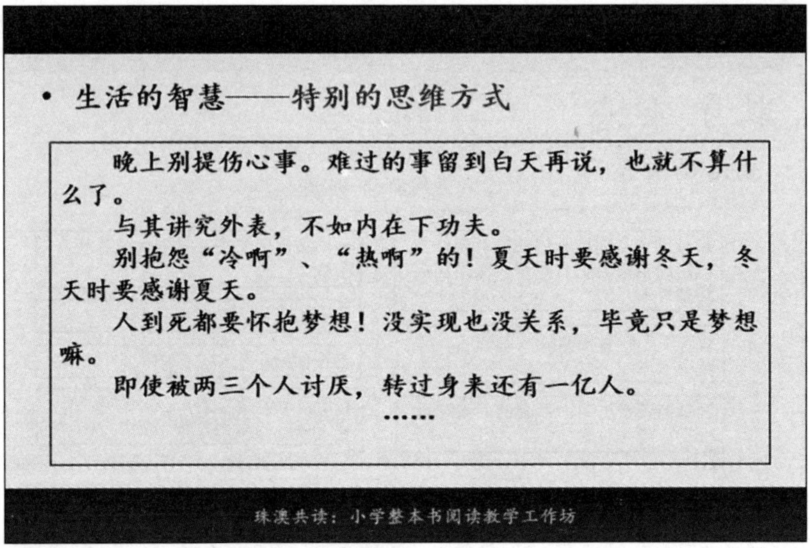

《佐贺的超级阿嬷》教学内容（三）

3. 真正的体贴

在《佐贺的超级阿嬷》中，我们不光看到阿嬷一个人的温暖，也看到了一群人的温暖，众人聚集起来的阳光让那个特别的时期也充满了温度和希望。

百分作文——昭广的学校布置了一个作文，题目是“我的父亲”，昭广因为出生后没有见过父亲，就如实地写了“我不知道”，这四个字为他赢得了一百分。

捏碎的豆腐——阿嬷最爱吃豆腐，豆腐也是她唯一肯花钱去买来吃的食物，但是豆腐十元钱，对于阿嬷来讲太奢侈了，所以就会买破碎了的半价豆腐。一次，昭广去买，结果店里没有破了的豆腐，失望之余，他发现老板故意把豆腐捏碎，半价卖给了外婆。在那个特殊时期，大家都不容易，卖豆腐是小本生意，老板当然希望多赚钱，可是面对爱吃豆腐又舍不得买的阿嬷，老板这样的做法太让人为之动容了。也许阿嬷不知道，也许阿嬷早就知道。怜悯与施舍，我们可以拒绝，但这样的体贴，谁会不爱呢?

老师肚子疼——昭广的便当永远是素菜白米饭，即使是在他大放光彩的运动会上，也不例外。当他默默地在教室里打开便当盒时，老师走了进来，说自己肚子疼，正好需要他便当里的梅子和甜姜，于是昭广便和老师交换了便当，享受了一顿“豪华大餐”。老师的体贴在于让孩子在平等里享受温暖，在爱和自信里成长。

什么时候还都行——阿嬷也把这种体贴带给别人。三郎舅公来外婆家时，总是拎着一个大包袱，里面是给别人缝好的衣服，也意味着月底可以拿到一点薪酬。“先借我五千元，我月底就还。”三舅公向外婆借钱，对于一个连十元钱豆腐都不买的外婆来说，不当一回事地拿出五千元钱，告诉三郎舅公，“什么时候还都行”。

还有许许多多的“体贴”，有的来自亲人，有的来自老师、同学，还有的来自邻居或是陌生人。这许许多多的体贴形成了一种力量，也让人有勇气面对一切困难，永怀希望！

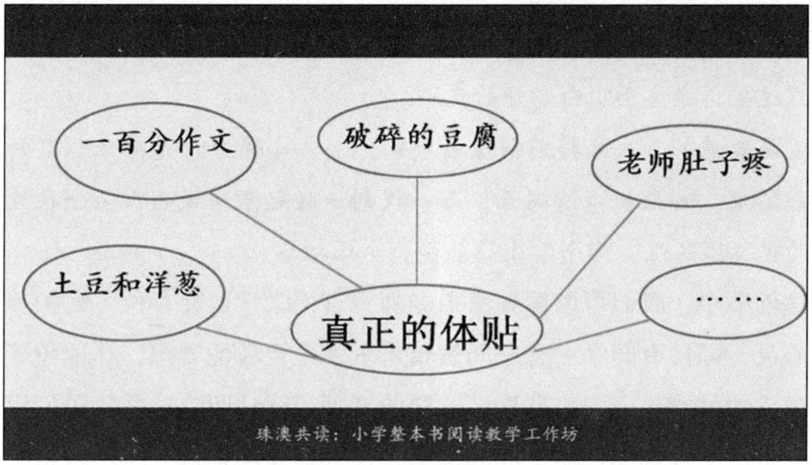

《佐贺的超级阿嬷》教学内容（四）

（三）德永的老师们

这是本书中的又一个教学重点，指导学生去发现昭广老师们身上的特点和共性，从而探究主题。

（1）运动会盒饭的故事——在上面“真正的体贴”中已有描述，这里不再赘述。

（2）别去找小偷——讲述的是田中老师不让我们调查到底是谁拿了车票和钱的事。

在别校举行的比赛结束后，我比那些亢奋情绪未消、七嘴八舌喧闹的队友早一步回到学校教室。但是打开置物柜一看，云广岛的特快列车车票和两千元现金不见了。

“老师，我的车票和两千元不见了。”

我报告田中老师，他立刻带我到办公室，从自己的皮夹里拿出五千元给我。

“拿去用吧。”

“啊？”

“不要紧，快去你母亲那里。”

“可是，我非找到小偷不可。”

虽然我很想马上去广岛，但也不能给老师添麻烦，而且如果不打到小偷，拿回火车票和现金，我不甘心。

田中老师严肃但平静地说：

“德永，别去找小偷，如果找到了，他不就成了罪人吗？”

听到这里，我终于明白老师的意思。

教室是锁着的，我又提前嚷嚷着要回广岛。小偷或许是棒球队里的人，当然也可能不是。如果把事情闹开，万一找到一时起意偷钱的人……在这个凝聚力超强的体育团队里，那个学生的处境将会很难堪。

从这件事中，我们可以看到田中老师一直把学生放在首位，呵护着每一个孩子的心灵，即使有同学一念之间做错了事，也要替他着想，让他免于被集体排斥和孤立的处境。正因为有许多这样的老师，才让昭广这些孩子们没有因为家庭、经济、个性等而产生负面的情绪，让大家安然地成长。还是这个田中老师，在最后一次运动会上，因为昭广的母亲总算能来现场为孩子加油，田中老师替昭广高兴得落泪，多么真实可爱的老师，多么真挚温暖的情感。

（3）谈恋爱的老师——调皮的昭广因为发现了理化老师和音乐老师在谈恋爱，就恶作剧地在黑板上涂鸦，后来又升级为用雕刻刀在黑板上刻情人伞，惹得理化老师非常气愤，昭广也因此而赔了学校一块黑板。

我们看到了这么多的老师，他们各具特点，作者用“难以忘怀”来表达对老师们的感恩和怀念。在阅读中，我们可以引导学生用可视化工具先梳理出老师的特点，再发现老师们身上的可贵品质。

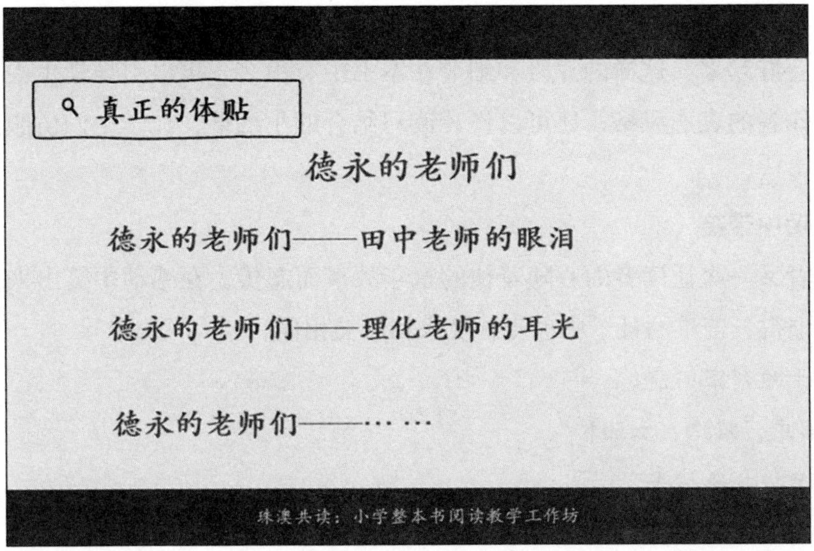

《佐贺的超级阿嬷》教学内容（五）

（四）写作风格

1. 笑中带泪

这本书读着读着，就笑了出来，笑着笑着，就眼含热泪了。我们来看看这一段描写：

“大妈，自来水费三个月没缴了。”

外婆听了，一副有点困难的表情，看到在一边的我，立刻假装不知道地说：

“昭广，最近两三个月都没喝水吧？”

我只能点头，心里却想：“怎么可能？”

可是收钱的大叔就大笑说：

“哦，那我下个月再来。”

他很干脆地回去了。

大叔走后，我对外婆说：

“三个月没喝水，你当我是蜥蜴吗？”

外婆眼眶泛着泪光继续笑……

外婆没有去恳求收水费的大叔，没有表现出任何困难和可怜，一如既往地用风趣来解决问题，难得的是收水费的大叔也理解。这里面有两层内容，一是外婆的为人一直受所有人的尊重和信任，所以大家都不想让外婆为难；还有一层是收水费的大叔的体贴，他选择用这样的方式告诉外婆，别为难，没关系，一切都会好起来。这样的片段和细节在本书中有很多，可以引导学生去发现，并总结作者的表达风格，还可以设计读写结合的小练笔，让学生们仿照这种写法训练表达。

2. 泪中带笑

作者又一次让读者的心随着他的童年故事而起伏，在感动中笑出来，让我们时刻记得，苦难的日子中也要有欢乐和微笑相伴。

终于跑到家门前。

“昭广，昭广，加油！”

母亲拼命地挥手。

我向母亲大喊：

“妈，我很快！我读书不行，可是跑得很快！”

母亲哽咽着回答：

“你的腿像妈妈，脑子像爸爸！”

读这一段时，我的头脑中一直会有一个画面，一个小男孩满头是汗，还在拼命努力地奔跑，因为他要证明给妈妈看，自己会成为她的骄傲。多么感动的画面，但在结尾处，忽然就变成了喜剧，“你的腿像妈妈，脑子像爸爸”，让我们不禁开怀一笑，也许这就是作者能成为漫才家的原因吧！其实生活中我们不也是这样？当自家孩子有出众之处时，一定会强调，随我！哪怕是个双眼皮，也要和孩子爸爸争论一下：“多悬，孩子随了我，是双眼皮，还好没像你。”就是这样生活化的写作风格，使这本书获得了千千万万人的喜欢，也让千千万万个读者在书中找到了自己。

（五）主题交流

在核心话题讨论中，本书中可以选择的话题很多，我选择了三个供教师们参考：

（1）书中的人生态度

（2）阿嬷的生活智慧

（3）与人相处，什么才是真正的体贴？

这些话题在上面的教学重点中都有体现，可以指导学生在发表自己观点的时候做到“言之有据”，找到书中的片段来谈，联系自己的阅读积累来谈，结合自己的生活经验来谈，都是可以的。核心话题的讨论是多元而开放的，有利于学生提取信息、整合信息并形成自己的观点。

（六）创意写作

本书中读写的结合点也比较多，教师们在设计创意写作时可以使切口小一些，保证学生们有话可写。

创意写作设计举例：

长大后的昭广想写封信给阿嬷，他可能会回忆和阿嬷在一起的美好时光，也可能会跟阿嬷诉说，没有她在的日子里，他是如何学着用乐观和智慧面对生活中遇到的困难的，发挥想象，完成这封信吧！

创设这样的情境，让学生既要联系书中昭广的性格以及阿嬷对他的影响，又要发挥想象或是查找资料，把昭广长大后所遇到的重要事情描述出来。

在设计读写结合题目时，也要遵循这样的原则：要符合原作品中人物的性格特点；要遵循原故事中的写作风格或故事发展思路。这样才会让学生们在阅读中汲取更多的营养，也能在写作方面有更大的进步。

四、阅读单的设计

在高年段的整本书阅读中，为了让学生们有更好的阅读指引，通常会设计阅读单。阅读单的目的是更好地辅助整本书阅读交流课中学生交流的深度和广度，也能为学生阅读留下思考和思维发展的痕迹。

对于本书的阅读单，我是从几个方面有层次地设计的。

1. 故事串——梳理整本书内容

高年段的训练重点是能简洁准确地概括一件事，如何概括，可以用这本书中的一个又一个小故事指导学生训练概括能力。阅读单的第一个小任务就是故事串，让学生们参考目录，用“时间+地点+人物+事件关键词”的方式概括昭广童年的主要事件，给学生搭建概括支架。

2. 快乐语录集——收集阿嬷的金句子

本书中最令人难忘的是阿嬷对人对事的一些态度，并产生了许多风趣而有哲理的金句子，如“游泳不是靠泳裤，靠的是实力”“让人察觉不到的关怀，才是真正的体贴”等等。让学生们去寻找并记录这些金句子，也是让他们对书中所表达的积极乐观的人生态度再次深入理解和记忆，更是对主题的再一次联结。后面再让学生们尝试自己创作金句子来表达对生活、对学习的态度，层层深入。

3. 人物关键词

本书中有许多个性鲜明的角色，让学生用表格的方式对人物的特点进行梳理，并且指导学生，当找到人物关键词时，需要从书中去寻找依据。从人物到情节再到主题，是学生们在整本书阅读时思维的发展过程，也是我们用巧妙的方式引导学生一步步发现主题、获得精神成长的过程。

4. 与个体生命的联结

阅读的最大意义在于通过阅读，达到与书中人物命运有共同的联结和成长，收获心灵的慰藉和力量。这本书也是如此。在设计阅读单时，教师们可以以联结为主题，如：可以让学生们通过阅读，思考在实际生活中收获的“真正的体贴”，从而明白如何珍惜这份体贴及如何体贴别人。

五、拓展阅读

（一）对比阅读

描写生活中的智慧和对待人生的态度的经典作品有很多。推荐一本图画书《市场街的下一站》给教师们，可以让学生们进行对比阅读。《市场街的下一站》是2016年世界少儿文学顶级大奖纽伯瑞金奖和凯迪克银奖同时授予的绘本，这个绘本一经问世，就让所有的家长尤其是中国家长心灵受到震撼。有意思的是，关于隔代养育，其实在美国并不是很普遍，关于这个主题的文学创作也是比较少的，但是这个绘本中的主人公小杰，在奶奶的陪伴下去发现和了解生活，去感受生活中的人和事，让人为之动容。小杰和奶奶都是底层社会的普通百姓，与佐贺的阿嬷一样，都是穷人，而且是开朗的穷人。一个下雨天，小杰跟着祖母，从教堂出发，去往市场街最后一站——爱心厨房（施舍食物给穷人的救助中心）做义工，爱心厨房仿佛是个温馨而美好的地方，但恐怕现实生活中，我们都不想沦落到要去爱心厨房解决温饱的地步。这里可能是个哀伤的地方，但是在小杰奶奶的智慧引领下，小杰爱上了这里。在去爱心厨房的一路上，他们登上了一辆巴士，巴士启程，一次温馨而触击灵魂之旅也开始了。

一位先生牵着一只斑点狗摸索着上了车。

小杰把位子让给了他。

“奶奶，为什么那个人看不见呢？”

“宝贝，你知道什么叫看见吗？”奶奶说，

“有些人是用耳朵来看世界的。”

“的确，鼻子也可以哦！”

那位男士一边说，一边深深地吸了口气。

“夫人，您今天擦的香水，味道很高雅。”

奶奶紧紧地握了一下他的手，

大声地笑了起来。

看到这里，你是否与我一样，在思考这样的一个问题：“谁是那个教你如何看世界的人？”如果在童年时代，有这样一位慈爱而智慧的奶奶带着你一起看这个美好的世界，该是多么的幸运和幸福啊！如果你没有，也没关系，我们还有书，当我们从书中阅读到这些睿智的长者所拥有的人生态度和生活智慧后，我们也会与其共同成长，且从中感受到幸福。

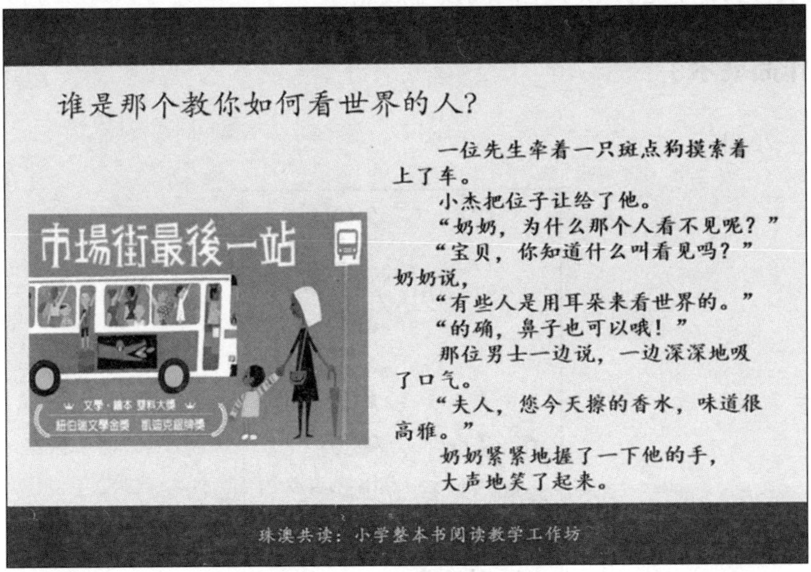

《佐贺的超级阿嬷》教学内容（六）

（二）跨界阅读

2006年，《佐贺的超级阿嬷》被搬上了荧幕，为千千万万喜欢这本书的读者带来原汁原味的影像画面。我们可以针对电影指导学生们进行跨界阅读，让学生发现，导演尊重原作，在哪些地方做了删减和突出，在哪些地方用了什么样的细节刻画出了人物的特点。再对比文本，表达出自己的看法。现在，很多经典的文学作品都被搬上荧幕或舞台，表演出来的情节结合了导演、编剧和演员独特的个人理解，属于二次创作，跨界阅读能帮助学生发现原作品和二次创作作品中的结合点和不同点，使其尝试多元理解文本的不同角度，对作品有更深入的解读。

第三节　研讨任务

【任务布置】

从情节、人物、主题三个方面，任选一个方面设计教学片段，汇报交流时要说明设计目标、意图和学生的阅读生成点。

【作品展示】

第一小组：

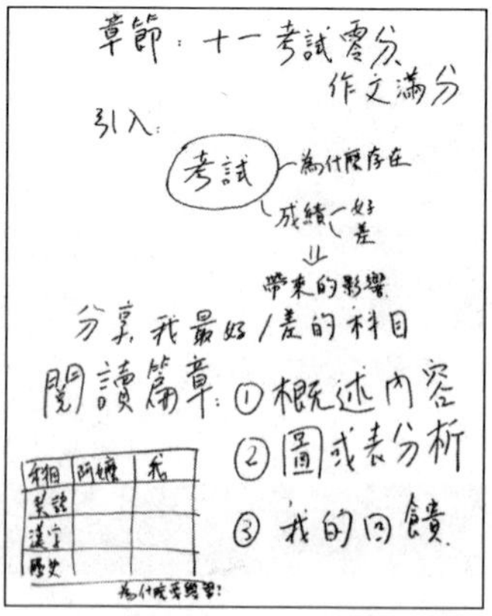

澳门学员小组作品展示（一）

作品讲解：我们小组是以情节这个方面来进行教学设计的，设计的是精读第十一章的教学片段。考试对每一个孩子来讲都不陌生，那么我们会联结学生自身对考试的感受进行导入，设计问题：“从本章题目上看，为什么昭广考试会得零分？考试的成绩会带来什么影响？作文满分可能是写什么主题的作文？在学习中，你最好（差）的科目是什么？你觉得你的成功秘诀（困惑）是什么？”第二个环节是静心阅读，并且要带着三个小任务去阅读：①概述本章内容；②利用情节格分析本章内容；③作为阅读者，你的阅读感受或阅读反馈是什么？

第二小组：

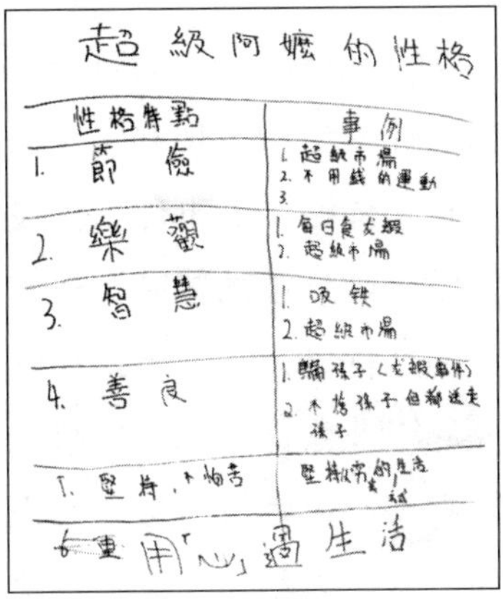

澳门学员小组作品展示（二）

作品讲解：我们小组是从“人物”这个方面去设计教学环节的，这个环节主要指导学生用列表格的方式梳理人物，概括人物的特点，并从文本中找到相应的事例来证明这一特点。阿嬷这一人物形象非常丰富，特点也很突出，我们试着从学生的角度预设了一些答案，比如找到阿嬷“节俭、乐观、智慧、善良、坚持”等特点，并相应地找到事例进行具体说明。梳理人物是为了更好地走进主题，所以最后我们也会引导学生通过人物发现“用心过生活”这个主题。

第三小组：

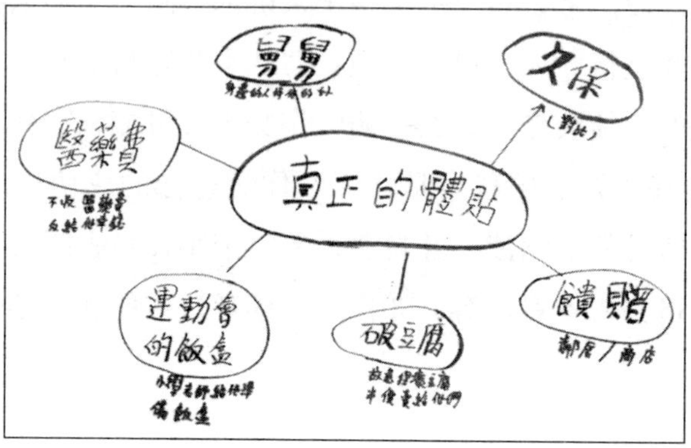

澳门学员小组作品展示（三）

作品讲解：我们小组是从“主题——真正的体贴”这个方面去设计教学环节的，图示比较简单，但是让学生们发现和关注的教学点很多。首先用气泡图的方式让学生们去发现“真正体贴”的事件，预设他们可能会找到图中这几件事，当然图中也没有写完整。“真正的体贴”还有很多事，在这里，让学生们特别关注的就是关于久保的这件事，我们特地用红色标注，久保因家里妈妈生病住院，没有钱和大家一起毕业旅行，我们用打工赚来的钱想让久保一起参加，结果久保还是没有去，大家都很生气，最后发现久保用大家给他的钱为棒球队买新的装备时突然发现，这份体贴是大家强加给久保的，并不是“真正的体贴”，昭广后悔不已，大哭道歉。这件事也会让学生发现，当我们身边的人需要帮助时，我们应该怎样施以援手，才会让对方感到舒服。

【导师点评】

澳门学员现场互动交流

以上三个小组分别从情节、人物和主题三个方面展开教学，抓住了重要的教学点，也将阅读方法和策略渗透其中，值得我们在真正的整本书阅读教学中推广和应用。从小组们的汇报中，我们也可喜地看到，教师们掌握了整本书阅读指导的核心，以情节、人物为底，指向主题，三者成金字塔形，相互关联、相互促进。也希望教师们在整本书阅读教学中探索出更多的方法和创意。

第四节　教学实践

【阅读课型】

《佐贺的超级阿嬷》导读课

【执教教师】

林　艳（珠海市香洲区第四小学）
郑智伶（澳门培正中学）

珠海市香洲区第四小学林艳老师课堂教学实践

澳门培正中学郑智伶老师课堂教学实践

【教学设计】

《佐贺的超级阿嬷》导读课教学设计

（一）教学目标

（1）通过联结日常累积、预测等方法激发学生阅读的兴趣。

（2）了解《佐贺的超级阿嬷》的作者及创作背景，提供一些阅读方法，为学生的持续阅读做好铺垫。

（二）课时安排

1课时

（三）教学过程

1. 聊书入题

出示：“世界上最可怕的事情，莫过于有眼睛却发现不了美，有耳朵却不会欣赏音乐，有心灵却无法理解什么是真。”

（1）同学们，你们还记得这是哪本书中的经典语句吗？（《窗边的小豆豆》）

（2）这本书让我们认识了一个怎样的女孩？

预设：生性好奇、好动、活泼的女孩。

（3）大家还记得这本书的作者吗？（黑柳彻子）这位日本作家非常了不起，她不仅以自己儿时的经历写成了20世纪最具影响力的图书之一——《窗边的小豆豆》，2001年还推荐了一本书——《佐贺的超级阿嬷》（出示书本图），这本书经黑柳彻子推荐后，持续三年位居各大畅销书排行榜前列，再现当年《窗边的小豆豆》口口相传、争相阅读的盛况。

（设计意图：用学生们熟悉的文本来联结，开启一段新的阅读之旅，在上课一开始就让学生有了阅读期待。）

2. 书册知识

（1）从封面中你获得了哪些信息？

预设：书名、作者、译者、出版社、出版时间、一幅图。

（2）解读书名“超级”的意思，什么样的人才能称为“超级”？

预设1：具有独特的才能或者是别人都不会的本领。

预设2：可能是阿嬷特别坚强，遇到困难总是有办法解决。

（3）指导从书籍的“前勒口”处获取作者和书籍信息。

① 作者岛田洋七，有没有同学了解？不了解，我们可以怎么办呢？

② 介绍书籍的“前勒口”（书的封面折进去的部分，上面有作者的简介及书籍的简单介绍）。

③ 作者简介（引出行文风格轻松风趣）。

④ 作品背景（引起学生对背景和行文风格的思考）。

⑤ 作品地位（激发学生阅读的兴趣）。

3. 关注插图，预测内容

同学们留意到这幅插图了吗？为什么要放这幅图呢？（和作品的主要人物有关）你能猜猜这些人物都是谁吗？要想印证自己是否猜对了，就去读读这本书吧。

（设计意图：用预测的方式让学生们有依据地对书的风格、内容以及所表达的主题进行猜测，这是整本书阅读导读课中比较有效、有趣的方式，也深受学生们的喜爱。在不知不觉中，激发了学生的阅读兴趣。）

4. 试读反馈

（1）关注目录

同学们刚阅读时，是直入第一章吗？为什么要关注目录呢？你从目录当中发现了什么？

预设：

① 目录是每一个小故事的关键词或主要内容。

② 目录可以帮助我们进行阅读监控和阅读规划。

③ 目录有助于我们更好地梳理故事的情节。

④ 目录为我们阅读作品做好了铺垫。

（2）关注前言

前言什么时候读才好？用处又是什么呢？

预设1：在阅读前读，让我们在读之前能深入了解作者的创作意图。

预设2：在阅读后读，结合我们的阅读，能更加深入地理解作者创作的每一个节点和情感主题。

小结：目录是一本书的缩影，前言是一本书的灵魂。走进文本时不能忽略目录和前言。但是读的时间段和读的方法因每个人的阅读习惯而不同，没有对与错，只有适合或不适合自己。

（设计意图：关注书册知识是这个学段正在进行整本书阅读的学生们必不可少的技能，能从书的构造和组成中学习阅读的关注点，学习如何选书，养成良好的阅读习惯。）

5. 读书妙招

（1）同学们，读了第一、二章，你们发现作品的特点了吗？

预设：由一个个篇幅短小的故事组成，语言简洁幽默，对话多。

读这种类型的作品，大家有哪些小妙招呢？

（2）故事串：把每个章节以“时间+地点+人物+干什么”的形式，进行概括串联。

（3）语录集：把作品中的精彩语句加以摘录和批注。

（4）人物树：找出作品中的主要人物及关键人物，进行评价并附上作品中的依据。

（设计意图：运用一些小的阅读方法，让一些在阅读上有畏难情绪或是对于之后的阅读单无从下手的学生们有了抓手，使学生在点滴之间将学到的方法内化成自己的能力。）

6. 课堂总结

这节课，我们一起走进了《佐贺的超级阿嬷》这本书，了解了这本书的作者、创作背景和大致风格，我们还在课上静心阅读了前两章。相信同学们已经迫不及待地要往下读了，现在，就让我们以这节课为阅读之旅的起点，用上林老师刚才教你们的方法接着阅读吧！愿你们一路上观赏到最美的风景，有更多的阅读收获。

《佐贺的超级阿嬷》交流课教学设计

（一）教学目标

（1）利用阅读小妙招，梳理文章内容。

（2）分享书中有生活哲理的语句，教会学生读懂人物经典语言的内涵。

（3）通过对全书主题的交流和讨论，促使学生形成积极乐观的人生态度。

（二）教学过程

活动一：分享故事串

（1）同学们都读完了《佐贺的超级阿嬷》，谈谈自己的“阅读初体验”吧。

预设：感动、幽默、精彩……

（2）这本书是由许多小故事组成的，大家在阅读时，已经在阅读单上进行了梳理，完成了“故事串”。现在，我们一起来分享一下吧！

小结：我们用故事串的方式，把作品中的一个个故事串联起来，这对了解文章的内容有很大的帮助，这么好的小妙招，大家在以后的阅读中可以多用用。书中这些有趣的故事，肯定让大家读得如痴如醉；书中出现的人物，也一定给大家留下了深刻的印象。

（设计意图：在导读课上给学生们介绍的阅读方法，在交流课中扎扎实实地进行使用，用这样的方式梳理整本书的情节和内容，也让学生学习有选择地提取关键事件。）

活动二：畅聊人物树

（1）书中有很多令人难忘的人物，如昭广、阿嬷、田中老师……，你最想聊聊谁呢？

① 昭广

懂事：每天做饭、提洗澡水、看了母亲写给阿嬷的信会难过、保护小新舅舅……

善良：帮助久保、照顾小新舅舅……

天真：热水袋事件、和小伙伴舔食糖果、绑磁铁绳、捡废弃物换钱买糖、显摆蜡笔、钉鞋和母亲的信……

乐观：学习跑步和棒球、在阿嬷家生活贫苦却感觉快乐、热水袋事件、笑着问好获得食物……

小结：在昭广的身上，大家是不是看到了自己？虽然大家的境遇不同，却总有相似的地方。

② 田中老师

爱学生：关心“我”、为“我”申请高中、保护偷东西的学生、看到母亲来看“我”比赛感动流泪。

教育方式独特：保护偷东西的学生、母亲看“我”比赛时鼓励我的话语。

小结：好的老师总是特别让人铭记，这位智慧的老师让人钦佩。

③ 阿嬷

节俭：西瓜皮事件、热水袋事件、买豆腐、“超级市场”、绑着磁铁绳走路、阻止“我”假期回广岛……

原则：注意自己和“我”的形象、借钱给三郎舅公、还钱给医生……

幽默：热水袋事件、让“我”不吃饭、帮“我”剪头发、盂兰盆节捡东西、怂恿“我”学跑步……

贴心：“我”看了母亲写给阿嬷的信，阿嬷留纸条和饭团、买钉鞋、不阻止“我”上广岛高中、不戳破“我”和女友离家出走……

智慧：“我”不会写《我的爸爸》、让“我”笑着打招呼、赔黑板、和“我”讨论学习、收水费、不指责“我”逃课打工、让“我”学做饭、让孩子做力所能及的家务活……

乐观：热水袋事件、贫穷理论、“超级市场”、废物利用……

……

小结：从大家的交流中，我们看到了一位“超级”阿嬷，她身上散发的闪光点，值得我们思索和学习。

④ 母亲

大家聊了书中许多特点突出的人物，老师也想聊一个人，她虽然出现不多，却也让人印象时刻，那就是“我”的妈妈。大家能回忆一下，书中的她什么时候出现过？（第一章送“我”回佐贺、第九章外婆和母亲、第十五章最后的运动会）

妈妈只出现了这几次，你们会觉得这不是个称职的母亲吗？为什么？

a. 作品的主角是阿嬷；

b. 母亲和年少的“我”相处不多，作者看到的爱更多的还是停留在物质上的满足；

c. 笔墨虽然不多，可在母亲身上，我们看到了阿嬷的幽默、勤劳、坚韧，这又何尝不是在写阿嬷呢？

小结：刚才我们聊了这么多的人物，如果用树的方式来设计，每一个人物都是树的一个枝干，而人物的特点和品质又可以成为这棵树的树叶。这就是人物树。同学们可以用这样的方式梳理人物，这是一个很好的方法。

（设计意图：用可视化思维工具让学生在梳理人物时做到清晰高效，有助于他们在今后的阅读中形成能力。）

（2）联结语录集。

同学们，刚才我们在分享人物时，仅仅用上了我们的阅读小妙招——人物树吗？其实我们也用上了——语录集，因为对人物形象的解读，肯定离不开人物做的事、说的话。

小结：这部作品里精彩的语句特别多，能让人笑，也让人泪目，有一些还没来得及分享的语句，大家可以课后继续交流。

（设计意图：在阅读中积累、摘录是深度阅读的必要方法之一，在教会学生关注人物语言和行为所表达的主题，将阅读引向更深处的同时，主题的揭示也就水到渠成了。）

活动三：感悟人生态度

在聊“我”的妈妈和“我”的形象时，我们都看到了阿嬷的影子，他们都有着阿嬷的坚韧、勤劳、乐观和幽默，你又从阿嬷身上或者从作品中学到了什么呢？

①“人生就是总和力”

② 换个角度想问题

③“笑着活下去”

……

小结：是呀，佐贺的超级阿嬷用她人生的智慧照耀着他的生命。我们也从中得到了很多对事、对人、对生活的感悟。这样一本书，留给我们的是永远也用不完的精神财富。这就是阅读的魅力！

活动四：拓展延伸

（1）推荐同名电影

正如“前勒口”中所说，这本书还被拍成了电影，推荐大家去观看同名电影，去感受超级阿嬷的魅力。

（2）推荐同系列作品

《幸福旅行箱》《超级阿嬷的信》《甲子园的梦想》

（3）读写结合训练

你的生活中，可能也有着像作品中的“我”一样虽然日常，却让人记忆深刻且深思的故事，只要你处处留心，就能找出许多动人的事件，可以把他们像作者这样记录下来。

课堂结语：“学之有法，读之有道”，希望同学们能用我们的阅读小妙招去读更多好的作品，总结出更多阅读方法，更希望你们能从阅读中，获得照亮人生的智慧阳光。

让孩子合理地想象

——《五个孩子和一个怪物》教学工作坊

工作坊地点：澳门城市大学

工作坊成员：澳门小学语文教师

教学实践课例：陈　露（珠海市香洲区第四小学）

徐飞飞老师澳门整本书阅读工作坊现场

工作坊导师：徐飞飞（珠海市香洲区整本书阅读课程项目组核心成员，香洲区学科带头人，获广东省小学语文教师素养大赛特等奖，赴北京、西安、澳门及广东省内多地市开展整本书阅读教学及讲座）

工作坊专家：吴希华（珠海市香洲区整本书阅读课程项目负责人，香洲区教师发展中心小学教研部主任，小学语文教研员）

第一节 书册背景

【内容概述】

《五个孩子和一个怪物》是现实生活中出现魔幻角色的开山之作。内斯比特的伟大之处在于她不是把现实中的孩子带入一个幻想的世界，而是把幻想世界的人物带入了孩子们的日常生活。一家人搬进了临海的新居，这家的四个孩子把在婴儿车里酣睡的小弟弟放在一边，在一望无垠的沙滩上挖开了。突然，他们挖到了一个怪物，一双蜗牛般凸起的眼睛，身上乱蓬蓬的毛像猴子一样。它自称“沙仙”。这个怪物不仅满口都是古时候的事儿，还有一种能当场把愿望变为现实的魔力。只是这魔力只能维持到太阳落山，孩子们就提出一个又一个愿望，有趣的故事也就一个又一个地登场了。最后，沙精再也没有出现……

【文学地位】

《五个孩子和一个怪物》的作者是英国作家伊迪丝·内斯比特。在西方，这是一个光芒万丈、家喻户晓的名字。这位儿童文学女作家的绝大部分作品都发表在19世纪和20世纪初，距今有一百多年的历史了。光阴荏苒，大浪淘沙，这部经典仍然在儿童文学的长河中熠熠生辉，也仍拥有世界各地的众多读者，这就是这本书的魔力，也是经典的力量。

内斯比特被认为是英国维多利亚和爱德华时代的“魔幻教母”，也是首位把幻想世界的人物带入孩子们日常生活的伟大作家，这样的先驱性作品影响了之后很多有名的作家。著名女作家J·K·罗琳就曾说过：“伊迪丝·内斯比特的作品一直是我行文风格临摹的对象，她笔下的童话故事永远是浩瀚无垠且趣味横生的神奇世界。”

本书的译者任溶溶，是我国著名翻译家，他翻译了大量外国儿童文学名著，有我们熟悉的《彼得·潘》《长袜子皮皮》《柳林风声》等。同时，他也是著名的儿童文学作家，童话集《“没头脑”和“不高兴”》是我们几代人童年的回忆。本着儿童文学作家的心灵相通，这本书也为我们最大限度地还原了作品的原汁原味儿，让我们得以从字里行间体会两位“最会讲故事的人”带来的美妙与精彩。

【教学价值】

（一）开启幻想小说的钥匙

小说，精彩之作有很多，但这本书绝对称得上是一个源头。透过这部作品，引导学生在源头处探寻，从而掌握一些阅读幻想小说的策略和方法，发现幻想文学的特点，让这本书成为开启幻想小说的钥匙。这是本书成为课程书进行阅读指导的重要价值。

（二）运用策略指导阅读

这本小说对于高年段的学生来讲，并不容易阅读。因为不容易，才更具有开展阅读指导的意义和价值。面对离自己生活较远的时代和地域，如何引导学生通过阅读策略的使用达到阅读目标，有更好的阅读收获，是教学的关键，也是重要的教学价值。

（三）体会丰富而有趣的想象

全书最大的特色是蕴含丰富而有趣的想象。以想象这个学生在表达和创作中的重点和难点为切口，安排和设计阅读活动，使学生感受作品中丰富想象背后的合理性和逻辑性。

（四）达到共同的精神成长

随着阅读的深入，学生们与书中的主人公共同成长，体会到在一个个愿望的实现与消失之间，亲情的温暖、勇敢的意义和善良的回报。故事中的五个孩子在成长，读故事的人也在成长。

作者：［英］伊迪丝·内斯比特

译者：华溶溶

出版社：广西师范大学出版社（2014版）

《五个孩子和一个怪物》书册封面

第二节　教学内容

一、整体课程设计

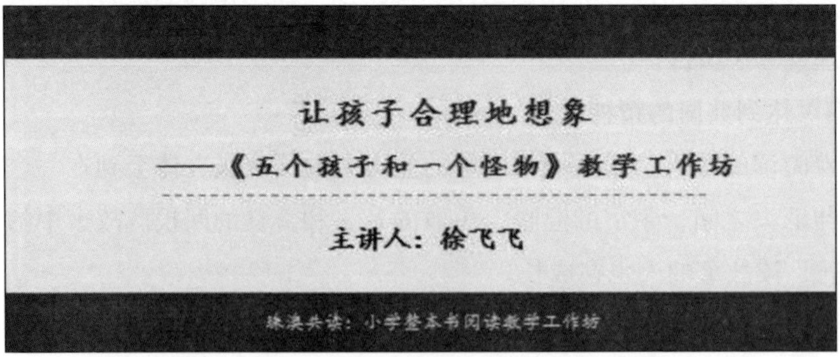

《五个孩子和一个怪物》教学内容（一）

（一）导读课

整本书导读课的目的是激发学生的阅读兴趣，为学生阅读做好准备，并解决学生可能会出现的一些阅读困难。在本书的导读课设计中，可以围绕以下几点进行设计。

1. 片段激趣

看书名《五个孩子和一个怪物》，学生的兴趣点大部分在“怪物”两个字上，那么这就可以成为学生阅读的一个兴趣点。教师在设计导读课时，可以根据“怪物”也就是“沙仙”出现时的片段来进行激趣，让学生产生浓厚的阅读兴趣。

这时候安西娅叫起来：“我不怕了，让我来挖。”她跪下来，开始像狗想起了骨头埋在什么地方似的，动手去扒拉沙子。

“噢，我摸到了毛，”她叫道，又哭又笑，“我真的摸到了！我摸到了！”

忽然沙里面响起一个干哑的声音，吓得大家连忙往后退，他们的心怦怦直跳，有多快跳多快。

……

孩子们围住这个洞站着，看他们发现的这个东西。这东西真值得看看。它的眼睛长在两只长角上，像蜗牛的眼睛，它能够把它们像望远镜那样缩进伸出；它有一双蝙蝠耳朵，那圆桶似的身子很像蜘蛛，上面布满粗粗的软毛；它的腿和手臂也毛茸茸的，手脚却像猴子。

这样的描写画面感极强，让学生们能发挥想象，根据文字在头脑中勾勒出“沙仙”的形象。当时，也会有学生直接看着封面，因为封面中有“沙仙”的形象，这时，教师可以相机让学生将图文结合起来思考：这个封面上的“沙仙”形象和作者描写的一致吗？还有一部分学生会找到封底中英文原版配图的“沙仙”形象，那就更值得教师们进一步引导学生发现了：到底哪个“沙仙”图片更符合作者的描写？

一个兴趣点可以引发学生一系列的发现、探究和思考，也让学生迫不及待地想赶快阅读，这就是导读课的最大意义。

同样的，在文本中找兴趣点这一过程也可以放手交给学生，用分角色读片段的方式激发学生的兴趣。孩子们刚刚发现“沙仙”这一段就很适合小组内分角色扮演活动。我们来看看原文：

就在这时候，安西娅忽然尖叫起来：“西里尔！过来！噢，快点来！它是活的！它要爬走了！快来！”

大家急忙赶过去。

“是只老鼠，我想错不了。”罗伯特说。

“爸爸说过，老鼠生活在古老的地方——这里一定很古老了，既然千万年前这里曾经是大海。”

“也许是蛇。”简发着抖说。

“让我们来看看，”西里尔说着跳到洞里，“我不怕蛇。我喜欢蛇。如果真是蛇，我要驯服它，它将跟着我到处走，夜里我要它盘着我的脖子睡觉。”

“不行，你不能这样做，”罗伯特斩钉截铁地说。他和西里尔合睡一个房间，“是只老鼠，你倒可以和它一起睡。”

“噢，别说傻话了！”安西娅说，“这不是老鼠，它要大得多。也不是蛇。它有脚，我看到脚了，它还有毛！不——不要用铲子铲。你会弄伤它的！你用手挖。”

“那倒会让它弄伤了我！很可能这样，对不对？”西里尔抓住铲子说。

“噢，不要！”安西娅说。“松鼠，不要。我……听上去虽然很傻，但它是说了话。一点不假，它说话了。”

在上面这个片段中，有书中最重要的四个孩子的语言、神态和动作描写，这样的角色扮演可以帮助学生初步把握人物的性格特点。教师在课堂中可以针对其中一个人物进行示范演读，这样收效会更好！

2. 作者激趣

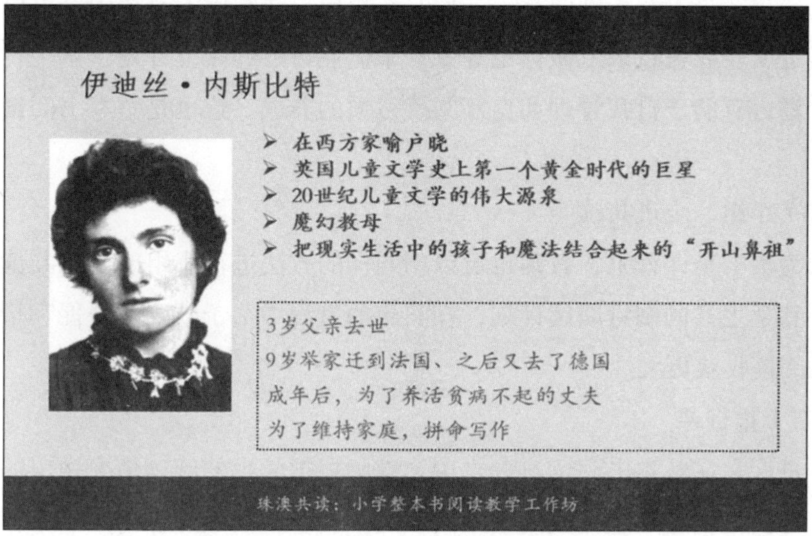

《五个孩子和一个怪物》教学内容（二）

利用对作者的介绍激发学生的阅读兴趣，是整本书阅读导读课里常用的方式。《五个孩子和一个怪物》的作者非常值得和学生们一起聊一聊。

在介绍作者伊迪丝·内斯比特时，可以从两个方面切入，以便于学生全面了解。

一方面是内斯比特取得的文学成就，如她是英国儿童文学史上第一个黄金时代的巨星；被称为英国维多利亚和爱德华时代的“魔幻教母”；是把现实生活中的孩子和魔法结合起来的“开山鼻祖”等。

另一方面是内斯比特的人生遭遇，她童年时颠沛流离——3岁父亲去世，9岁举家迁到法国，之后又去了德国；成年后挑起艰辛重担——为了养活贫病不起的丈夫，为了维持家庭开销，拼命写作。

3. 阅读规划

在指导学生进行阅读准备时，最重要的是教给学生如何进行阅读规划。

（1）自我规划

指导学生通过书中的版权页找到本书的字数——148千字，然后用高年段默读速度的标准——每分钟不少于300字，计算出看完这本书大概需用时8小时，那么可以根据这个时间来制订阅读计划，每天看半个小时，两周左右看完，每天看一个小时，一周左右看完。当然，也可以指导学生通过章节来做计划。本书共十一章，每天看一到两章，一周左右完成。在阅读的过程中，可以通过填写阅读进度表或在目录上做标记等方式来监控自己的阅读计划。学生自己制订阅读计划，有助于自我管理和良好阅读习惯的养成。这也是整本书阅读中的重要环节。

（2）小组、全班共读

因为本书是课程书，教师也可以用同样的方法进行小组或全班共读，在导读课中和学生共同制订阅读计划，在实施的过程中给予鼓励、督促和指导，使学生的阅读收获更大。

（二）推进课

推进课是在整本书阅读过程之中，教师根据学生的阅读情况做出的有针对性的指导，如辅导学生完成阅读单的填写；和学生们一起探讨某一章节中比较难理解的片段；通过特定话题讨论监测学生的阅读进展情况等。推进课可以打破课时的限制，灵活地运用课前或课后的时间进行，同样能收到很好的效果。

在《五个孩子和一个怪物》的推进课中，建议教师们指导学生在阅读的过程中有一些发现和思考。

1. 环境线索

在本书中，首先其所设定的环境就值得我们关注。孩子们搬到了新家，这里远离城市，离一个白垩矿场很近，房子够大，而且前面有绿色花园，旁边有果园，是孩子们天然的游乐园。一看到这座房子，孩子们就已经高兴得发了疯。紧接着，爸爸忽然有公事要离家，妈妈也要去跟奶奶住上一阵子，家里只有五个孩子和保姆在家，这简直是一切神奇故事发生的最好时机。于是，孩子们在沙坑玩沙时，挖出了“沙仙”。后面随着地点和环境的不同，孩子们开始了奇幻的经历，每个故事的地点也可以成为故事的线索，或者换句话说，不同的地点也预示着会有不同的事情发生，教师可以在推进课上具体讲其中一个环境的线索，再放手让学生自己去发现。环境的描写是小说三要素之一，学会关注环境描写，会为学生们的阅读和表达奠定良好的基础。

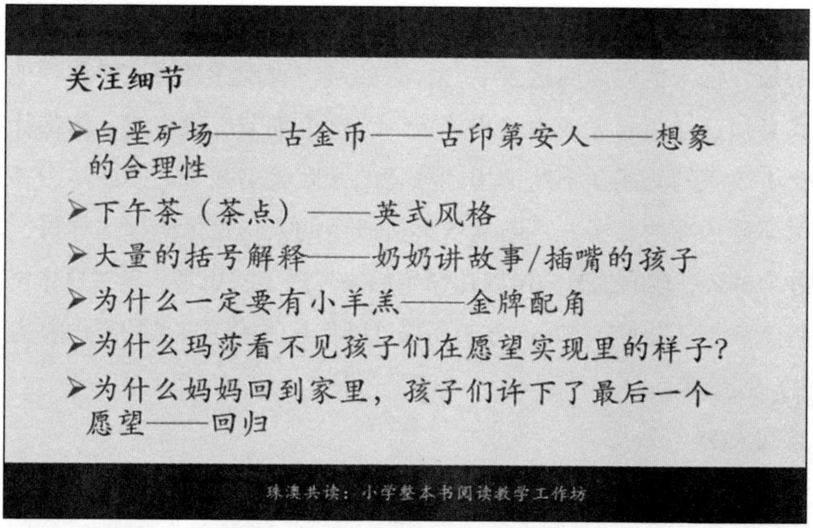

《五个孩子和一个怪物》教学内容（三）

2. 关注细节

（1）细节是阅读中最值得品味的地方，也是最容易有意外阅读收获的地方。本书中，刚开始的环境——白垩矿场，这一古老的地方预示着将有神奇的事情发生，于是有了之后的“沙仙”出现，这个沙仙也是古老的，包括它给孩子们实现成为有钱人的愿望时，给孩子们的也是古金币。后面孩子们不小心许下和印第安人对战这样的愿望时，出场的也是古印第安人，从这样一系列的细节中，我们看到了内斯比特丰富而有趣的想象之中所蕴含的严谨的逻辑，这就是合理的想象。我们一直在教学生如何进行合理想象，在他们自己创作童话故事时要遵循一定的逻辑，其实在阅读的作品里，就有着最优秀而生动的示范，所以《五个孩子和一个怪物》这本书能成为幻想文学中独具代表性的经典之作。

（2）在故事中，不管孩子们玩得如何投入，都不会忘了他们的下午茶（茶点），这可是书中独具的浓浓英式风格。在英国，下午四点左右，是雷打不动的“下午茶”时间，孩子们常常在玩耍累了之后，乖乖地坐在桌前享用点心和饮品，本书中因为实现愿望而错过了下午茶时间，一直是孩子们深感遗憾的，也让我们读者感受到了浓浓的异域文化。在教学中，这样的细节可以让学生从阅读延伸到对英式风俗文化的探究。

（3）还有一处细节，那就是故事中会有大量的括号解释。比如在“长大成人的小羊羔”这一章，对于小羊羔的称呼，几乎每一次称呼后面都要加上括号，有的是“将来他应该叫这名字”，有的是“我现在又要这样称呼他了”，还有“我必须这样叫长大成人的小羊羔”。这个细节也很有趣，仿佛让我们看到一个会讲故事的奶奶，不断地用她独特的幽默吸引孩子们的注意力；又像是听故事时那爱插嘴的孩子，不断地告诉讲故事的人，这里应该这样讲，那里应该那样讲。多么有趣的细节，可以让学生们去发现，去思考。读过这本书后，相信学生们会学会一些细节描写的方法，也可以将其应用于自己的习作表达之中。

（三）交流课

1. 感知人物

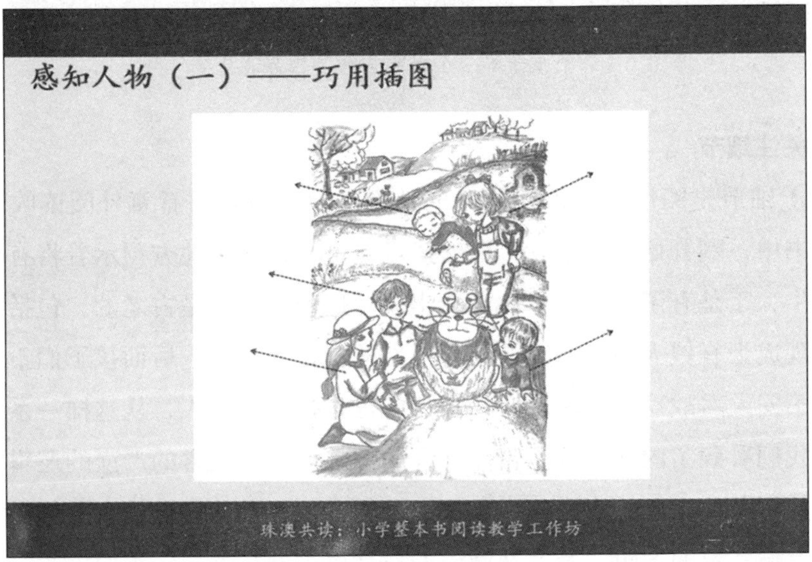

《五个孩子和一个怪物》教学内容（四）

（1）巧用插图

在儿童文学书中，大部分都有插图，利用好插图，有助于学生更快地梳理人物。本书中最有意思的一幅插图是第10页的五个孩子（小羊羔在睡觉）发现“沙仙”后的图片。我设计的问题是：“图文不符，你发现了吗？”学生们的兴趣一下子就被调动起来了。经过认真地阅读，他们终于发现，戴帽子的应该是简，而绘者却让安西娅戴上了帽子。这样的一个“美丽的错误”激起了学生的兴趣，也让他们关注到插画中人物的表情、动作，并通过阅读，想象是否与心目中的人物形象相吻合。

（2）人物卡片

梳理人物最实用有效的小工具就是“人物卡片”。这本书可以将五个孩子和“沙仙”的“姓名、外号、外貌、口头禅、性格、事件、评价”等方面的内容制作成一张人物卡，以方便梳理。梳理人物的意义在于能使比较复杂的人物关系简洁清晰地展示出来，也能从中发现每一个主人公的特点和成长轨迹。

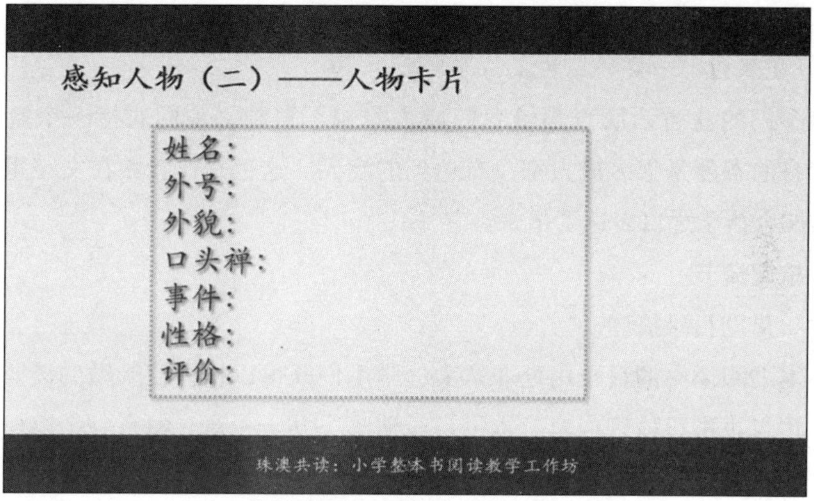

《五个孩子和一个怪物》教学内容（五）

（3）人物对话

在导读课中，我们可以使用角色对话的方式激发学生的兴趣，让学生迅速理清人物的性格特点。在交流课中，同样可以用品读人物对话的方式来感受人物的成长。

比如，在导读课中，我们可以使用五个孩子在发现“沙仙”的那一段对话，那么在交流课中，我们就可以选择比较靠后的篇章中的人物对话进行对比，以发现人物的成长。

在《长大成人的小羊羔》这一章的最后，小羊羔终于变回了宝宝的模样，四个哥哥姐姐也总算松了一口气，这时他们的对话令人动容：

“永远消失，”西里尔说，“因为等到小羊羔大到我们可以吓唬吓唬他的时候，我们必须开始好好地吓唬吓唬他，这是为了他好——这样他就不会长成那个样子了！”

“你不能吓唬他，”安西娅很倔地说，“我会阻止你的，你做不到。”

“我们必须用爱心来感化他。”简说。

“你们知道，”罗伯特说，“如果他正规地长大，在他的成长的过程中会有许多时间来纠正他的毛病。今天这桩可怕的事是由于他长大得太突然。根本没有时间纠正他的毛病。”

“他不需要什么纠正。”安西娅说，她听到了小羊羔的咕咕声从开着的门里传出来，这正是她这天下午在她心中听到的声音。

“我爱黑豹……要到我的黑豹那里去！”

孩子们的这番话简直是给我们成人敲响了警钟，他们对待一个宝宝的成长所持有的态度是很多成人都没有达到的境界。这也是作者藏在文字里的儿童观，借四个孩子之口表达了出来。

2. 梳理情节

（1）借助目录梳理

整本书阅读中的目录用处非常大，学生们既可以根据目录做阅读监控，还可以利用目录进行梳理内容。本书目录清晰，共十一章，每章一个愿望，每个愿望彼此间又有着千丝万缕的联系。

（2）情节波

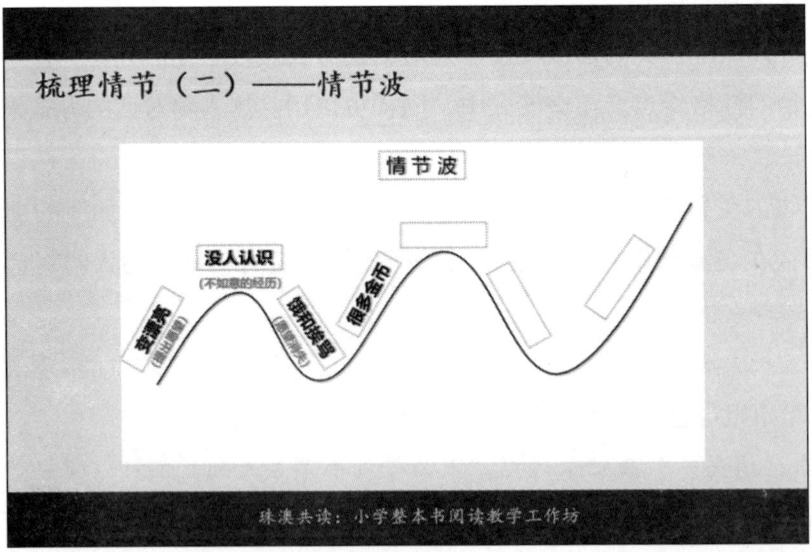

《五个孩子和一个怪物》教学内容（六）

本书在写法上有个特点，即每一个故事都是按照“提出愿望—不如意的经历—愿望消失”这样的模式叙述的，引导学生发现这一规律，利用情节可视化小工具——情节波来进行梳理，使学生更清晰、快速地梳理全书的内容。

（3）情节格

梳理情节（三）——情节格

提出愿望	不如意的经历	愿望消失（孩子们的成长）
漂亮	驱逐、饥饿、害怕	接纳自己的不完美
古金币	负担、被怀疑偷盗、说谎	“君子爱财，取之有道”
人人要小宝宝	害怕、斗智斗勇	亲情，是一种甜蜜的负担
翅膀	挨饿、受冻、被锁在塔楼顶、被误会	勇于承担、解释
城堡	被责罚	大方、机智和勇敢
巨人（罗伯特）	众人的围观、展览的劳累	智慧化解、机智逃脱
长大成人的小羊羔	被嫌弃、担心	爱他就是让他和大家一起成长
印第安人	生命的安危、恐惧	成长、智慧与担当
送妈妈的珠宝	解释不清、气恼，用上了所有的愿望	安静的生活、诚心诚意地不打扰

珠澳共读：小学整本书阅读教学工作坊

《五个孩子和一个怪物》教学内容（七）

如果想让学生更具体地梳理内容，也可以利用可视化工具——“情节格”，用表格的方式将“提出愿望—不如意的经历—愿望消失（孩子们的成长）”用关键词的方式表现出来，清晰而高效。

3. 体味成长

在交流课中，需要牢牢把握住“人物、情节、主题”这三个重要内容，在主题交流环节，要让学生把握“成长”的主题并形成核心话题进行讨论。

（1）关键句段话“成长”

随着情节的发展，孩子们在一次次的愿望中不断成长。我们也从孩子们的语言和对人对事的态度中感受到了他们的成长。除了刚才的对待恢复成宝宝的小羊羔，孩子们表现出了宝贵的甚至有一些哲思的态度以外，很多篇章都可以寻到孩子们的成长足迹。

“他安全了！”她说着趴在地板上泪如泉涌，真叫简吓了一跳。简完全不明白，一个人怎么能够先是这样勇敢，像个将军，却忽然又瘫痪了，像个气球给刺破了那样泄了气。最好当然不要泄气，不过你们看到，安西娅不达到目的一点不罢休……

——《印第安人》P185

在阅读这一段的时候，学生们非常感动。安西娅是所有孩子中比较成熟，又极善良、勇敢的，甚至有时候，她是这个家中接近母亲的形象。在这里，我们可以和学生们分享自己的感动和理解："成长就是我像个将军一样保护我爱的人，也可以在亲人的怀里痛快地哭泣，更可以和兄弟姐妹一起并肩作战！"在整本书阅读主题交流环节，教师作为成熟的阅读者与学生分享自己的阅读感受，可以更快地走进学生的阅读世界中，引发学生的共鸣，了无痕迹地做示范，让学生找到一定的阅读方法，引发他们思考。

（2）核心话题探成长

在本书中有一些具有讨论性的话题，它们多元而开放，可以调动学生的思维，使其积极思考，形成观点，并在阅读中找到支撑自己观点的依据。学生们对于核心话题的观点认知，只要是发自内心并有一定依据的，都是值得鼓励和肯定的。同样的故事，每个人会读出不同的感悟，也会有不同的启发和思考，或者是在阅读中能遇到自己，这些都是阅读给人带来的快乐。

在这里，提供几个核心话题供教师们参考：

① 为什么一定有小羊羔？

书名为"五个孩子和一个怪物"，小羊羔只是一个婴儿，在发现沙仙和许愿这样的情节中都没有发挥什么作用，能否省去呢？

② 为什么玛莎看不见孩子们愿望实现里的样子？

这个问题很有意思，其实在儿童故事中有很多类似的情节，比如在《夏洛的网》里，弗恩可以听到小动物们在聊天说话，大人们就听不到。这也暗含着"只有相信童话的人，才能看到神奇"。

③ 为什么妈妈回到家里，孩子们才许下最后一个愿望？

④ 为什么孩子们想写信告诉妈妈沙仙的事时，却总是写不明白？

这些话题都很开放，可以让学生们先思考，再到书里找理由。当然，教师们也可以自己设计核心话题，在这些话题的讨论中，学生们会对幻想小说的特点、小说的主题等有更深入的理解。

（四）分享课

分享课是学生们在阅读之后所获得的一系列阅读成果的展示课。在设计上要注重读写结合及有创意的表达。

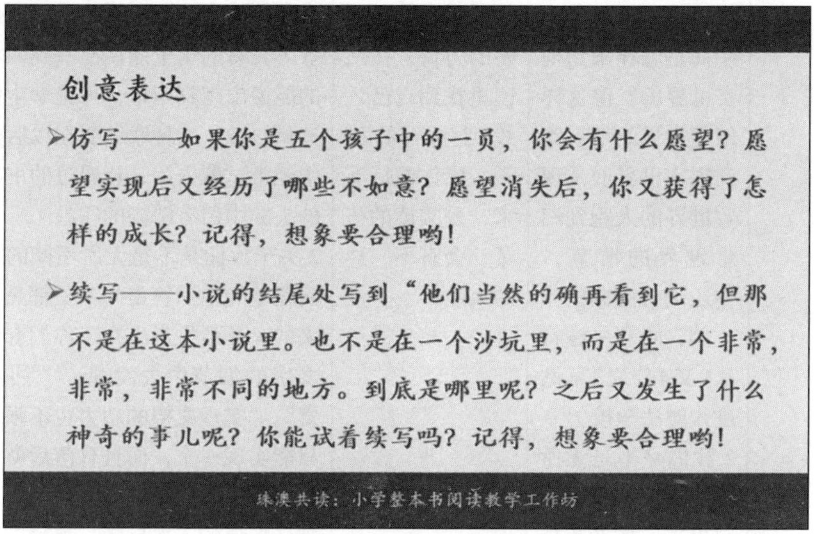

《五个孩子和一个怪物》教学内容（八）

在《五个孩子和一个怪物》分享课中，可以设计主题阅读活动——阅读“沙仙三步曲”，让学生们比较、拓展和交流。

在创意表达的设计中，教师既可以根据之前交流课上让学生们练习的梳理情节和人物的可视化工具图，也可以设计阅读单，让学生完成并展示。

当然，教师们的创意也可以让分享课的展示更加丰富多彩，可以截取一个愿望，让共读小组将其改编成一个小剧本并表演出来，还可以为这个小剧目设计门票、宣传海报等。在不加重学生负担的情况下，教师们可以自由设计，自由发挥。

二、精读十五天课程分享

在和学生们精读《五个孩子和一个怪物》这本书时，我设计了“精读十五天课程”，将这本书比较系统和全面地展现在学生们的面前，在这里也和教师们一起分享，希望可以给大家一些启发和思考。

《五个孩子和一个怪物》十五天精读课

阅读任务	阅读要求	阅读寄语	阅读指导与评价
Day1： 阅读第一章《漂亮得认不出来》	一、静心阅读15分钟，保证阅读质量和阅读速度 二、1.头脑风暴：沙仙是怎样来到现实世界的？像这样幻想世界的精灵跑到现实世界或是现实世界的人跑到幻想世界的情节，你还记得有哪些？（例：哈利·波特从9又4分之3车站进入魔法学校） 2.沙仙是不是无所不能的？从哪里看得出来？作者为什么这样安排？	同学们，今天是个值得记住的日子，从今天起，你要给自己足够多的力量，在阅读里找到自己，找到生活的样子，愿你坚持下来，爱阅读的孩子，会有不一样的人生！	1.学生们的答题思路比较相近，都能牵引旧知，联系到以前的阅读经验，像《绿野仙踪》《我的妈妈是精灵》《爱丽丝梦游仙境》《纳尼亚传奇》等等，有的学生能说出一到两本，有的能说出三到四本，可见学生们的阅读量接近。这种联结要在以后的读书中经常试着去用，让看过的书在自己的头脑中留有深刻的印象。 2.关于沙仙是不是无所不能的，这个问题单纯地回答是与不是都是没有意义的，其最大意义在于你们有没有在文字的细节中去发现，“沾水会感冒”“实现愿望的功力也不强，一天只能实现一个，而且日落后就一切恢复原样”。这是我们童话中所熟悉的神怪形象的一次反叛，那种“神的无所不能，神秘而高贵”在这里荡然无存了，甚至沙仙的出场让我们觉得它有点狼狈——安西娅用手挖出来的，这完全不是法力无边的怪物，那作者为什么会如此反叛，如此安排呢？从写法上讲，这就是让现实作品注入幻想，也就是我们从这部作品开始，就会读到现实世界中幻想的故事了，虚构的合理性大大增强了。这在一百多年前，可真的是一个创举，也是本书的最大价值和意义。还是就像学生们说的，作者要告诉我们，不管在幻想的世界里你多么厉害、多么全能，但是当你面对现实生活时，你一定要拿出勤奋、乐观、勇敢和坚强，这才是真正的成长！

续 表

<table>
<tr><th>阅读任务</th><th>阅读要求</th><th>阅读寄语</th><th>阅读指导与评价</th></tr>
<tr>
<td>Day2：
阅读第二、三章《古金币》《人人想要小宝宝》</td>
<td>1.梳理人物——建议用一个表格，清晰高效
<table>
<tr><th>姓名</th><th>排行</th><th>绰号</th><th>性格特点</th></tr>
<tr><td>西里尔</td><td>大哥</td><td>松鼠</td><td>有主见、负责、保护家人</td></tr>
<tr><td></td><td></td><td></td><td></td></tr>
<tr><td></td><td></td><td></td><td></td></tr>
<tr><td></td><td></td><td></td><td></td></tr>
</table>
2.试着给你印象深刻的语句做批注（拍照分享）
3.前三章中，书中都会反复提到一些细节，你能发现其中的一处吗？</td>
<td>阅读寄语：今天的阅读任务并不轻松，这里既有我们一定要掌握的基础阅读策略（列表格梳理人物），又需要我们带着思考，用心去感悟（批注语句），还要求我们独具慧眼，发现文字中作者反复给我们的信息（找反复出现的细节）。阅读之路，并不轻松，但是别怕，有我们呢！</td>
<td>教师指导与评价：
1.同学们，你们可以从作者的写作方法和写作意图方面进行批注，也可以就相似情节你有什么想法、或是联结以前的阅读写上批注，还可以因单纯地被感动而写下自己的感受。要记住，批注是我们思考的表现形式，也是我们思维发展的痕迹，我们不能为了批注而批注，要学会在阅读时深入思考。
2.文中反复提到了很多细节，有你们找到的“沙仙的外形和魔法”，也有“愿望的每次反复”，其实还有孩子们最喜欢的“下午茶”，这是典型的英式风俗，也值得我们关注。包括作者很喜欢用括号注明一些小细节或是开一些小玩笑，让人感觉就像是一个会讲故事的风趣的老奶奶在耐心地给你讲一个神奇有趣的老故事。</td>
</tr>
<tr>
<td>Day3：
阅读《翅膀》《没有了翅膀》两章</td>
<td>1.“翅膀”对于孩子们来说意味着什么？
2.继续练习批注</td>
<td>同学们，这本书，你已经完成了三分之一，你会惊喜地发现每一章都是那么相似，其中的规律你们也一点点发现了，这太了不起了！在阅读时，先不要受外界的干扰，</td>
<td>1.这是我们深入阅读的第三天，我看到了你们的进步。今天大家的批注更有针对性了，而且出现了一些对之后内容的预测和与自己平时阅读积累的联结，这是非常好的方向，也证明我们其实是可以做到深入阅读的。
2.“翅膀”是孩子们自我意识的重要体现，如果说“人人变漂亮”“古金币”是孩子们没有脱离别人的眼光，即还是在乎别人的看法，那么“翅膀”这个愿望则完全是自我的放飞，代表着孩子们向往自由的成长和自主的选择。</td>
</tr>
</table>

续 表

阅读任务	阅读要求	阅读寄语	阅读指导与评价
Day3： 阅读《翅膀》《没有了翅膀》两章	3.孩子们经历了拥有翅膀和失去翅膀的过程，他们都收获了什么？可以根据人物具体说说吗？如“安西娅收获了……，西里尔收获了……”	自己沉浸在文字中，然后再去批注和感受，这样才能成为真正的阅读者，加油！	3.孩子们经历了拥有翅膀和失去翅膀的过程，他们收获了很多。其中有最大收获的就是西里尔，他的勇于承担、解释，给我们留下了深刻印象。孩子们为了保守与沙仙之间的秘密所表现出的坚定、勇敢也让我们动容。之后的篇章，你会发现，作者侧重点不同，几乎每个事件都会侧重描写一个孩子的成长，这对于孩子来说，叫成长中的“关键事件”。成长有时候也许就是那一瞬间，你呢？遇到“关键事件”时，别慌，别急，相信自己，勇敢地成为自己想要变成的人吧！
Day4： 阅读《城堡和吃不上饭》《围城》《巨人罗伯特》	1.细心发现，在这几个章节里，又有哪些孩子经历了成长中的“关键事件”？ 2.让批注成为精读时的一种习惯 3.你怎样看待愿望的实现与消失？如果是你许愿，你会许什么愿望？	在这个世界上，书太多了，好书也太多了，我们看不完怎么办？我们既有选书的权利，也要拥有选书的能力。这个能力就来源于我们精读之后的反思，什么叫经典，能历经时代的变迁，跨越国度、民族和语言，被大家广泛喜爱的，就会成为经典。在经典里阅读吧，也在经典里练就我们的火眼金睛吧！	1.同学们，书中五个孩子经历了成长，你们又何尝不是呢？你们也在这满满任务的五天里得到了快速的成长，而书籍就是你们的营养！ 2.愿望的实现看似是一件非常快乐的事，这世间有哪个愿望能被轻而易举地实现哟，但是愿望的实现，却给孩子们带来了许多坏处。这些坏处又让孩子们成长，看来有时候“坏处”也是有作用的！ 3.发现了吗？在《围城》一章中有一个细节，那就是玛莎是完全看不到孩子们经历的神奇冒险的。这是为什么呢？你能猜猜吗？明天再和你讨论答案！

续 表

阅读任务	阅读要求	阅读寄语	阅读指导与评价
Day5： 回看之前的几章，针对以前的阅读任务自行梳理、回忆	1.想想从刚拿到这本书到现在，你有没有收获？ 2.放松下来，给自己的头脑放个小假，明天还会有新的任务等着你哟！	阅读虽然不是一件轻松的事儿，但我不想让它成为你们沉重的负担和压力。所以今天，我们放慢脚步，去回忆和梳理之前的一些阅读感受吧！	1.你们对书本有了更为深入的思考，这是一个好的发展方向，经历了一天的回顾和梳理，希望我们今天能振奋精神再出发！ 2.玛莎看不到孩子们所看到的场景，因为马莎是成人世界的代表，也因为马莎不相信童话。在很多的童话故事或者是影视作品中都会有类似的描写，一个孩子或是很特别的成人会发现这个世界与其他世界的入口，或者发现来自非现实中的人、物。以后我们可以特别关注一下！
Day6： 阅读《长大成人的小羊羔》一章	1.为什么作品中一定要有小羊羔这个角色？ 2.继续批注，留下思考的痕迹	随着阅读的不断深入，我们可以多关注一些细节，细节所带来的美感和震撼是一本书独特的美！	1.同学们的批注越来越有深度，还有的同学关注到了一些细节的写法，真是独具慧眼。 2.小羊羔这个角色是我们所说的金牌配角。一部好电影一定是要有主角、有配角。小羊羔就是这样一个角色，他唤醒了孩子们对弱小的保护、对亲情的感知等等，有他在，孩子们成为了哥哥姐姐，成为了人生中的又一个角色。 3.从小羊羔一下子的长大成人，孩子们看到了成长不是一蹴而就的，成长就是要一步一步踏踏实实地来！
Day7： 阅读《印第安人》一章	1.在性命攸关时，孩子们是如何表现的？你看到了哪些闪光的地方？ 2.随着阅读的不断深入，试着给孩子们的愿望加个主题，完成这样一个小表格 3.别忘了继续批注哟	今天的阅读任务依然压力不大，这本厚厚的书，我们不知不觉就要读完了。在读过之后，徐老师还会让你试着完成一些小任务的，放轻松，都是比较简单容易的，期待着你们新的进步！	1.在完成这个表格时，我觉得大家还没有完全理解徐老师的意思，书中孩子能提出这样的愿望，是他们内心中对某一品质或力量的渴望，比如富有、美丽、自由等等，这些可以从他们许下的愿望之中深刻地反映出来，如孩子们渴望自由，他们许下了“拥有翅膀”的愿望；孩子们渴望无穷的力量，所以罗伯特才变成了巨人。 2.在孩子们性命攸关之际，最让我感动的是安西娅，她想到了好办法保障小羊羔的安全，然后又勇敢地面对，真的像孩子们的主心骨。

续 表

阅读任务	阅读要求	阅读寄语	阅读指导与评价
Day8 阅读《最后一个希望》一章	1.在没有阅读之前，你先预测一下，这一章里孩子们将会许下什么愿望？ 2.面对着最后的愿望，孩子们有什么样的表现？他们是如何和沙仙道别的？ 3.别忘了继续批注	今天要阅读本书的最后一章，终于读完了这本书，你现在有什么样的感受呢？有没有和老朋友谈心后不忍分别的感觉呢？书是值得我们终生为伴的好朋友，愿这个朋友给你越来越多的惊喜！	1.同学们在短短八天的阅读时光里，坚持阅读完一本有一定难度的书，这首先就是一个胜利，值得我们所有大人们为你们点赞！ 2.正像你们说的那样，孩子们害怕妈妈因为钻石的事儿受到伤害而用上了最后一个机会，孩子们的善良、纯真一直在打动着我们。英国是一个有绅士、有贵族的国度，我们会发现这种绅士意识、贵族精神也在作品的细节中有所体现。在孩子们的心中，愿望是美好的，但是与妈妈和家人的彼此陪伴更重要，所以他们坚定地选择了与沙仙告别，哪怕他们有许多的不舍，他们担心沙仙为此而伤害自己，他们会有无限的歉意和自责。
Day9 —Day12： 大致再浏览一遍全书，个别篇章中的片段可再次精读	这本书我们读完了，可以用情节波或情节格的形式梳理整本书的情节哟。根据徐老师的例子来完成吧，你也可以自己创造，用你喜欢的方式来表达！	记得，要试着概括关键性的词语来梳理情节，这样才会更快地提高我们的阅读能力和概括能力哟！	根据可视化思维工具，我们梳理了整本书的内容，这个工具不仅仅适用于这一本书，它适用于所有的书和文章，也包含我们的教科书，甚至它可以应用于每一个学科，如数学、英语、科学等等，我们都可以使用，让自己的思路更有条理、更清晰。它可是个好工具呢！
Day12——Day15： 挑选阅读自己喜欢的章节	1.所有的文学作品都会有一个主题，《五个孩子和一个怪物》也不例外，如果要给这本书定一个主题词，你觉得会是哪个词呢？说说理由！	读一本书，就像开启一段旅行，有的旅行看到的是美好浪漫的风景，有的则会险象环生，有的还会惊心动魄。其实不仅是阅读，我们的人生又何尝不是如此呢？	同学们的作品实在是让老师惊艳。我感受到你们对这本书的投入和用心，也看到了你们在阅读之中的收获和成长，一切的付出都是值得的！

续 表

阅读任务	阅读要求	阅读寄语	阅读指导与评价
Day12——Day15：挑选阅读自己喜欢的章节	2.这本书的旅行我们要告一段落了，那么你想用一个什么样的小作品来为这次阅读之旅做一个漂亮且完美的ending呢？（小提示：喜欢绘画的可以为书设计一个腰封；喜欢想象的可以给故事再续写上一小段；喜欢表演的可以将其中的某个段落改编成小剧本；喜欢其中角色的可以制作人物小卡片，把人物的性格特点记录下来……）期待你们的旅行留念！	真幸运，在我的人生旅行中，能和你们相伴一段美好快乐的时光！真幸福，在我的阅读旅行中，能加入你们这些小乘客，你们也是我眼中美丽的风景！	每一部童话都在抒写着人间最美好的情感和人们身上最优秀的品质，哪怕有的故事是悲伤的，有的故事中会有死亡与背叛。当阅读童话时，我们要试着从中发现，主人公也好，配角也好，他们身上所表达出的一种对世间的善意和对美好事物的不懈追求。这五个孩子，他们经历了拥有和失去，也经历了危险、饥饿、责罚，但他们从未改变内心中的善意和纯良，这就是儿童文学永恒的主题。

第三节　研讨任务

【任务布置】

（1）读者视角：在读过了《五个孩子和一个怪物》这本书后，作为阅读者，或者是一名学生，你是如何梳理这本书以及这本书中的角色的？先认真思考，然后小组合作绘制思维图，准备汇报。

（2）教者视角：在开展《五个孩子和一个怪物》整本书阅读教学中，作为教师，你将如何设计自己的教学？请选择一个教学点，小组合作，汇报时展示教学环节或设计思路。

【作品展示】

第一小组：

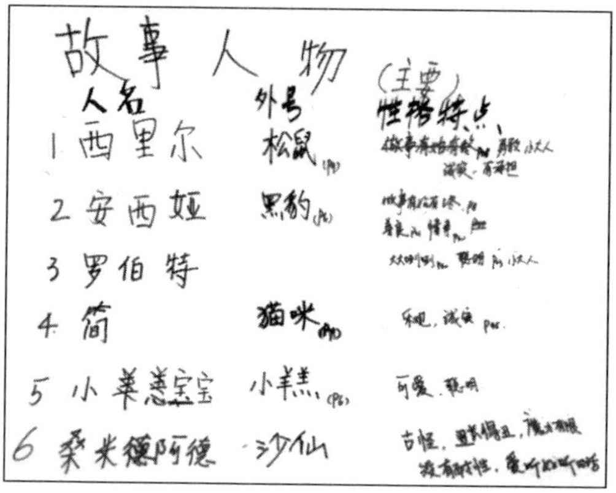

澳门学员小组作品展示（一）

作品讲解：我们小组是以读者的视角进行展示的，我们以故事中的人物为主体，运用表格的方式进行梳理。关注人物的“外号、性格特点”，并思考外号与性格之间有什么样的联系。我们小组的收获是：从人物入手来阅读和梳理全书，在体验读者真实阅读过程的同时，也为开展整本书阅读教学找到了更多的方式和方法。

第二小组：

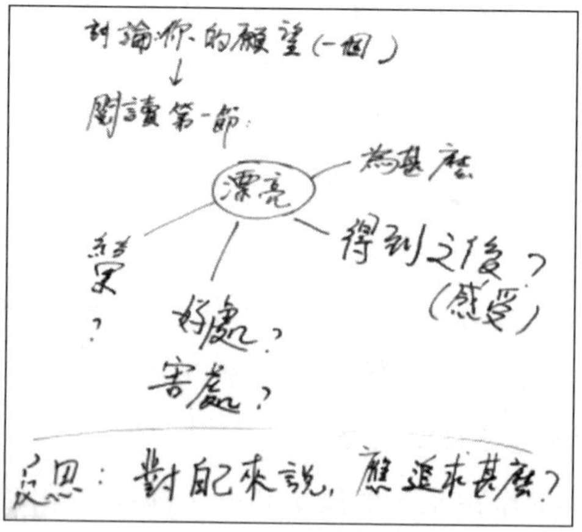

澳门学员小组作品展示（二）

作品讲解：我们小组是以教者的视角进行设计的，我们选择了故事的主线——愿望来进行教学环节的设计。从一个愿望的多个角度提出核心问题，如："为什么会许下这个愿望？在实现愿望的过程中，愿望所带来的好处和坏处有哪些？结果如何？"让学生们在思考的过程中逐渐接近故事的核心主题，也让他们联结自身，思考成长中所面对的一些问题。

【导师点评】

澳门学员现场互动交流（一）

（1）以读者视角来进行整本书梳理，就是让教师还原真实的阅读情境，亲自感受学生在阅读时遇到的一些阅读障碍点或是兴趣点，从而更精准地设计自己的教学环节。第一组教师选择了人物梳理，抓住了全书的主要线索，在汇报时也明确了人物的特点以及书本中描写的细节。

澳门学员现场互动交流（二）

（2）从教者的视角来看这本书，挖掘教学点，整合教学环节，形成体系，并最终突破重难点，是任务的目的。第二组教师能用精读一个章节，体现一个教学环节的方式进行设计，很用心。以关键词“漂亮”为核心，提出一系列问题，最后联结自己的生命，体现了整本书与阅读者之间的紧密联系。如果能再增加一些多元的话题让学生进行讨论交流，会收到更好的效果！

第四节　教学实践

【阅读课型】

《五个孩子和一个怪物》导读课/交流课

【执教教师】

陈　露（珠海市香洲区第四小学）

珠海市香洲区第四小学陈露老师课堂教学实践

【教学设计】

《五个孩子和一个怪物》导读课教学设计

（一）教学目标

（1）通过书本封面和片段阅读，激发学生阅读《五个孩子和一个怪物》的兴趣。

（2）指导学生学会根据阅读速度做阅读计划。

（3）引导学生通过制作人物名片的方式来梳理书中的人物。

（二）教学过程

活动一：封面引发好奇，片段激发兴趣

出示《五个孩子和一个怪物》一书的封面，引起学生的观察和好奇。

（1）师：同学们，看，这是一本书的封面，最吸引你眼球的是什么呢？

预设1：书的名字是“五个孩子和一个怪物”，五个孩子遇到一个怪物，这是一件多可怕的事，我猜测这本书讲的是五个孩子是怎么逃过怪物的魔爪的。

预设2：这幅插图很友好，他们之间发生的应该不是可怕的事。但是看这插图，这么漂亮的五个孩子，跟一个这么丑的怪物，好别扭。

（2）师：从你们的想象和思考中，我能感受到大家对这本书产生了浓厚的兴趣，也许你们还有很多不明白的地方，不如我们就先来读读其中一个片段吧。看看从这个片段中，你发现了什么？

出示片段：

孩子们挖啊挖啊，他们一个劲儿地挖，手上都是沙，又热又红，脸上汗淋淋的发光。小羊羔抓起沙来吃，结果发现它们不是他想的红糖，大哭起来。最后他累坏了，于是躺在几乎毁了的城堡当中睡着了，热乎乎胖嘟嘟的一团。这倒好，他的哥哥姐姐们少了个包袱，可以放手真正大挖特挖了，这个要通到澳大利亚去的洞很快就挖得那么深，外号叫“猫咪”的简不由得求大家住手。

“万一洞底一下子挖穿，”她说，“你一个跟头翻到下面那些澳大利亚小朋友中间，那么多沙，会弄到他们的眼睛里去的。”

“不错，”罗伯特说，“这一来他们会生我们的气，朝我们扔石头块儿，不让我们看袋鼠，或者袋貂，或者蓝桉树，或者鸸鹋鸟，或者其他东西。”

西里尔和安西娅知道澳大利亚不会那么近，但是他们同意不再用铲子而用手挖。这容易多了，因为洞底的沙又干又松，挖掘起来很舒服，就跟沙滩的沙一样。不过没有贝壳。

“想想看吧，这儿曾经是汪洋大海，波浪滚滚，闪闪发亮，”简说，“有鱼，有大海鳗，有美人鱼。”

“海怎么会没有了呢？”罗伯特问道。

“不是用水桶提溜走的，傻瓜，”他的哥哥说，“爸爸说过，地球底下变得太热，就像你有时候盖着被子那样，地球一耸肩膀，海就滑落下来，也像被子从你身上滑落下来一样，肩头露出来，渐渐就变成了干的地面。让我们来找找贝壳看。我看那小洞穴里会有，我看到那儿有样东西突出来，像是沉船的锚，这澳大利亚洞里热得要命。”

（3）师：瞧，孩子们之间的对话，多有趣。天马行空的想象，埋头挖沙的认真劲儿，这不也是你们在跟伙伴们一起玩耍时的状态吗？看着他们挖得这么起劲，还真想一块加入这场挖洞活动中呢！这么生动的描写，其实都是为了后面神奇的事件做铺垫呢！

（4）师：就在孩子们都在认真挖洞时，这位自称是沙仙的怪物出场了。沙仙跟孩子们之间会发生什么事呢？接下来我们就一起来读一读吧！

（5）师：我们看到目录这一页，选择你最想看的一章，自由地去读吧！

（15分钟的阅读时间）

（设计意图：利用书的封面、书中的部分精彩片段进行激趣，让学生产生更浓厚的阅读兴趣进行整本书阅读，先从有兴趣地读开始！）

活动二：学会规划阅读时间

（1）师：同学们，刚刚15分钟的阅读时间，你们都读了几页呢？（出示目录这一页图片）我们从目录中可以看到这本书一共有十一章，而每一章都是25页左右。现在我们看看15分钟的时间里自己都读了多少页，这样就可以算出来每一章大概需要多长时间才能读完。而我们每天的课外阅读时间都是因人而异的，现在，我们不妨根据自己的阅读速度和每天的课外阅读时间来做一个阅读规划吧！你预计自己几天能看完这本书呢？

预设1：一周。

预设2：我阅读的速度比较慢，可能需要两周的时间来阅读。

（2）师：看来，同学们对自己的阅读速度和时间都有着清晰的认识呢！我们准备阅读一本书之前，如果能关注一下这本书的阅读量是多少，根据阅读量、自己的阅读速度和阅读时间，规划好时间来阅读，不仅有助于进行很好的自我管理，还能够养成良好的阅读习惯。

（设计意图：简单的活动，意义却非常重大，通过阅读时间的计算教会学生们如何进行阅读规划，从而让学生们在日后的阅读中，能更合理地规划，培养良好的阅读习惯。）

活动三：制作人物名片，帮助记忆

（1）师：你们有没有遇到跟陈老师一样的烦恼，在阅读国外的一些经典名著时，因为故事中人物多而且人名又比较复杂，所以经常会把故事中人物名字弄混。

预设：有，尤其是又说到人物的外号时，都会卡顿一下，要重新回想回想才能够知道说的是谁。

（2）师：是呀，长篇小说里往往都会出现比较多的人物，而且人物性格大不相同，再给人物来个外号，那就更不得了了。怎么办呢？给故事主人公设计一个名片吧！这样既有助于我们了解他，也能够帮助我们以最快的速度记住他们！

（3）师小结：有兴趣、有计划、有方法，同学们，这节导读课，我们可是收获满满。五个孩子和一个怪物之间会发生哪些有趣的故事呢，相信你们会在课后规划好时间来阅读的，期待你们看完后与我一起分享阅读心得哦！

（设计意图：对于这本篇幅较长的书目，在导读课上给学生们一定的阅读方法指引，随着学生们不断深入地阅读，教师也要随时给予必要的指导，这才是整本书阅读教学最积极的状态。）

《五个孩子和一个怪物》交流课教学设计

（一）教学目标

（1）学会运用可视化思维工具来展示故事发展的规律，从而梳理故事的情节。

（2）发现故事表达的结构关系，体味人物的成长，并能联结自己，感悟成长的真谛。

（二）教学过程

活动一：找规律，梳理故事情节

（1）师：同学们，在阅读这本书的过程中，你们有没有发现每一个故事的发展都是有规律可循的？

预设：每当孩子提出一个希望，希望实现后就会发生一系列不好的事情，到最后回归正常后，孩子们会觉得还是不要有这个希望好。

（2）师：看来你确实花心思读了这本书，总结得真到位！确实是呀，书中每一章发生的故事都是按照“提出愿望—愿望实现（不如意的经历）—愿望消失”这样的规律来写的。老师教大家用一个画图画的方式来梳理这些故事。先按照故事的发生、过程、结果来提取关键信息，把提取的关键信息写出来。（板书写出关键词）我们怎样把所有的故事给串联起来呢？（师画波）瞧，波浪有高低起伏，故事也如此，激动人心的过程永远是故事中的精彩之处，就像波浪的高潮。这样，故事中有趣的情节就梳理出来了，整本书的故事也就明朗了。我们称它为“情节波”。接下来，请同学们试着继续把这个“情节波”完善好吧！

师小结：瞧，在同学们的合作下，这本书里的情节就被这样清晰而简洁地梳理出来了。同学们在阅读时，不妨多发现，用心寻找作者表达上的规律，然后用适合的可视化工具表示出来。

（设计意图：教会学生阅读的策略与方法，是整本书阅读的技术支撑，在结构上规律比较明显的书目利用可视化工具教会学生梳理情节，一书一得。）

活动二：品细节，感受人物成长

（1）师：在故事中，当我们看到孩子们遭遇不如意的经历时，他们一直在团结努力，想方设法地解决问题，我们不免感同身受而被感动。愿望消失后，孩子们终于可以长舒一口气了，在这一过程中，孩子们正在悄悄长大呢！

（2）师：相信在这本书中，总有令你感动的地方，你愿意分享给大家吗？

学生交流、分享。

（3）师：陈老师也忍不住想和大家分享一下。我觉得安西娅的成长是整本书里最精彩，也是最让人感动的！安西娅本是一个善良懂事的姐姐，在经历了

《人人想要小宝宝》后，她懂得了，尽管小羊羔很淘气，但在哥哥姐姐心底里还是很爱小羊羔的，一点都不希望失去小羊羔。经历了《长大成人的小羊羔》后，安西娅也明白了，真正爱一个人，不是希望他变成什么样，而是让他做自己就好了！而在《印第安人》里，安西娅的成长是最让我们感动的。即将面临战争，她的第一反应就是保护好小羊羔，让小羊羔远离危险。在确定小羊羔安全后，她泪如泉涌，这也让我们突然醒悟：这个有条不紊地安排小羊羔远离危险的安西娅其实也还是个孩子呀。面对危险时，她也会有恐惧，也会害怕，但是真正直面危险时，她选择隐藏自己的恐惧，释放最大的勇敢。安西娅的勇敢、冷静、果断、对小羊羔的爱护、对家人的守护，每一处的成长都感动着我们。

（4）师：不仅仅是安西娅，其他孩子在经历了一次次的不如意后也一样在成长呢！例如我们可爱的妹妹——简。兄弟姐妹给她的外号是“猫咪”，确实，她的性格也如猫咪般天真胆小。在第一章《漂亮得认不出来》中，她可是连挖洞都在担心挖太深了，会掉下去的胆小女孩。可在《巨人罗伯特》中，罗伯特被面包房小伙计打惨了，西里尔要冲过去帮弟弟的时候，简没有丝毫犹豫，一下子抱住了西里尔的腿，使出浑身力气不让西里尔去帮弟弟，生怕西里尔也挨打。胆小的简已经是一个为了亲人可以不顾危险的女孩了！在《印第安人》中，她的行为更能透露出她的成长。起初，她并不明白安西娅的所作所为，但是当她看到安西娅如此紧张时，她似懂非懂，坚定选择了陪在安西娅身边，做安西娅的小助手，帮助安西娅。等安西娅把小羊羔送出家，确认小羊羔安全了之后，安西娅泪如泉涌，简仍然选择陪伴在安西娅旁边，并给予安西娅最大的拥抱和安慰！这就是手足情深，简明白了给家人最好的爱，就是陪伴！

（设计意图：分享书中人物的成长是学生走向主题，体会精神成长的核心活动。教师能够从一个成熟的阅读者的角度来分享自己的阅读感悟，为学生起到了最好的示范作用。在阅读过程中，每个人都会有所得。）

（5）师小结：

结语：细节深处见成长。同学们，这五个孩子经历了一次次不如意的经历后，他们的勇敢、坚强已悄悄长成大树，而兄弟姐妹的感情也在一次次的解决困难时如丝线般将他们越缠越紧。故事中的每一处细节都值得我们细细去品读，从而感受他们的成长！这本书你们看完后肯定意犹未尽吧，作者内斯比特也在结尾铺垫了故事还有续集呢。没错！这其实是一个系列的书籍，它还有两部，即《五个孩子和凤凰与魔毯》《四个孩子和护身符》。意犹未尽的同学们，继续去阅读内斯比特的另外两部作品吧！它们可是一样精彩呢！

（设计意图：让学生们在课下继续阅读内斯比特的其他作品，既为学生的选书提供路径，也让学生们继续去探索儿童幻想小说的内容和精神内核。从课上延展到课下，让精彩继续。）

那些成长中的秘密

——《绿野仙踪》教学工作坊

工作坊地点：澳门城市大学

工作坊成员：澳门小学语文教师

教学实践课例：王　瑶（西安市曲江第一小学）

《绿野仙踪》教学现场

工作坊导师：付雪莲（全国“亲读会”总导师，“阅读改变中国”年度点灯人，澳门整本书阅读指导专家，全国十大青年教师，广东省“点灯人”校园阅读推广人。近年致力于儿童阅读推广，领衔团队开展整本书阅读课程建设与区域推广，在中国澳门、北京昌平、四川成都、陕西西安以及广东珠海等地建立整本书阅读教学实践基地，开展整本书阅读教学工作坊，推动全学科阅读教学实践，成效显著）

工作坊专家：吴希华（珠海市香洲区整本书阅读课程项目负责人，香洲区教师发展中心小学教研部主任，小学语文教研员）

第一节　书册背景

【内容概述】

《绿野仙踪全集》又名《OZ国经典童话》，是美国作家弗兰克·鲍姆（Frank Baum）在1900—1920年间陆续创作发表的奇幻冒险童话故事集，共十四本，有“美国的《西游记》”之称。故事中善良的小姑娘多萝西被一场龙卷风刮到了一个陌生而神奇的国度——奥兹国，并迷失了回家的路。在那里，她陆续结识了没有脑子的稻草人、没有心脏的铁皮人和十分胆小的狮子，他们为了实现各自的心愿，互相帮助，携手协作，历尽艰险，遇到许多稀奇古怪的事情。最终，他们凭借自己非凡的智能和顽强的毅力，都如愿以偿地完成了自己的心愿。

【文学地位】

弗兰克·鲍姆的“绿野仙踪”系列是美国最著名的童话故事，是美国儿童文学协会（CLA）评选的“十部美国最伟大的儿童文学作品”之一，也是美国全国教育协会（NEA）推荐的“最佳童书之一”。问世百年以来被翻译成20多种语言出版，根据“绿野仙踪”故事改编的动画片、电影、舞台剧等更是不计其数。国内常见的《绿野仙踪》是这个系列的第一本。故事以时间为序，环绕奥兹国的历史，由《奥兹国的魔法师》开始，讲述了一个名为多萝西的小女孩在奥兹国和狮子、机器人、稻草人追寻勇气、善心和智慧的历险故事。有时它亦专指《奥兹国的魔法师》这本书。有人以“奥兹国童话”“奥兹系列”等名称来称呼这一系列的故事。首14本由《奥兹国的魔法师》的原作者弗兰克·鲍姆所写，在他逝世后，Ruth Plumly Thompson继续这系列的故事，再连同其他作家的七本，视为这个经典故事的原版故事，合称“Famous Foy”。

【教学价值】

1. 学习兴趣

激发学生阅读奇幻儿童文学的兴趣，养成良好的阅读习惯。

2. 工具技能

在梳理《绿野仙踪》情节过程中，学习可视化思维工具的使用。

3. 文体学习

学习奇幻小说的入口和出口，以及“合情合理”的写作方法。

4. 精神成长

通过《绿野仙踪》里的绿和灰以及奥兹的言外之意，发现成长密码。

作者：［美］弗兰克·鲍姆

译者：陈伯吹

出版社：广西师范大学出版社

《绿野仙踪》书册封面

第二节　教学内容

《绿野仙踪》教学内容（一）

一、它来自偶然，光芒恒久闪耀

1900年，已经45岁的美国作家莱曼·弗兰克·鲍姆（1856—1919）完成了童话故事《绿野仙踪》。本书一经面世便闻名遐迩，多次被改编成音乐剧、电影、电视剧。

此后，续书不断，如《奥兹的奥兹玛》《通往奥兹之路》《奥兹丢失的公主》等。在弗兰克去世以后，还有别的作者撰写“奥兹”系列续书，但反响都不如《绿野仙踪》。

可以说《绿野仙踪》是一本火了100多年的童书，它不仅抵御了时光的无情侵蚀，也在无数想要追寻幸福梦想的人们心中播下了可能的种子。

特别有意思的是，很多年前当这本书被翻译到中国的时候，翻译家们把他的书名翻译成了《绿野仙踪》，可这本书其实是中国清朝作者李百川所著的一本讲述如何求仙得道故事的书名。

从这里我们可以看出东西方文化的差异。在同样面对生命的难题和无常时，东方文化创造出一种独特的智慧，而西方文化则培育了一种类似于执着的天真。

你觉得对于两本内容完全不同的书，取了同样一个书名，究竟孰高孰低呢？我想每个人心中都会有属于自己独特的答案。

时隔一个世纪后，2009年6月，好莱坞制作的精美动画片《飞屋环游记》公映，其制作人声称电影最初的灵感和创意就是来自童话故事《绿野仙踪》。

鲍姆估计很难想象，他偶然机缘下完成的这个故事能有如此大的魅力，不但能给孩子们带来难以忘怀的童话世界，还能给不同的人带来创作新童话的灵感。

二、故事梗概，了解一下

《绿野仙踪》（原名《奇灵妙的奥兹男巫》），以神奇的奥兹国为背景，讲述了美国堪萨斯州的小姑娘多萝西被龙卷风卷到了一个叫芒奇金的地方。她的房子压死了邪恶的东方女巫，解救了被奴役的芒奇金，还得到了一双有魔力的银鞋子。

在美丽的奥兹国中有东西南北四个女巫：其中，住在东方和西方的女巫是恶女巫，住在南方和北方的女巫是好女巫。北方好女巫不仅指引多萝西到奥兹国的翡翠城找大魔法师奥兹，寻求回家的方法，还给了她的额头一个圆圆的、亮晶晶的吻。被好女巫吻过的人，任何人都不敢伤害她。

一路上，她遇到一个渴望从奥兹那儿得到脑子的稻草人，一个全身都是铁皮很容易生锈的樵夫。铁皮人也有他的伤心故事，原来他是一个樵夫的儿子，因为与一个芒奇金的姑娘相爱，受到了东方恶女巫的诅咒，变成了一个铁皮人。他失去了他的心，也失去了对爱人的感觉，感受不到爱情的幸福。他决心请求奥兹给他一颗心。还有一个无比胆小的狮子，这位胆小鬼非常渴望具有百兽之王的气魄和勇敢，因此想从奥兹那里得到胆量。多萝西一路上有了这三个善良而各具特长的伙伴陪同，他们齐心协力，终于到了翡翠城。

惊险的故事到这里并没有结束，请求大魔法师帮助的过程并不顺利。奥兹虽然答应可以满足他们各自不同的愿望，但提出的条件是去杀死奥兹国中唯一存在的西方恶女巫。多萝西和她的伙伴们只好又一次踏上了冒险的征程。

他们克服了西方恶女巫设置的重重障碍，在一次次历险中收获和成长：稻草人因为自觉没有头脑，一次次努力思考反而发挥了他聪明的智慧和头脑；铁皮樵夫因为缺乏心灵，恐怕他的感受会伤害同伴，一次次小心谨慎，彰显了他的温情、善良和忍让；胆小的狮子虽然缺乏胆量，但危险来临时，为了救助同伴也努力克服了自己胆小的心理障碍，不知不觉中恢复了百兽之王的雄风伟范。

多萝西最终用水溶化掉了西方恶女巫，再次回到了翡翠城，要求奥兹实现对他们的允诺。意外的是，故事情节又急转直下，原来这位所谓的大魔法师奥兹只是一个骗子，他和多萝西一样只是人类，并没有法术。无奈之下，多萝西只好求助于法力强大的南方好女巫格林达。故事的最终之谜被格林达揭开，原来多萝西一开始穿到脚上的银鞋子就能帮助她回家。

三、《绿野仙踪》写法上的特点

1. 去往异世界的媒介

每一本幻想小说的主人公进入“超现实/幻想世界”都需要通过一个媒介，这些媒介可以是精灵、女巫等引导者，也可以是一扇门、一盏灯，或是一个梦，或是几种的组合。

这些神奇的媒介让主人公可以来到幻想的世界，同时还能圆满地回去，大多数情况下主人公都会选择回到现实世界，这也是非常典型的“离家”—“归家”结构。

《绿野仙踪》通过现实世界的龙卷风把多萝西带到了奥兹国，又通过奥兹国的银色魔法鞋把多萝西送回了现实世界。

类似的媒介还有很多，比如，《纳尼亚传奇》中的魔衣橱，《哈利·波特与魔法石》中的英国国王十字车站之$9\frac{3}{4}$站台，《野兽国》中突然长满大树的房间，等等。

当然，还有一种是魔法世界的人物来到现实世界当中，比如我们非常熟悉的《五个孩子和一个怪物》，沙仙就是通过沙堆来到孩子们的现实世界当中的。

《绿野仙踪》教学内容（二）

像一千零一夜里面的阿拉丁神灯里的怪物，它也是通过一个小小的容器——神灯，来到现实生活当中的。

所以说，这个媒介既有从现实生活中穿越到魔幻世界这样一种形式，也有从魔幻世界穿越到现实生活这样一种形式。

2. 虚构中的合情合理

虚构中的合情合理是幻想小说的另一个特点。

在《绿野仙踪》的第一部分《旋风来了》中，我们可以看出多萝西是和亨利叔叔、艾姆婶婶一起住在堪萨斯州大草原的中部。

对于多萝西身份的猜测，会让我们感受到一丝不同，孩子不都应该跟父母生活在一起吗？多萝西竟然跟叔叔婶婶生活在一起，在这里我们不免想到多萝西，其实是一个孤女，也正是因为多了孤女的身份，所以她对家才有了特别的渴求。

这也是一种虚构中的合情合理，正是因为她对家有特别的渴望，所以即使是在缀满了宝石的翡翠城，她也从未放下过回家的念头。

通过多萝西的叔叔婶婶住的房子，我们也能感受到幻想小说情节中的合情合理。在书中介绍他们的房子，木材是从好几里路之外用货车载运过来的，所以非常不容易，正是因为如此，他们住的一间房子也是小小的，只是由四垛板壁、一个屋顶和一方地板构成的。房子里有一个外面锈污了的烧饭用的炉灶，一个放盆碟的橱柜，一张桌子，三、四张椅子，还有两张床。这房子既没有阁楼，也没有地下室，只有那么一个小洞直通到地面下，这洞叫作“旋风的地洞”。

正是因为这房子小小的，只有四壁，没有阁楼，又没有地下室，所以才非常不稳固，这也为多萝西的房子最后被大旋风刮起来打下了逻辑的基础。因为叔叔婶婶家境贫寒，所以屋里的东西也非常少，整个房子的自重就比较轻，也比较容易被旋风刮起来。

儿童幻想小说看起来一切都是那么的魔幻，其实里面还是有非常严密的逻辑，以及合情合理之处的。

还有稻草人松软不易受伤的身体，铁皮人受潮易生锈，狮子的吼声威震百兽等，这些主人公各自的特点都非常符合现实世界中的标准。

3. 反复的语言结构

在《绿野仙踪》这本书里，有很多类似于民间故事的反复式结构以及反复式的语言。

比如说在《要命的罂粟花田》这一章，当他们撑着船到达河中间的时候，突然急流把木筏冲向下游，使得他们离黄砖铺砌的路越来越远，水也逐渐深了起来，长木杆触不到河底了。

铁皮人说，坏了，如果我们不能够登陆，我们将被带到西方坏女巫的国土里去，她将对我们施展妖术，把我们变成她的奴隶。这时候稻草人说：这样我就得不到脑子了。胆小狮说：我将得不到胆量了。铁皮人说：我将得不到心了。多萝西说：我将永远回不到堪萨斯州去了。

还有《神奇的翡翠城》一章，当奥兹国王要求他们杀死坏女巫才会答应他们的条件的时候，多萝西忧愁地问：那现在我们该怎么办呢？

狮子回答说我们只能做一件事，那就是到温基人住的地方找到坏女巫，把她杀死。但是假使我们做不到呢？小女孩问。那么我将永远不能有胆量了，胆小狮断然说道。我将永远不会有脑子了，稻草人说。我将永远不会有一颗心了，铁皮人说。我将永远看不见艾姆婶婶和亨利叔叔了，多萝西又哭了起来。

> “我们只能做一件事情，”狮子回答说，“那就是到那温基人住的地方，找到那坏女巫，把她杀死。”
>
> “但是，假使我们做不到呢？”小女孩问。
>
> “那么，我将永远不能有胆量了。”胆小狮断然说道。
>
> “我将永远不会有脑子了。”稻草人说。
>
> “我将永远不会有一颗心了。”铁皮人也说。
>
> “我将永远看不见爱姆婶婶和亨利叔叔了。”多萝西说着，又哭了起来。
>
> P89
>
> 珠澳共读：小学整本书阅读教学工作坊

《绿野仙踪》教学内容（三）

每次遇到困难都是稻草人先说我没有脑子，铁皮人说自己没有心，狮子说自己很胆小，多萝西说自己一定要回到家乡。

反复的语言不仅强化了主题，还有一种非常好的节奏感，能让小读者会心一笑，同时也能获得一种阅读猜测上的安全感。

4. 智慧、勇气和爱心的深层含义

奥兹国王的言外之意，也就是脑子就是智慧吗？爱心就能让你幸福吗？难道有勇气就是不害怕吗？

在书里的139页，我们会看到这样的一段描述，奥兹国王在篮子里喊着：再会！所有的眼睛都望着上面，那魔法师呢，正乘坐在篮子里，每一秒钟比每一秒钟更远地、更高地升入天空中去了。

这对任何人来讲都是最后一次看到他了，最神奇的魔法师或许已经平安地到达了奥马哈，据我们所知，现在他还在那里。但是这儿的百姓们爱戴他，怀念他，彼此互相诉说着，奥兹永远是我们的朋友。

当他在这里的时候，为我们建筑了这座翡翠城，现在他走了，留下这个聪明的稻草人来领导我们。所以翡翠城里的百姓失去了这位神奇的魔法师，许多许多日子以后，他们仍旧很忧愁，而且得不到安慰。

后来，稻草人就领导着翡翠城，虽然他不是一个魔法师，但是百姓们也都很尊敬他。他们说因为在整个世界上，再没有其他的城市是被一个塞满稻草的人领导着的。

我们会看到作者对于人性弱点的那种同情和这种理解，虽然多萝西他们已经发现所谓的这个伟大的奥兹国王、这个魔法师其实就是一个普通人。而且稻草人他们其实是已经获得了各自所缺乏的那个能力，但他们仍然需要这个小老头用这种骗人的技巧来确定自我。

从这里面我们可以看出，从最开始的骗人的奥兹国王，到现在这个塞满稻草的领导者，其实里面有作者对于当时社会的一个影射，以及对于当时社会那种既充满了憧憬又充满怀疑的态度。

脑袋里塞满稻草的一个领导者，这本身就是有一种讽刺。

第二部分铁皮人想要的爱心，在书里44页说有一天铁皮人踩到一只正在沿路爬行的甲虫。唉哟，踩死了这个可怜的小东西，就使铁皮人真的觉得非常不愉快，因为他常常十分小心地不去伤害任何别的有生命的东西。因此他向前走着就觉得很难过，就掉了几滴忧愁和惋惜的眼泪。

结果这些眼泪呢，慢慢地就从他的脸上流淌下来，他就生锈了，当多萝西问他一个问题的时候，就像多萝西做手势要救他。幸亏稻草人，从多萝西的篮子里取出了油罐，在铁皮人的牙床上加了点油，几秒钟以后，他终于能够像以前一样说话了。

他说这个真的是给了我一个教训，我要看看是什么地方，我再踏上去如果踩死别的小虫，那我一定要哭了。

我就不能说话了。他眼睛盯着那个路面，十分小心地走着，看见一只小蚂蚁辛苦地爬了过去。这样才不至于伤害到那个小玩意。等他们千辛万苦去了奥兹国又被告知要杀掉西方女巫，干掉了西方女巫又发现奥兹国王是个骗子。

对于伤害到那个小蚂蚁，别人十分明白，但我自己是没有心的，所以非常非常担心，永远不要残忍或者不仁慈地对待任何小生命。可是对照93页，你就会发现非常非常有意思的事。那个西方的坏女巫招来一群狼，就对那群恶狼说：他们是一个铁皮人，一个稻草人，还有一个小女孩，还有一只狮子。

他们不会做什么工作的，嗯，你就把他们撕成一小块一小块的吧。这只狼就跑过去，别的狼也跟着过去了。

非常幸运的是这一次，铁皮人和稻草人醒着，所以他们看见饿狼们冲过来了。铁皮人就说这次看我的，你们站在我的后面，等他们跑来时我来迎战他们。

他就拿起已经磨得飞快的斧头来挡那个饿狼的头头，当它奔过来的时候，铁皮人就挥动他的胳膊，把狼的头从身上砍了下来。那只狼立刻就死了。另一只又冲上来了，他又举起斧头劈了过去，而这只狼呢，也倒在了铁皮人这把锐利的斧头下面。

总共有四十只恶狼，斧头也就挥动了四十次，每一次都有一只恶狼被砍死。所以到了最后，饿狼们一起躺在铁皮人面前，这死尸啊，都堆成了一堆。唉，于是他放下了斧头，坐在稻草人旁边说：朋友啊，这是一场漂亮仗。

那跟前面45页做一下对比，就是连一只小蚂蚁、一只小甲虫，他踩到之后都会落泪，和这四十只狼一对比，那不形成了一个非常鲜明的矛盾吗？

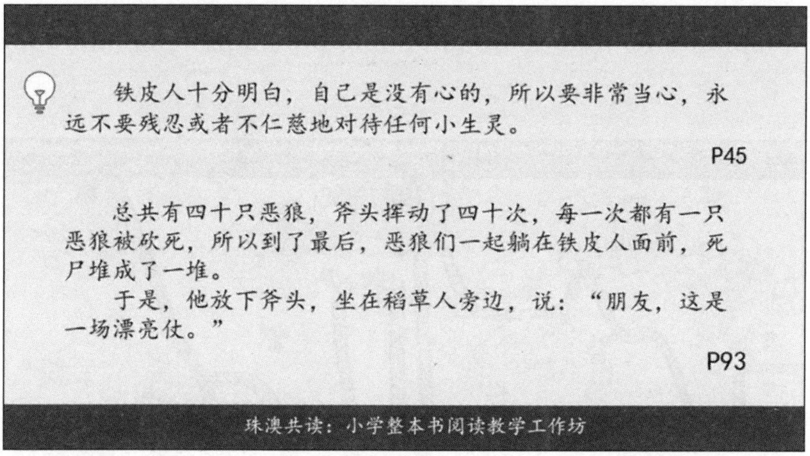

《绿野仙踪》教学内容（四）

这就让我们再一次去思考，究竟什么是爱心，是不是有爱有善良啊，就是你永远都不伤害别人。你会发现这里的对象不一样，就是对于小甲虫也好、小蚂蚁也好，它们是无辜的呀，那去不能去伤害它们。

像饿狼就是敌人，它是要过来把他们撕成碎片的，所以这一部分用我们现在的话讲叫正当防卫。所以这就很有意思，它给了我们一种思辨的力量。

这样一波三折的故事情节，光怪陆离的非凡想象，让读者深陷其中，不能自拔。

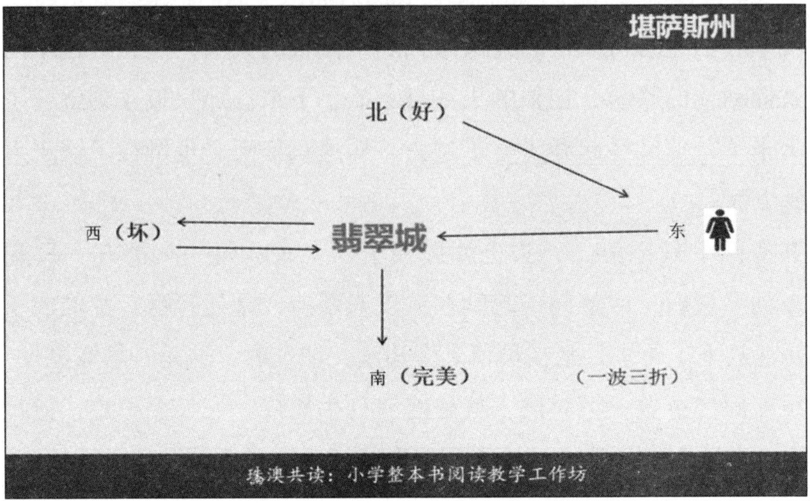

《绿野仙踪》教学内容（五）

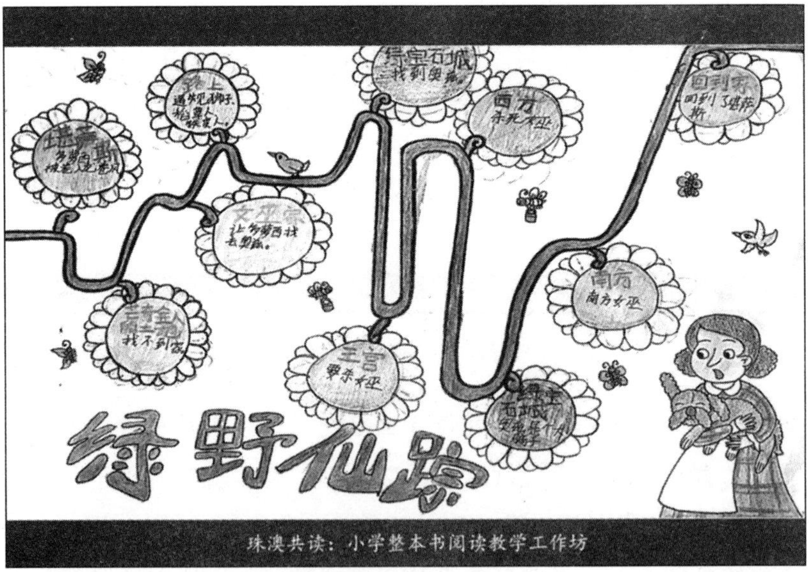

《绿野仙踪》教学内容（六）

《绿野仙踪》教学内容（七）

四、绿野仙踪中的成长密码

之前带领大家用情节绳、情结环，以及方位图梳理了《绿野仙踪》的整个故事。让我们回头再看一看方位图，就是根据上北下南左西右东的图示标注出了多萝西行走路线的图。

你有没有发现非常有趣啊，多萝西先是落脚在东方坏女巫的地方，然后她的房子压死了坏女巫，于是得到了一双银鞋子。

那么好的北方女巫呢，来到了多萝西的身边，告诉她可以去翡翠城找伟大的奥兹国王，求他让你回家。

多萝西穿着鞋子去的时候，奥兹国王并没有满足她的愿望，并说：不行！你要去西方坏女巫那里把她杀了，你才可以回到你的家乡堪萨斯州。

多萝西只好去到了西方女巫那里，但她又不敢杀人。西方坏女巫总算计着抢她的鞋子，多萝西实在是太生气了，一桶水泼过去，唉，西方坏女巫竟然因怕水就消失了。

多萝西觉得很开心，以为这样肯定会回到家乡了，可是当回到奥兹国的时候发现奥兹国国王其实是个骗子。唉，没有办法，最后她只能又跑到南方好女巫也就是完美女巫那里去寻求办法。

那么南方女巫对她说，不用啊，你脚底下的鞋子用脚跟碰三下，就可以回到你的家了。

很多同学读到这个地方的时候都会问：老师，这不是在耍多萝西吗？让她来回走，最开始她就得到银鞋子了，为什么不能一下子回到堪萨斯州呢？为什么还要这么折腾呢？

可是也有同学会说：老师，我发现了这里告诉我们，关于成长最重要的秘密就是成长从来都不是一条直线，成长就应该是这样波折的。

发现了吗？是的。成长的道路就是一波三折的，那么那些希望能够直达目的的成长和成功，是不可能存在的。

那反过来想，当我们在成长道路上遇到一点点困难，甚至遇到很多困难时，其实我们也有这样的心理准备，这就是生活的常态，这就是成长的样子。

多萝西准备去奥兹国的时候，看着北方的好女巫，心里是非常非常依恋她的。因为来到这样一个陌生的地方，她唯一能够信任的就只有这个小老妇人，这个好的女巫了。

所以她马上就对她说："啊，你不能同我一块去吗？"多萝西抱着这个小老妇人恳求她，因为现在女巫是她唯一的朋友。

是呀，当我们遇到生活中非常非常大的困难和困境的时候，如果有个人能帮助我们，我们马上就会像抓住救命稻草一样牢牢地抓住他。

唉呀，你陪我一起吧，这样我会比较安心，这样我才有勇气继续走下去。小老妇人的回答是非常耐人寻味的，她说：不，我不能这样做。

她非常有意思，为什么她说：不，我不能这样做。而不是说：啊，不行啊，我没有空啊，不可以啊，我能力不足。

她说我不能这样做，为什么呢？我们会发现，成长的路其实只能靠你一个人走。

对于生活中的你来说也是一样的，当你在学习中、生活中，包括跟朋友的交往中遇到难题的时候，遇到困境的时候，遇到你觉得无法化解的悲伤的情绪的时候，其实真正能让你走出来的只有你自己。

但是小老妇人又说了一句话，她说：我将吻你，没有一个人敢伤害被北方女巫吻过的人。

她走近多萝西，温柔地吻着她的前额，当她的嘴唇触着小女孩时，就留下了一个又圆又亮的记号，后来多萝西才觉察到。

这个又圆又亮的记号，确实在后面那个飞猴的部分救了多萝西一命。可是这里面仅仅是前后呼应吗？不是的，当我们遇到生命中那个重要的好女巫的时候，她是不能替代我们成长的，但是她会给我们祝福，也许当时我们不理解，我们还会怨她说你为什么不帮我，你为什么不跟着我一起去面对这个困难，可是当我们长大后才会明白，明白她的那个甜甜的吻、那个又圆又亮的吻的意义，明白她对我们的祝福。

这是一个祝福，很多年后你才明白，当遇到生命中的苦难时，我们不再害怕。我给你们的祝福是通过一本《绿野仙踪》，让你们有勇气去面对困难，独自去面对困难。

后面也很有意思，在救出稻草人之前，多萝西从架子上拿下一个水桶到小河里去，汲满了清得发亮的水。托托跑到树林里去，向那些蹲在树上的鸟儿追去。多萝西追它，却看见果子挂在枝头上，她摘下了一些正好当作早餐。

于是她回到屋子里和托托喝了些清凉的水，预备动身到翡翠城里去。多萝西还有一件衣服恰巧也洗干净了，挂在床旁边，那是格子布的，白色和蓝色的棋盘格。虽然洗过好几次，那蓝色有几分褪了，但还是一件漂亮的罩衫。

小女孩用心地洗了脸，穿上了这件干净的格子布罩衫，把大红色的遮阳帽系在头上，提着一只小篮子，里面放满了从橱柜里拿出来的面包，上面盖了一块白布。随后她低头看看自己的脚，发现自己穿的是那么旧的一双鞋子。

她说：托托，旧鞋子是不能够走长路的。这句话太棒了，旧鞋子是不能够走长路的，多萝西已经做好了准备，要走向这条长长的探寻生命真相的路。

但是她知道旧鞋子也就是旧的思维方式是不能够到达的，在这个时候，多萝西看见放在桌子上的一双银鞋子，那是东方女巫的东西。

她对托托说：我知道，如果要走长路，正用得着，因为这种鞋子不容易穿破。于是她脱下旧皮鞋穿上那双银鞋，不大不小好像正是为她做的。

最后她提起了篮子。她说：托托，走吧，我们将要到翡翠城去请求伟大的奥兹让我们回到堪萨斯州去。

那一刻我突然想唱一首歌，走吧走吧，为自己的心找一个家。有很多同学会觉得说，唉，作者这一段描写不是废话吗？她去吃东西啊，她去打水啊，她去穿漂亮的衣服啊，干净的，还有点旧的那个衣服啊，写这些有什么用呢？

真的是这样吗？当面对生命中新的挑战、新的难题的时候，咱们来看看多萝西是怎么做的，她没有哭，她没有闹，她没有去骂说：唉呀，北方这个小老妇人你为什么不陪我去？你为什么把我独自留在这样一个又危险又未知的世界呢？

都没有，她觉得很饿，就吃了几片面包，喝了清凉的水，吃了鲜美的果子，然后给自己换上一件虽然很旧，但是依旧干净的衣服，认真地洗了脸，并给自己穿上了一双新鞋子。

你看她所做的这些事情。我们叫仪式感，对吗？她在干吗？她在为自己重新出发做准备。

其实在我们生命中，有很多的失，比如说：失败、失忆、失去、失恋、失业等等，这些都是人生的常态。

可是更重要的是什么？更重要的是我们有没有多萝西这样的勇气，去重新调整自己，好好地洗把脸，穿上一件干净的衣服去吃点东西，重新走上一条我们未知的路。

所以你发现了吗，在《绿野仙踪》这本书里，我们真的会看到在我们成长中当遇到同样的难题时，我们究竟该怎样去打开那扇门。

成长的道路，本身就是一波三折的，就会遇到很多很多的困难，而且成长是需要独自前行的，任何人都不能代替你，哪怕是你最亲爱的家人和朋友都不能代替。你必须自己走，更重要的是你有没有像多萝西这样拥有重新开始的勇气。

比如这次考试没有考好，那你有没有勇气说：那我准备好，下一次我继续努力！而这一切才是成长真正的秘密。

五、那些有趣的问题

很多看过这本书的同学提出的问题相当有趣。例如：奥兹坐热气球回家为什么会那么开心？小狗托托为什么不能说话？铁皮人不杀害生灵，为什么还杀了野猫？书名为什么叫《绿野仙踪》？为什么多萝西不能把银色魔法鞋穿回家？

他们的回答也相当精彩。例如：奥兹不用再欺骗下去了，做回自己才是最开心的。小狗托托是要回到现实世界的，所以它不能说话。杀生和护生并不矛盾，其实根本无法做到不杀生，喝一口水都会杀死好多微生物，一屁股坐在椅子上都会坐死很多生命。不杀生是不为一己私欲滥杀无辜，这里铁皮人杀掉野猫是为了救更多的生命。书名原来叫《奇炒的奥兹男巫》，为了迎合中国读者的口味，所以名字要取得文雅有趣一点。银色魔法鞋属于奥兹国，是不能带到现实世界的，就和小狗托托不能说话是一个道理。

你觉得同学们的问题和答案有趣吗？你又会问出什么样的问题，给出什么样的答案呢？

读完整本书你还会发现，一直说自己没有脑子的稻草人却在每一次的困难中想出最绝妙的方法，处处充满智慧。说自己没有心的铁皮人，却最为善良，处处关心他人、爱护生灵。说自己胆小的狮子却能在强大的怪兽面前挺身而出，保护自己的朋友。一直说自己是个很差的魔法师的奥兹，却建立了最伟大的翡翠国，他给了人民信仰，让每个人都过得很幸福。没有父母的多萝西对家充满了眷恋，她说无论奥兹国有多美，最好的永远是自己的家。但其实回家的方法，早就穿在她的脚下。

你最渴望的，终将成为你所拥有的。

愿我们都能够拥有聪慧的大脑、善良的心、无所畏惧的勇气和永远可以回去的家。

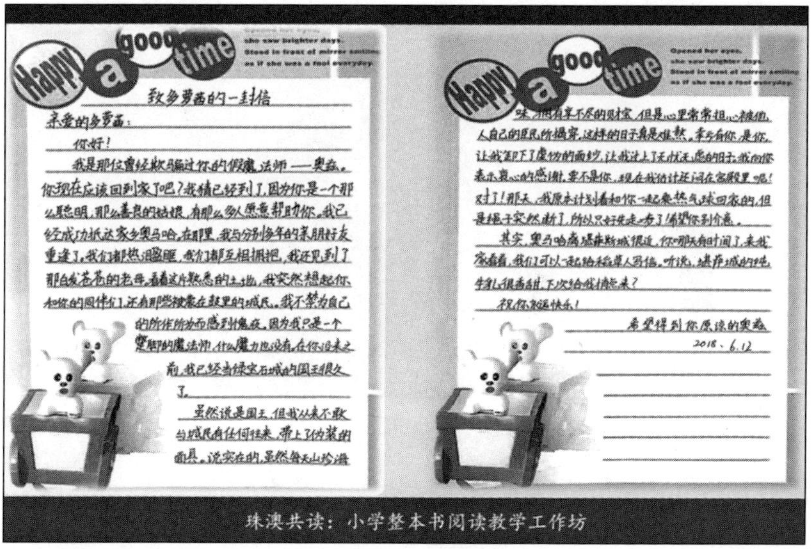

《绿野仙踪》教学内容（八）

第三节　研讨任务

【任务布置】

如何运用恰当的阅读策略阅读《绿野仙踪》。

【作品展示】

学员讨论

【导师点评】

澳门教师通过对一次完整的整本书课程流程的学习，清楚了完整的整本书阅读课程的基本流程，包括导读课、推进课、交流课和拓展课。在导读课里，教师们明确了主要的教学目标是激发兴趣和解难。在推进课里可以适当地用一些关键问题，让学生持续阅读，并且要保证达到一定品质的阅读质量。交流课主要从以下五个方面进行备课：情节、人物、主题、表达、风格。在拓展课里我们有更丰富的内容，包括学生的写作、制作手抄报、儿童戏剧电影、配乐演讲、作者见面会，等等。

教师们在交流过后把《绿野仙踪》定位在五至六年级，这个定位还是比较准确的，主要运用四个阅读策略开展活动，分别是预测、提问、讨论、实践。预测的部分，澳门的教师选择的策略是通过封面来猜测人物以及故事的情节，其主要目的还是为了激发学生阅读本书的兴趣。

《绿野仙踪》的目录也是非常有特色的，澳门教师通过让学生阅读目录去发挥创意，联想内容并结合小标题，再次帮学生梳理全书的内容。在提问和讨论部分，澳门教师希望预先派发提问纸，分组讨论完成提问纸。这个部分的方法还是可取的，问题在于所提的问题质量难以把控。如果班级的学生水平比较高，可以让他们参与到提问的设置当中来。在延伸活动中，澳门教师选择了改写喜欢的章节，以写促读这个选择还是相当好的。但是作为课堂教学，学生也可以去改写同一章节，从而学习如何保证改写部分与原文的不同和紧密的联系。话剧演绎对于澳门学生来说是比较有优势的，特别是对于某些学校，他们本身就有话剧课程，用这样的方式可以促进学生回读，并在表演中更深入地理解人物。

第四节　教学实践

【阅读课型】

《绿野仙踪》导读课

【执教教师】

陕西省西安市交大阳光小学王瑶

陕西省西安市交大阳光小学王瑶老师执教本课

【教学设计】

《绿野仙踪》导读课教学设计

（一）教学目标

1. 知识技能

通过预测的方法，激发学生对该书的兴趣。

2. 过程方法

通过观察封面图片、目录、主要章节，培养学生预测及大胆想象的能力。

3. 情感态度价值观

通过感受多萝西的经历，感受成长的秘密——面对一波三折的生活，你所期待的，结果一定将是你所拥有的。

（二）学情分析

小学六年级的学生和低年级学生相比，具有比较强的自行探究能力，学生在观察能力、思维能力、语言表达能力方面都有了较大的提升，有着强烈的好奇心与动手操作能力。他们喜欢在自己的探索中获取知识，喜欢在玩中学，喜欢在做中学，喜欢在想中学，喜欢在用中学。对周边的事物也能产生浓厚的兴趣，有着强烈的学习愿望，但不能自觉地从生活中进行学习，也不能很好地把阅读技巧用于生活中。在学习方式上，存在着单一式学习、缺乏合作学习等问题。

（三）教学重点

通过有效的阅读策略，激发学生对《绿野仙踪》的兴趣。

（四）教学难点

进行小组合作，根据目录解决难题。

（五）教学准备

教具：激光笔、PPT、影片。

学具：学习单、书籍。

（六）教学资源

优教应用平台、鸿合同屏课堂。

（七）教学过程

1. 播放视频，激趣导入

播放影片节选——“龙卷风来了”与“见到芒奇金人”，观看多萝西被龙卷风带入奥兹国的故事，通过视觉的冲击，将学生带入课文情境。时长2分34秒。

（设计意图：通过视频中的情节故事，让学生初步感知《绿野仙踪》的魅力，为学生学习奇幻冒险童话小说做好铺垫，为整节导读课的学习做好准备，激发了学生的学习兴趣。）

2. 探索封面，了解作者

教师请同学们将目光移至该书的封面，问学生看到了什么。（生自由说）

教师介绍1900年，已经45岁的美国作家莱曼·弗兰克·鲍姆（1856—1919）完成了童话故事《绿野仙踪》。它一经面世便闻名遐迩，多次被改编成音乐剧、电影、电视剧。可以说《绿野仙踪》是一本火了100多年的童书，它不仅抵御了时光的无情侵蚀，也在无数想要追寻幸福梦想的人们心中播下了可能的种子。

（设计意图：通过了解封面及作者信息等，激发学生对该书的兴趣。）

3. 探索目录，把握重点

（1）提出问题

你还记得刚才视频中出现的人物名称吗?

生答：“多萝西”。

（设计意图：学会寻找主要人物，为后续的预测做准备。）

（2）引导学生观察目录、回答问题

透过影片节选，可以谈谈你的感受吗?

生答：画面很梦幻，色彩冲击力很强，龙卷风等意象很震撼。

本部影片的灵感来源于《绿野仙踪》的第一、二章节。（学生预览目录）

教师提问：预览目录，可以获取哪些信息呢?

生答：多萝西、胆小的狮子、田鼠女王、带翅膀的猴子、女巫、铁皮伐木工……

通过众多的人物角色，引导学生大胆预测一下他们之间会擦出怎样的火花。（将预测内容记录在学习单中）

《绿野仙踪》学习单

1. 通过目录，你了解到其中有哪些人物呢?
2. 展开想象的翅膀，大胆地预测一下这些人物发生了什么事。
3. 预览目录后，有什么问题困扰着你吗?

大胆预测一：多萝西拥有一个幸福的家庭。

大胆预测二：多萝西和胆小的狮子成为了好朋友。

大胆预测三：多萝西在奥兹国遇到了很多“朋友”，她回到现实生活后把他们也带了回来。

大胆预测四：多萝西是通过龙卷风来到奥兹国，同样是通过龙卷风回到现实生活中的。

此环节潜移默化地引导学生掌握奇幻冒险童话的特点：大胆的想象和探索、合情合理的虚构。

（设计意图：本书是奇幻冒险童话故事集，共14本，有“美国的《西游记》”之称。因此，要引导学生了解奇幻冒险童话的特点，突破教学重点。用时10分钟。）

4. 小组合作，分享交流

将预测内容与同学互相分享。

（设计意图：将学生的思维以文字形式呈现，小组互相交流，进行头脑风暴，让有趣的“金点子”相互碰撞，增加了学生对故事情节的憧憬。用时6分钟。）

5. 作品展示，辨析故事情节

《绿野仙踪》学习单

1：通过目录，你了解到哪些人物呢？

多萝西、田鼠女王、胆小狮、稻草人、铁皮人

2：展开想象的翅膀，大胆的预测一下这些人物发生了什么事呢？

多萝西生活在一个幸福的家庭

3：预览目录后，有什么问题困扰着你么？

在第六章是胆小的狮子可是在第二十一章却是狮子成了百兽之王?

（运用同屏课堂拍照上传。及时鼓励，及时表扬。）

（设计意图：充分发挥以学生为主体的自主合作探究，教师做引导者。）

辨析：

有同学提出目录中的小标题存在矛盾，第六章介绍胆小的狮子，而第二十一章他却成为百兽之王？小狮子到底经历了什么呢？请同学们稍后阅读书籍，在书中寻找答案。

6. 小结

同学们，通过对书籍封面、书脊、作者的介绍，老师看得出来，你们已经对本书的主人公与写作背景有了一定的了解。那么这些人物之间究竟会擦出怎样的火花呢？小狮子究竟是怎样蜕变成百兽之王的呢？他们在奥兹国到底经历了哪些事情呢？多萝西是否可以回到现实生活呢？请同学们阅读本书，运用情节波等工具将这些答案记录下来，下节课我们将针对具体情节进行分享。

【板书设计】

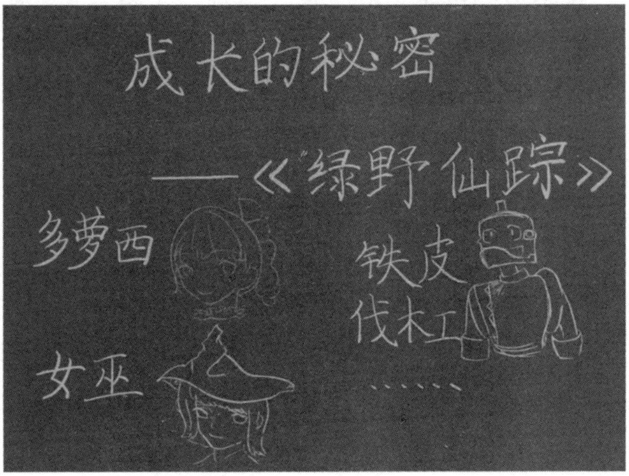

（设计意图：利用图文并茂的情节绳，使学生快速掌握复述的能力，让学生对本节课的知识做到一目了然、心中有数。）

向着明亮那方

——《全部都喜欢》教学工作坊

工作坊地点：澳门城市大学

工作坊成员：澳门小学语文教师

教学实践课例：王　瑶（西安市曲江第一小学）

付雪莲老师澳门城市大学授课现场

工作坊导师：付雪莲（全国“亲读会”总导师，“阅读改变中国”年度点灯人，澳门整本书阅读指导专家，全国十大青年教师，广东省“点灯人”校园阅读推广人。近年致力于儿童阅读推广，领衔团队开展整本书阅读课程建设与区域推广，在中国澳门、北京昌平、四川成都、陕西西安以及广东珠海等地建立整本书阅读教学实践基地，开展整本书阅读教学工作坊，推动全学科阅读教学实践，成效显著。）

工作坊专家：吴希华（珠海市香洲区整本书阅读课程项目负责人，香洲区教师发展中心小学教研部主任，小学语文教研员）

第一节　书册背景

【内容概述】

1984年，金子美铃生前留下的三本手抄童谣诗集共五百一十二首作品《金子美铃童谣全集》出版，震撼了日本文学界，也震撼了每一位读到诗的普通人。迄今为止，金子美铃的多首代表作被收录于日本的小学国语课本，其作品已被翻译成包括中文在内的英、法、韩等七国文字。《全部都喜欢——金子美铃诗歌精选》从日本JULA出版局2004年出版的《新假名版　金子美铃童谣全集》里精心挑选了一百五十首金子美铃的诗歌，由首次将其引进中国的译者吴菲翻译，辅以精美插图，展现金子美铃诗歌的纯净之美。

【文学地位】

金子美铃的诗歌非常有特点：短小、晶莹剔透，讲求韵律的同时非常具有童趣。虽然诗人自己有着悲惨的遭遇，但是不妨碍她拥有非常敏锐的观察力以及积极向上的人生观，而这些都体现在了她的诗歌当中。而在2011年的日本3・11地震期间，金子美铃的诗歌被日本各大媒体称为“疗治心灵创伤的良药”，并被广为阅读。

名人推荐：

“童谣诗人的巨星。”——日本《童话》杂志主编、著名诗人西条八十

“美铃的作品，隔了半个世纪的冬眠，复活以后获得了永恒的生命。”——日本作家新井一二三

“但愿有一天，地球上的人们都能够体会金子美铃。”——儿童文学研究者矢崎节夫

作者：

［日］金子美铃（1903—1930），日本童谣诗人。二十岁开始发表作品，

二十六岁去世时留下三本手抄童谣诗集，共计五百一十二首作品。这些诗歌于1984年首次正式结集出版，甫一面世，立刻受到各界瞩目且广为流传。

译者：

吴菲，毕业于日本山口大学人文学科研究科，文学硕士，日本文学译者。现居日本山口市，译著有《向着明亮那方》《金子美铃物语》《豆腐匠的哲学》等。

【教学价值】

（一）掌握书册知识，学会选书

通过读封面、封底、版权页、目录等信息，了解一本书的基本风格，学会如何选择一本书。

（二）走进一本诗集，解读诗歌

从诗的元素走进一本诗集，掌握诗歌这种文体的基本特征，感受金子美铃诗歌的语言特点。

（三）获得精神力量，理解诗歌

品读诗歌，体会金子美铃朴素的语言背后对万事万物美的赞誉，对生活的热爱，并能将其转化为精神的力量。

（四）联结个人生命，仿写诗歌

结合自己的生命体验，与自己的生活经历进行联结，仿写诗歌，以便更好地理解诗歌。

作者：［日］金子美铃/苏卡

译者：吴菲

出版社：浙江文艺出版社

《全部都喜欢》书册封面

第二节　教学内容

《全部都喜欢》教学内容（一）

一、你要知道的拆书理论

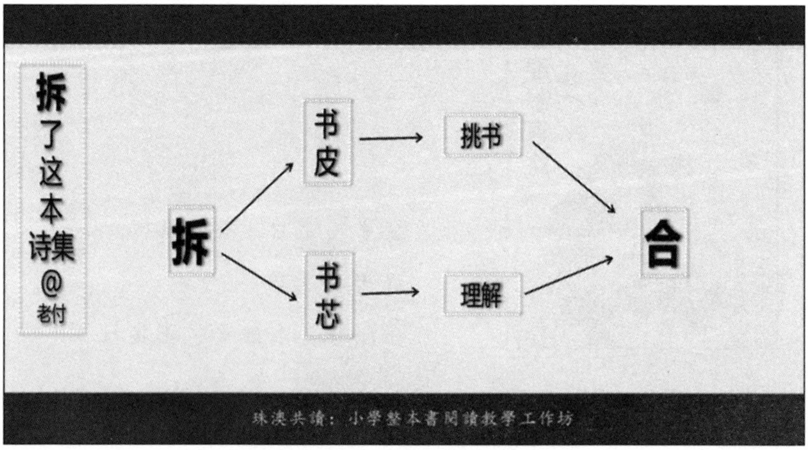

《全部都喜欢》教学内容（二）

还原真实的阅读过程，你会发现当你面对浩如烟海的各类书籍时，首先要做的就是拆书皮，目的是挑选一本自己真正想读的书。没有任何一本书是你这辈子一定要读的，没有任何人能读完所有的书。你拥有选择书的权利，也应该拥有选择书的能力。

拆书皮不是拆书最重要的部分，却是必经的部分，所以你无法越过，也不应该越过。没有一个人到书店是直接读书芯的，作为独立的阅读者，你要学会通过书皮判断一本书是不是你想要的。你可以根据小学高年级“拆书皮”的基本学力要求对照一下自己现在拆书皮的能力。

但你也要知道，你要用更多的精力走进书芯，因为它才是一本书的精华所在。理解是阅读的核心（王荣生），通过对书皮和书芯的拆解，我们获得的是综合能力的提升，里面不仅仅包括阅读能力、写作能力、思维能力的提升，还包括个人精神境界的提升。而这一切的统整提升应用，就是合。今天拆的书比较特别，它是一本诗集。

二、拆书皮：这本书我是否要读？

（一）你该掌握的书册知识

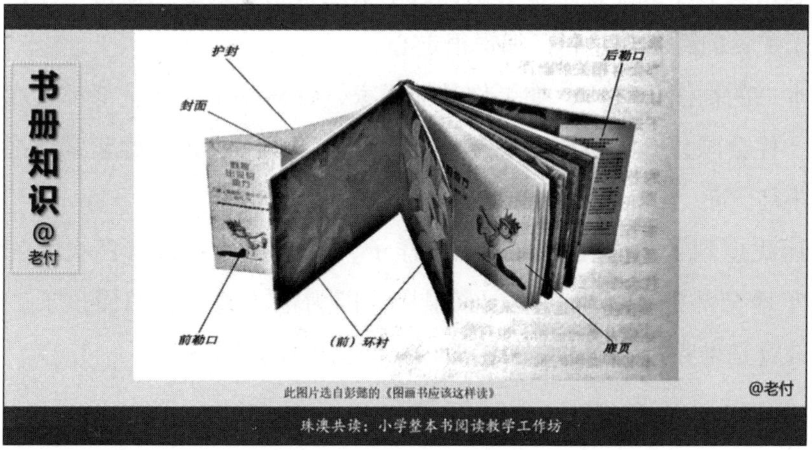

《全部都喜欢》教学内容（三）

（二）封面的精彩

《全部都喜欢》教学内容（四）

如果你已经是个拆书皮高手，看到金子美铃、吴菲这两个名字，你就已经能基本判断这本书是很不错的了。吴菲作为日本文学翻译家，已翻译的作品有26部。通过以译者找书的方法，你可以找到宫泽贤治的《春天与阿修罗》及《兔之眼》。

一般精装书才会配置丝带书签，这本书丝带书签的颜色值得一提，温柔的粉和金子美铃的诗相得益彰，编辑很走心。

这本书的插图也很棒，如果你是插画家，针对一本叫《全部都喜欢》的诗集封面，你会画什么呢？插画家在封面上画了一个小女孩，她紧紧地抱着葱、树叶、小鸟、鱼。

这让我想到了我女儿在商店里的样子，一个孩子对自己喜欢的东西，就是要牢牢地全部抱在怀里。插画家很棒，因为他（她）真的懂孩子。可是他（她）究竟是谁呢？翻到书芯的后面，我们就可以找到答案。

（三）版权页的用心

《全部都喜欢》教学内容（五）

《全部都喜欢》这本书的作者是日本的金子美铃，译者是日本文学译者吴菲，绘者是在日本有过留学经历的苏卡。这三个人都跟日本有关系，日本文化的浸润，让这本书的风格高度统一。作者、译者、插画师都在用自己的方式诠释这些美好的诗歌、美好的文字。

其实这本诗集里不仅有作者、译者、绘者的存在，它至少应该同时响起了五个人的声音，除了作者、译者、绘者、读者，其实还有编者。我们从封底就可以看出编者对于这种日式简洁风格的尊重与维护。

（四）封底的风格

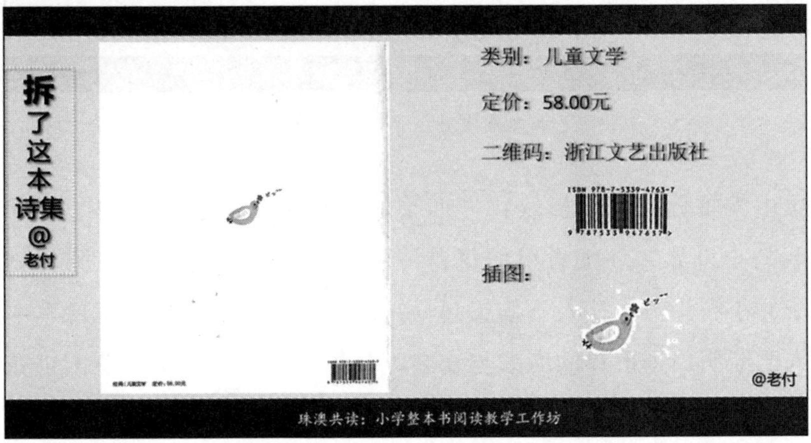

《全部都喜欢》教学内容（六）

不同于其他书籍封底中大量的宣传语和各界媒体专家的溢美之词，这本诗集的封底干净简洁，连类别、定价、二维码都小小的，生怕破坏这份纯净。这是超典型的日式风格。

第一次看到这个封面时，我就在猜这个叼着小花儿的究竟是小鸟还是小鸡？在诗中我找到了《夜里凋落的花》这首诗，一读就会发现这是只小麻雀，一只会心疼凋落花朵的小麻雀。

为什么把这只嘴里衔着凋落的花朵，叫着日文“PIPI”的小麻雀画在封底上呢？

众生皆苦，一点点的温柔就有着照亮整个世界的力量，编者和绘者是真的懂金子美玲的慈悲。用麻雀作为封底，无限的温暖，无限的希望，妙极！

三、在目录里寻找打开一本书的钥匙

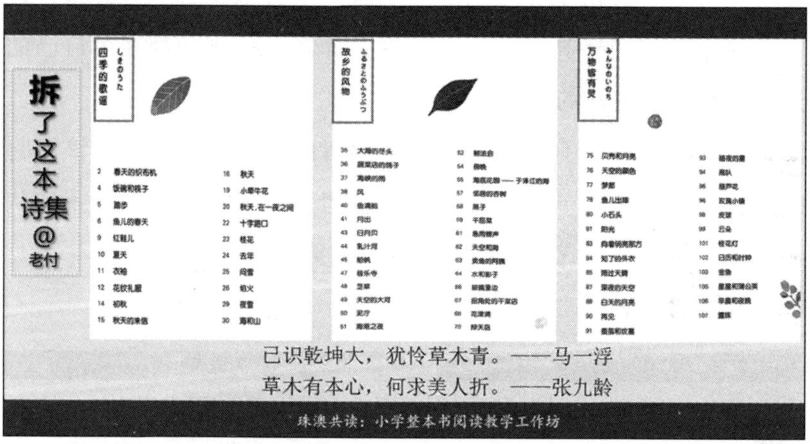

《全部都喜欢》教学内容（七）

目录由编辑分成四个板块：“四季的歌谣”“故乡的风物”“万物皆有灵”“我的小世界”。细看里面每首诗的题目，月、花、雪、风、鱼儿、饭碗、筷子、小石头……让人不禁想起马一浮的“已识乾坤大，犹怜草木青”。当一个人已经明白了世界的庞大与复杂，却仍然对日常小事、草木虫石怀有敬畏之心，就是达到了众生平等的境界，就是有了深知万物皆苦的怜悯之心。

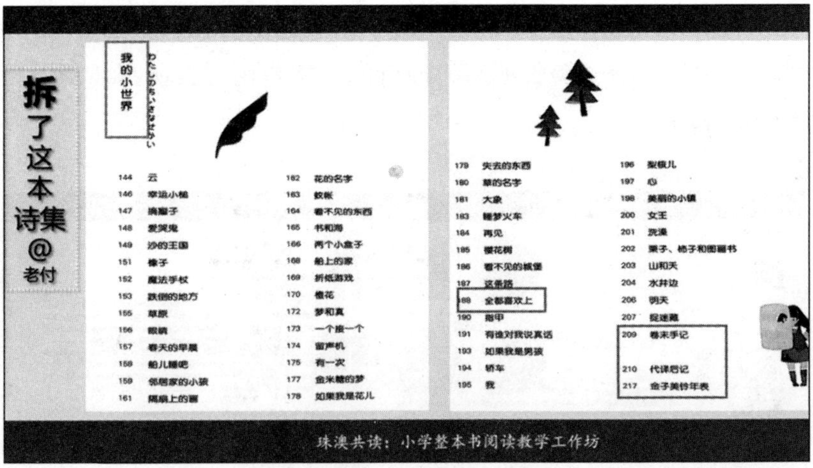

《全部都喜欢》教学内容（八）

“已识乾坤大，犹怜草木青”经常被人们用来评价汪曾祺的《人间草木》，看看它的目录：葡萄、栗子、马铃薯、葵和薤、韭菜花……

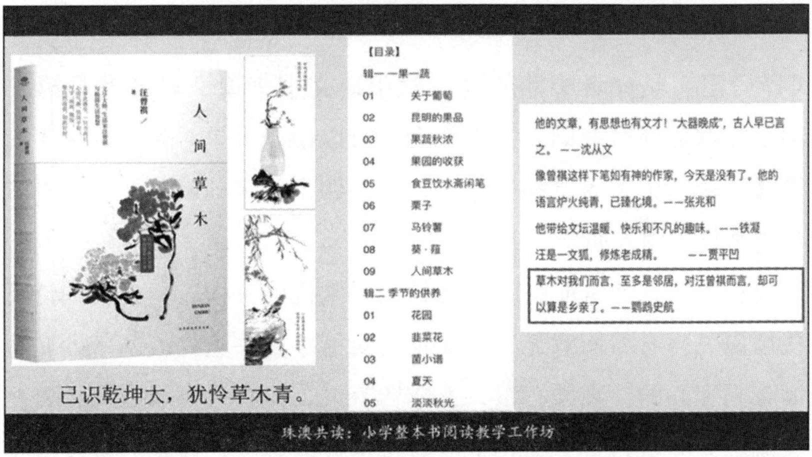

《全部都喜欢》教学内容（九）

汪曾祺曾经写过这样的文字：在白马庙教中学的时候，看见一个挑粪的，粪桶是新的，近桶口处画了一圈串枝莲，墨线勾成，笔如铁线，匀匀净净。粪桶上描花，真是少见。

对比金子美铃和汪曾祺，你大概就会感受到他们是同一种人，虽然见识过纷繁复杂的世界，心中却仍有一泓清泉在流淌，总能用对等的视角去看这个世界中常人所看不到的细微之处，以及更深更广的空间与美。

《全部都喜欢》除了诗题之外，还有卷末手记、代译后记、金子美铃年表。《卷末手记》是金子美铃所写，原诗的正文是用文言所写，所以吴菲的译文也有古文的味道。

《全部都喜欢》教学内容（十）

《代译后记》是译者吴菲所写，对于译文书来说，译者就是第二个“作者”，为了能够翻译得准确、贴近作者，可以说译者是对作者最为了解的人。吴菲这篇《代译后记》质量相当之高，归纳四个关键词就是：语言朴素、众生平等、身边素材、因人而异。

金子美铃的语言非常质朴，就像你我平常说话一样，但内在的诗意却让人觉得词浅情深、言有尽而意无穷。无论是对待小石头也好，凋落的花也好，她都是充满着同理心的。在她心里，万物皆有灵，万物皆可以入诗，万物皆值得歌颂和交流。吴菲认为金子美铃平等看待世界的态度，让她的诗充满了纵横无碍的想象和无数新鲜的感动与发现。但每个人都有自己的解读角度，所以她不肯过多地评说，更不肯给出所谓的标准答案。

这很符合后现代建构主义，真相不是被发现的，而是被发明的。每个人都可以带着自己的人生阅历和独特感受来读这本诗集。这一小节，我们通过对目录的浏览，不仅掌握了这本诗集的整体结构，更是了解到作者选材和观察的角度。这对于读者来说，既可以指向阅读的策略，也可以指向写作的方法。

四、拆书芯：如何读一本诗集

《全部都喜欢》是金子美铃的精选诗集，里面收录了150首诗。解读一首诗的方法很多，诗里的元素更是不可计数。下面我们就从诗的元素入手，说一说如何走进一本诗集。

（一）言有尽而意无穷

王国维的《人间词话》开篇就写道："词以境界为最上。有境界则自成高格，自有名句。"诗家所说的境界包括物境、情境和意境三境。王国维的境界是指"言有尽而意无穷"。金子美铃的诗里同样有这种"言有尽而意无穷"，例如下面这首诗：

桂花香
桂花香
满庭院。
大门外
风吹来，
进去还是不进去？
风儿们正商量着。

就这29个字，把桂花的香气从半个世纪前金子美铃的院子吹进了我们的怀里。桂花可以有多香？金子美铃说——满庭院，这个"满"字和《桂花雨》里的"浸润"异曲同工。香味如此浓郁，一整个院子都是满满的香气，持久不散。风儿为什么要商量进不进去呢？哎，那么香，谁不想进去闻闻呢？唉，那么香，一进去满庭的香就会被吹散了。

站在风的角度写进退两难的纠结，表面上是写风，其实写的是自己对于桂花香气的迷恋。一句风儿们正商量着，把整个诗的意境推向了更远处，让我们不禁莞尔，眼前仿佛出现了徘徊在门口的风儿还在商量着到底要不要进去……这种感觉就像喝茉莉花茶，茶已经入喉，香气却还在唇齿间回旋，这正是言有尽而意无穷啊。

（二）万物命名

万物命名也是写诗的一种方法，在某个特定语境，通过给事物重新命名的方式，引导人们发现世界的另一面。例如下面这首乳汁何，就是用了万物命名的方法。

乳汁河

小狗狗啊，不要哭，
天就快黑啦。

天一黑
就不怕没有妈妈了，

你会看见
深蓝的夜空里
若隐若现
流淌着一条乳汁河。

这首诗里的“乳汁河”其实就是给银河重新命了名，如果脱离了这首诗的语境，“乳汁河”其实是很难理解的。但回到这首诗的语境，我们就能感受到诗人对小狗狗的同情和安慰。哭泣的小狗狗，失去母亲的小狗狗，天黑后不是应该更害怕吗？诗人却说，天一黑就不怕没有妈妈了，因为深蓝的夜空里会流淌着一条乳汁河。

浩瀚的夜空，从这一刻，俨然成了小狗狗的母亲。小狗狗只要仰望星空，就能回家，就能获得安全感。孤苦的小狗狗变成了自然之子，自然会像母亲一样保护它、滋养它，它会长大的……

这是否也是金子美铃对自己说的话呢？在金子美铃眼中，万物皆有名，万物也皆有灵。

（三）“陌生化”手法

“陌生化”这一美学概念是由俄国文艺理论家维克托·什克洛夫斯基提出来的。作者对文字运用、谋篇布局、情节设计和人物刻画进行“陌生化”的艺术处理，把读者所熟知的去掉或者把文章进行变形和超常规的处理，从而激起读者的惊讶和好奇心，重新唤回人们对于生活的敏感性。（节选自任为新先生的《陌生化和语文教学》）金子美铃的诗里也有陌生化的写作手法。例如：

海底花园
——于泽江的海

入海口水底的花园
从船上就能看得见。

飞舞着的是光的白蝴蝶，
摇荡着的是绿色时钟草。

在遥远的外海海底，
山丘呀，山谷呀，河岸呀，
还有，海龙王的

好像牡丹那样，紫色的，
花儿般的水母数也数不清。

如此美丽的花园，
陆地上没有。

不过，那是不起眼的，
海滨决明子的花儿啊。

龙宫庭院里开着的花儿，

是只知道陆地上花儿的孩子，
想都无法想象的。

金子美铃把海底的景色想象成了陆地上的花园，这就是“反常化”的写作手法，把人们已经习以为常的大海变得神秘而浪漫，重新吸引人们的目光和兴趣。

《海底花园》中的反常化手法（比作）

海底的花园（入海口）	陆地上的花园（海滨花园）
飞舞着的光	白蝴蝶
水草	绿色的时钟草
水母	紫色的牡丹花
山丘、山谷、河岸、龙宫的花……	无法想象

时钟草：常绿藤蔓植物，形状很像时钟上的文字盘。

这首诗比较难理解的是第五小节，在和翻译吴菲女士沟通后，得到了目前金子美铃纪念馆专家们比较赞同的一种解释。

前四节铺垫：入海口水底的花园，比陆地上的花园美丽得多。第五小节转折：可是这浅海里的花园跟某个地方相比，简直就像陆地上最不起眼的决明子的花那样普通。最后两小节：那就是没法想象的龙宫花园。

五、联系作者的生平

都知道读诗要联系作者的生活背景，那如何联系呢？下面用《全部都喜欢》里面的金子美铃年表为例，展现拆书的力量。

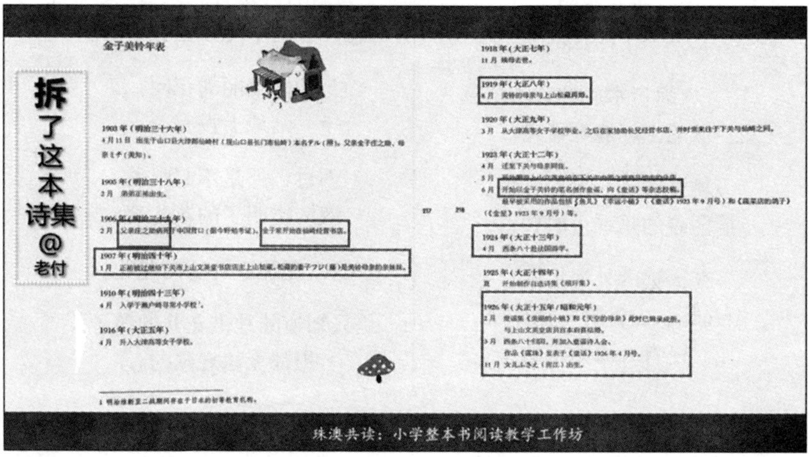

《全部都喜欢》教学内容（十一）

1. 全都喜欢上

全都喜欢上

我好想喜欢上啊
这个那个所有的东西

比如葱，还有西红柿，还有鱼，
我都想一样不剩地喜欢上。

因为家里的菜，全都是
妈妈亲手做的。

我好想喜欢上啊，
这个那个所有的一切。

比如医生，还有乌鸦，
我都想一个不剩地喜欢上。

因为世界的全部。
都是上天创造的。

因为是妈妈亲手做的菜，葱也喜欢，西红柿也喜欢，每天都吃的鱼也喜欢；因为这世界是上天创造的，打针的医生也喜欢，黑黑的乌鸦也喜欢。一个父亲客死他乡，跟着寡母过活的女孩儿，微笑着对你说，她喜欢这个世界，全部都喜欢。此刻，你的心里又是什么样的感觉呢？金子美铃的一生或许是场悲剧，但我一点都不觉得她悲惨，因为她心里有诗、有光、有爱、有喜欢。

真正悲惨的人生，是你准备离开的那一刻，才猛然醒悟自己从未活过吧。这个世界努力地把我们每个人都变成千篇一律的皮囊，我们就像《小王子》里面的点灯人，努力地点灯、熄灯、点灯、熄灯，却不知道自己为什么要这样做。我们对当下的生活并不满意，但也不知道自己究竟喜欢干什么。我们甚至都找不出一个词语来形容自己所过的生活。

很多年以前，一个叫梭罗的诗人就写下过这样的生活状态："我们大多数人，都生活在平静的绝望中。"

金子美铃的诗就这样横冲直撞地闯入我们平静的绝望中，她以孩子的心用力地拥抱着世界上的一切，然后坚定地告诉我们：喜欢！全部都喜欢！上天恩赐的一切，我都喜欢！

乌鸦有用吗？绘画有用吗？不可口的饭菜有用吗？唱歌有用吗？诗有用吗？喜欢这些没有用的，会不会很浪费时间啊？时间那么少，我们不是应该把时间用在更有用的事情上吗？

我不知道怎么回答你，我只想告诉你，我从来没有忘记过《死亡诗社》里约翰·基廷老师说过的那句话："没错，医学、法律、商业、工程，这些都是崇高的追求，足以支撑人的一生。但诗歌、美丽、浪漫、爱情，这些才是我们活着的意义。"

2. 书和海

金子家开始在仙崎经营书店。这一条让我们了解到金子美铃从小是在自家书店长大的，能写出那么多的好诗，与她成天浸润在书中有关系。但如果你认为她整天可以在“金子文英堂”舒舒服服地读书写诗，那你就错了。从懂事起，她就在镇上这唯一的一间书店帮忙，她的童年并没有像其他小朋友那样自由和欢乐。她的童年只有书，还好，还有书。

书和海

没有哪个孩子，像我这样，
拥有各种各样的书。

没有哪个孩子，像我这样，
知道中国和印度的故事。

他们都是不读书的孩子，
他们都是无知的渔夫的孩子。

他们去他们的大海，
我读我的书，
在大人们睡午觉的时候。

他们这会儿，正在海里，
在波浪间游泳，潜水，
像人鱼似的，在玩耍吧。

我在书里读着
人鱼的故事，
我也想去海边了。

忽然，我也想去了。

读了这首诗，眼前仿佛出现了那个拿着书正在看店的小金子美铃，她伸着脖子望向海边，那些晒得黑黑的同龄孩子，像人鱼似的在波浪间玩耍，笑声在她耳边回荡。她也好想去啊，可是她不能去，她要看店，妈妈和祖母已经很劳累了，她要懂事。痴痴地盯着海滩的小金子美玲，手里小人鱼的书缓缓滑落也没有发现，好想去啊，真的好想去。

第三节　研讨任务

【任务布置】

在《全部都喜欢》这本诗集中选一首诗歌，交流讨论，形成教学设计。

【作品展示】

澳门学员现场互动交流（一）

第一组：《我》

《我》这首诗非常贴近孩子的视角，充满了童真和童趣。“我”一天天长大，我长成了什么样子呢？我都出现在了哪些地方？这样的话题本身就可以拉近与孩子间的距离，通过教师范读、配乐读、男女生读等多种形式的读走进诗歌。

设置话题：同学们，路边商店的玻璃窗里、家里的挂钟里、厨房的水盆里、下雨天路上，会看到什么样的你呢？打开学生的想象力。

拓展话题：还在哪些地方能看到怎样的你呢？比如：课堂、运动场、数学难题、文学创作、绘画歌唱……这些地方有怎样的你？让学生联系自己的生活，练习仿写诗歌。

延伸话题：天空中真的看不到你吗？你希望在天空中看到一个怎样的你呢？打开学生的思维。

澳门学员现场互动交流（二）

第二组：《向着明亮那方》

“向着明亮那方”这个题目本身就能带给人温暖和光明，可以让学生从读题目起去理解“明亮”这个词。

先带着学生重点感知第一小节中“小草”的力量，教师可以在学生朗读后追问：小草啊小草，你真傻！森林郁郁葱葱的，阳光透过树叶只能洒下一丝光芒，你干吗还要拼命地向着日光洒下的方向生长？通过讨论，体会小草向往光明的力量。用同样的方法让学生感受第二小节“飞虫”宁愿烧伤翅膀也要飞向光亮的追求。

第三节从向着明亮方向的都市的孩子联系到学生自己，讨论话题：你最渴望和向往的又是什么呢？

最后，引导学生用填空的方式，把赞美送给某个积极向着明亮那方的人或大自然中的某样事物。

【导师点评】

澳门教师在对金子美铃的诗歌集《全部都喜欢》的交流学习中，了解了基本的书册知识，通过看一本书的封面、封底、目录等部分教会学生如何挑选一本自己喜欢的书籍。在给学生推荐一本诗集的时候，我们要考虑诗歌这种文体的基本特征，例如在《全部都喜欢》这本诗集中，作者用到的“言有尽而意无穷”“万物有名”“陌生化”等诗的元素和手法。教师们在做设计时，考虑到了金子美铃的诗歌简单、朴素的语言特点，通过设计多种形式的朗读带领学生走进诗歌。每个人对每一首诗歌都有自己不同的理解，教师们通过设置开放性的话题放手让学生去讨论这首诗让你想到了什么，结合自己的生活体验去理解诗歌，最后通过仿写诗歌加深对诗歌的理解。

需要提醒的是，金子美铃的诗歌，虽然是给孩子读的童谣，但依然可以理解得非常深刻。只是我们在带着学生读诗时，并不主张过度解释，除非学生有所发问。要相信，每一个孩童天生是自然之子，要相信他们的感受力、接受力与理解力。当你只是一遍遍读这些诗句的时候，也许他们走得比你想象中的要远得多。

第四节　教学实践

【阅读课型】

《全都喜欢上》展示课

【执教教师】

陕西省西安市交大阳光小学王瑶

陕西省西安市交大阳光小学王瑶老师执教本课

【教学设计】

《全都喜欢上》教学设计

全都喜欢上

金子美铃

我好想喜欢上啊，
这个那个所有的东西。

比如葱，还有西红柿，还有鱼，
我都想一样不剩地喜欢上。

因为家里的菜，
全都是妈妈亲手做的。

我好想喜欢上啊，
这个那个所有的一切。

比如医生，还有乌鸦，
我都想一个不剩地喜欢上。

因为世界的全部，
都是上天创造的。

（一）教学目标

（1）能大胆、正确、流利、有感情地朗读诗歌。

（2）通过话题讨论，结合作者生平理解诗歌，激发学生热爱生活的情感。

（3）学生能够联系自己的生活，仿写诗歌。

（二）教学过程

1. 图片导入

（1）同学们，在拿到金子美铃的诗集《全部都喜欢》时，我们先看到封面上有一个可爱的小女孩。请你说说看，她在做什么呢。

预设：她抱着一大堆东西。

（2）你再仔细看看，她都抱着些什么呢。

预设：树叶、花、葱、西红柿、鱼……

这个小女孩儿把全部的东西都抱在怀里，来表现她全都喜欢，今天我们就来读读金子美铃的这首诗《全都喜欢上》。

2. 初读诗歌

（1）师范读诗歌。

（2）学生自由朗读：请同学们大声、自由地读一读，读准每个字音，把诗歌读通读顺。

（3）指名朗读：谁已经喜欢上了这首诗，为我们读一读？

（4）学生评价，评议后再读诗歌。

（5）教师指导，指名再读诗歌。

（6）男女生合作读，男生读一小节，女生读一小节。

（7）师生对读：听你们读得这么动听，老师也想和你们一起读了。

3. 理解诗歌

（1）我们来看看作者喜欢上的这些东西：葱、医生、乌鸦……你喜欢这些吗？为什么啊？

预设1：不喜欢葱，因为不好吃。

预设2：不喜欢医生，因为医生打针会疼。

预设3：不喜欢乌鸦，黑黑的很难看，叫声也很难听。

（2）猜猜看，为什么金子美铃想要喜欢上这些事物呢？

预设：因为这些食物都是妈妈做的；因为万事万物都是上天创造的，都属于这个世界。

（3）同学们，这首诗的作者金子美铃，是日本童谣界的一颗明星。她在三岁时就失去了父亲，跟着寡母生活，由于生病，她只活了26年就如花朵般凋谢了。可是，她却微笑着对你说，她喜欢这个世界，全部都喜欢，你心中有什么感受呢？

预设1：她热爱生活，热爱这个世界。

预设2：她很乐观，能看到事物好的一面。

小结：是啊，她短暂的一生给我们留下了512首童诗的种子，这些种子不停地发芽，不停地开花，让所有读过她的诗歌的人心里都变得纯净而芬芳。

4. 仿写诗歌

（1）世界上有许许多多美好的事物，只要我们有一颗热爱生活的心，一切便都是美好的。金子美铃就是带着这样的想法写下这首诗的，同学们，你的生活中或许也有自己不喜欢的东西，你能将它们变成自己生活中的小美好吗？

（2）联系生活，创编诗歌。

① 你有自己不喜欢的东西吗？

预设：我不喜欢马铃薯，不喜欢芹菜，不喜欢青菜；我不喜欢吃药……

② 那你能学着这首诗的样子，来当当小诗人，也来写一首诗吗？

③ 生填空仿写诗歌。

全都喜欢上

——（　　　）

我好想喜欢上啊， 这个那个所有的东西。 比如（　　　），还有（　　　）， 还有（　　　）， 我都想一样不剩地喜欢上。 因为（　　　）， 全都是（　　　）。	我好想喜欢上啊， 这个那个所有的一切。 比如（　　　），还有（　　　）， 我都想一个不剩地喜欢上。 因为世界的全部， 都是上天创造的。

④ 学生四人一组创作诗歌。

（3）互赠诗歌，情感共鸣。

① 同学们，今天我们学习的这首诗，是我最喜欢的一首诗，我多希望你们也能喜欢上这首诗，更希望这首诗能够从今天开始点亮你们热爱生活的心。你们想把这首诗送给班里的谁呢？

② 学生互赠诗歌，师点评。

③ 小结：感谢同学们，给了我美好的四十分钟！期待着我们能跟金子美铃一样，用一颗乐观的心面对自己的生活，一起发现和感知生活中的小美好！